# 木戸幸一

## 内大臣の太平洋戦争

川田 稔

文春新書

1253

木戸幸一　内大臣の太平洋戦争◎目次

## 第四章　三国同盟を容認

## 第五章　日米諒解案をめぐって　148



## 第六章　独ソ開戦という誤算　184



## 第七章　日米首脳会談案の挫折　222

# はじめに

木戸幸一は、昭和の歴史を考える上で、欠かすことのできない存在である。

一九四〇年（昭和一五年）六月から、終戦後の一九四六年（昭和二一年）一一月まで、昭和天皇の最側近の一人として難局にあたった。戦後は極東国際軍事裁判（いわゆる東京裁判）で、A級戦犯として終身刑となったが、後に釈放される。

なかでも、よく知られているのは、一九四一年（昭和一六年）、第三次近衛文麿内閣の総辞職にさいして、陸軍の東条英機を首相に推挙したことだろう。

このほかにも、戦争に至る重要な岐路で、木戸は軽視しえない役割を果たしている。一つの例を挙げれば、二・二六事件の処理（後述）である。このとき木戸は事態の収拾に決定的な役割を果たした。さらには太平洋戦争末期、天皇の「聖断」による戦争終結の青写真を書いたのも木戸だったのである。

まず木戸が重きをなしたのは、天皇、宮中との関係においてだった。木戸は、欧州での第二次世界大戦勃発時から太平洋戦争開戦を経て、戦争終結時までおよそ五年半内大臣を務めた。内大臣として昭和天皇を直接補佐し、天皇の意志決定（裁可）に、多かれ少なかれ影響を与えたといえる。

内大臣は、戦前、政治全般について天皇を補佐する宮中重職で、天皇の最側近のひとつだった。天皇側近の宮中最重職としては、内大臣のほかに、侍従長、宮内大臣があるが、政治全般について天皇を補佐する内大臣が、政治的には最も重要な役割を果たしていた（侍従長は、天皇に直接奉仕する侍従の統括責任者。宮内大臣は、皇室関係事務全般を司る宮内省の長官。なお、内大臣、宮内大臣は、閣僚と同様「大臣」の名称がついているが、内閣には属さない宮中職である）。

また、木戸は日中戦争時から太平洋戦争開戦まで三度にわたって首相を務めた近衛文麿ときわめて親しい関係にあった。近衛を「表」の存在だとすれば、それと対をなし、近衛の政治活動を裏面から支えた。

さらに見逃せないのが軍部との関係である。木戸は、その政治的キャリアにおいて、元老として政界に大きな影響力をもっていた西園寺（さいおんじ）公望（きんもち）の側近として出発したが、早くから陸軍との個人的なパイプをもち、徐々に陸軍の考えに同調するようになる。同様に西園寺の側近として出発しながら軍部に接近する近衛とともに陸軍に協力し、宮中におけるその伴走者となっていく。その意味でも、木戸は昭和史における最重要人物の一人といえる。

また木戸は、政変時における後継内閣首班決定の新しい手続き原案を作成し、それがほぼそのまま正式に決定された（内容については後述）。どのような手続きで首相が決められるかは、政治上極めて重要な意味をもつ。そして、この変更は、のちに首相選定の主導権が元老から内大臣に移行していく一つの契機となる。そして自らも内大臣に就任、いわば西園寺の後継的存在となったといえる。

このほか、以下にみるように、満州事変・日中戦争をへて、太平洋戦争開戦から終戦に至るまで、様々な重要な局面で木戸は軽視しえない役割を果たしている。したがって、その思想と行動を把握することは、戦前昭和史を理解する上で欠かせないものといえる。

このように、木戸は昭和史を考えていくうえで極めて重要な存在であるが、意外なことに、木戸を正面からあつかった著作はきわめて少ない。

そのような現状を念頭に、本書では、木戸の内大臣期の動きに焦点をあて、それ以前の時期にも簡単にふれながら、彼の歴史上の役割を明らかにしていきたいと思う。

なお文中の引用は、読みやすさを考慮して、旧漢字、旧仮名づかいを現行のものに、一部の漢字をひらがなにするなど、適宜書き改めてある。また、カタカナ文は、すべてひらがな文に改め、句読点も一部加除した。

# 第一章　満州事変と二・二六事件

## 木戸家の嫡男として

木戸幸一は、一八八九年（明治二二年）七月、木戸孝正の長男として、東京で生まれた。孝正は、長州出身の木戸孝允（たかよし）（桂小五郎）の甥で、木戸侯爵家（孝允家系）を継いでいた。いわば明治の元勲の直系といえる。

その後、木戸は学習院初等科、中等科で、近衛文麿（のち首相）、原田熊雄（のち元老西園寺公望秘書）と知り合い、親しい関係となる。この三人の関係は後々まで続き、昭和戦前期の政治に少なからぬ影響を与えることになる。

学習院高等科卒業後、木戸は京都帝国大学法科大学政治学科に入学した。この頃、東京帝国大学のなかでも法科はとりわけ難関だった。学習院から法科に進むには、京都帝国大学法科へ進むのが一般的なコースだった。

その約一年後、近衛も東京帝国大学哲学科から京都帝国大学法科に転学してくる。近衛家は藤原氏五摂家筆頭で、公家中もっとも高い家柄とされていた。原田も木戸と同時期に京都帝国大学に入学していた。

三人を強く結びつける一つの契機になったのは、元老西園寺公望の存在だった。

原田は、祖父（原田一道陸軍少将）が西園寺公望と近い関係にあり、その縁で、早くから西園寺と交流があった。京都時代、近衛の希望で彼を西園寺に引き合わせたのも原田である。それまで、近衛は西園寺と面識がなかった。

その後間もなく、西園寺は元老となる。元老は、天皇に首相候補者を推薦できる唯一の存在で、事実上首相決定権をもっていた。また天皇の最高の相談相手として宮中高官を統括する地位にもあった。この頃、西園寺は複数の元老の一人（他には、山県有朋、松方正義など）だったが、昭和初期には他の元老の死去によって、ただ一人の元老となる。

卒業後、近衛は頻繁に西園寺を訪ねるようになり親しい関係となった。西園寺も、同じ公家出身である近衛の将来を嘱望（しょくぼう）していた。なお、原田はその後（一九二六年）西園寺の私設秘書となるが、これは西園寺と近い関係になっていた近衛の推薦によるものだった。

一九一五年（大正四年）一二月、木戸は京都帝国大学を卒業、農商務省に採用される。その後、商工省（農商務省より分離）の大臣官房会計課長、臨時産業合理局第一部長などに就いている。

その間、一九一七年（大正六年）、父孝正の死去にともない、木戸家当主として襲爵。同時に貴族院議員となった（世襲侯爵議員、二八歳）。なお近衛は、前年（一九一六年）に、すでに世襲公爵議員として貴族院議員となっていた。

木戸ら新進の貴族院議員は、一九二二年（大正一一年）一一月、学習院出身の若手華族による「十一会」を発足させた。木戸、近衛、原田、有馬頼寧（のち農林大臣）、松平康昌（のち内大臣秘書官長）らがメンバーとなる。この会は、木戸にとって政治的に重要な人的ネットワークとなっていく。

また、一九二九年（昭和四年）四月から翌年一月までの約九ヵ月半、木戸は欧米に出張渡航している。ドイツ、イギリス、アメリカなど欧米各国の産業合理化運動を視察するためだった。これが木戸にとって、最初で最後の欧米経験となった。

## 内大臣秘書官長に

さて、一九三〇年（昭和五年）八月、程ヶ谷でのゴルフ中に、木戸は近衛から、内大臣秘書官長就任の打診をうける。[1]

当時宮中は、元老西園寺のもと、牧野伸顕内大臣、一木喜徳郎宮内大臣、鈴木貫太郎侍従長の三人の重職による協力体制によって動かされていた。その中心にいたのが牧野内大臣である。

前にも述べたように、内大臣は、宮中において天皇の側近に侍し、政務（国政）について天皇を常時補佐（「常侍輔弼」）する宮中最重職のポストだった。また玉璽・国璽（天皇・国家の印）も管理していた（「内大臣府官制」）。のちに木戸自身、内大臣となり、宮中においてのみならず、政治的に重要な役割を果たすことになる。

内大臣秘書官長は、この内大臣を補佐して内大臣府を取りまとめ、内大臣に必要な情報を提供する重要な宮中ポストだった（内大臣府は、他に秘書官三名、事務官六名で構成）。

ちなみに、当時の牧野内大臣は、大久保利通の次男で元外相・文相。パリ講和会議全権も務め、元老西園寺とも近い関係にあった。

この木戸の内大臣秘書官長就任は、近衛が牧野に推薦したものだった。

近衛は、貴族院最大会派「研究会」の筆頭常務委員（事実上の代表者）を勤めた後、公侯爵世襲議員による「火曜会」を結成するなど、貴族院で頭角を現していた。その間、西園寺の意向を受け政党内閣の安定化に尽力するなど、西園寺の側近の一人となっており、それらの関係で、牧野との接触が少なからずあったようである。

九月三〇日、木戸は牧野と会い、内大臣秘書官長就任が事実上決まった。この日は、木戸にとって、宮中入りが決定するという、生涯のターニングポイントとなった。

そして同年一〇月二八日、木戸は内大臣秘書官長に正式に就任した。四一歳の時である。

一二月三日、木戸は静岡県興津（おきつ）の西園寺私邸を訪ねた。この時はじめて西園寺と親しく言葉を交わす（ただその前に面識はあった）。この興津訪問以後、木戸は内大臣秘書官長として西園寺と接触するようになる。

## 満州事変で宮中からのバックアップを拒否

木戸が内大臣秘書官長在任中に日本の運命を大きく動かす二つの出来事が起こった。満州事変と二・二六事件である。まず、満州事変期における木戸の動きを簡単にみておこう。

秘書官長就任翌年の、一九三一年（昭和六年）九月一八日夜、中国東北地方の奉天（現瀋陽）近郊で、日本の管理する南満州鉄道（満鉄）線路が爆破される事件が起こった。これにより満州事変が始まる。

事件は石原莞爾、板垣征四郎ら関東軍参謀の謀略によるものだったが、関東軍は中国側による犯行と発表。翌日までに満鉄沿線の主要都市を占領した。

一九日午前、緊急閣議が開かれ事態不拡大の方針が決定された。当時は、浜口雄幸民政党内閣の後継として、若槻礼次郎民政党内閣が政権を担当していた。

その日の夜、若槻は、陸軍の動きを抑えるため、元老西園寺の秘書である原田に宮中工作を依頼した。[2] 原田はこの年貴族院議員となっていたが、また西園寺の個人秘書としてしばしば政局に軽視しえない役割を果たしていた。

当時、陸軍部隊の作戦行動に関する指揮・命令は参謀総長の権限のもとにあり、参謀総長は天皇に直属していた。陸相は内閣の一員として、一応首相の統率下にあったが、参謀総長には首相や内閣のコントロールは及ばなかったのである。

そこで若槻首相は、元老や宮中高官から天皇へ働きかけることで、何らかのかたちで関東軍の行動を阻止しようと考えたとみられる。若槻はすでに、満州での事態が関東軍の計画的行動である可能性が高いとの報告を、幣原喜重郎外相から受けていた。したがって、関東軍によるさらなる事態拡大を強く危惧していた。

原田はただちに、一木宮内大臣、鈴木侍従長および木戸に連絡を取り、その夜八時半から四人で会合を開いた。当時、元老西園寺は京都に滞在していた。また牧野内大臣も鎌倉の私邸に一旦帰宅しており、そのかわりに内大臣秘書官長だった木戸が呼ばれたのである。

その席で原田は、若槻首相との会談内容を報告し、そして「軍部統制の良策」はないかと三人に相談した。

それに対して、陸軍長老皇族の閑院宮載仁親王（軍事参議官）の協力を仰いではどうか、元老の上京を求めてはどうか、などの意見がだされた。

だが木戸は、「この難局に際し、首相がこれが解決につき、いわゆる他力本願なるは面白からず。内閣はよろしく幾度にても、また何日にても閣議を反復開催して、国論の統一に努め、内閣自身確乎たる決心を示すのほか途なしと信ず」、と主張した。一木、鈴木も同様の感触だったが、鈴木は、「御裁可なしに軍隊を動かすことはけしからん」との意見で、関東軍への怒りを示していた。[3]

翌朝（二〇日）、原田は若槻首相に、侍従長など宮中側近の意向として、閣議をもって陸軍を抑えていくほか道はなく、連日閣議を開いてはどうか、との趣旨を伝えた。

若槻は落胆した。実際上、当時この段階では、内閣のみで関東軍や朝鮮軍（朝鮮軍は朝鮮半島に駐留する日本軍）の行動を阻止することは極めて困難だった。制度的には、出動した出先軍隊を内閣が直接抑える方法がなかったのである。

翌二一日の閣議で、南次郎陸相より満州への朝鮮軍派遣の提議があり、不拡大方針に反するとして、閣内で激論となった。この朝鮮軍増派問題の議論継続中、朝鮮軍が独断で越境を開始したとの知らせが届いた。この事態の急転を受け、閣議はこの問題について具体的には何ら決定しないまま、散会した。

その翌日（二二日）午前九時半、若槻は参内し、前日の閣議内容を上奏した。そのさい、昭和天皇より、「事態を拡大せぬという政府の決定した方針は、自分もしごく妥当と思うから、その趣旨を徹底するように努力せよ」、との発言がなされた。[4]

この若槻首相への天皇発言には、軽視しえない伏線があった。

前日、牧野内大臣は天皇から、不拡大の閣議方針は「適当」であるから、その方針貫徹のため「一層努力する」よう首相に直接伝えたい、との内意を聞かされていた。その際、天皇は軍規維持について、閑院宮に自分の意見を知らせたいとの意向も示している。[5]

これは一九日夜の原田、木戸、一木、鈴木の会談で出された案だった。それが、ここで天皇の意向として現れているのである。

また木戸は同日(二二日)、牧野内大臣、鈴木侍従長が、元老西園寺の上京を希望していることを原田に伝えている。[6] これも一九日夜の案の一つである。

一九日夜、一木宮内大臣や鈴木侍従長は、「総理があまりに他力本願であることは面白くない」との意見だったが、実際は内閣をバックアップすべく動いていたと思われる。

また二二日、昭和天皇は、若槻の上奏を受け、自分の発言を陸軍大臣、参謀総長にも伝えるよう、若槻首相、奈良武次(たけじ)侍従武官長に指示し、両者に伝達された。

これらの動向からして、二二日の若槻首相への天皇の「不拡大」発言は、「軍部統制の良策」について、原田から相談を受けた宮中側近のいずれかのラインから、何らかの働きかけを受けた可能性が十分考えられる。

ここで興味深いのは木戸の動きである。木戸は、二二日の天皇の「不拡大」発言について、その日の午後一時半には、「側近者の入れ知恵と見て軍部は憤慨しおれり」、との情報を原田や近衛に伝えている。そして、今後そのような天皇発言は望ましくないとの意見を述べた。したがってまた、「軍部に反感を有せりと目せらるる元老の上京は、かえって軍部を硬化せしむる」として、西園寺の上京についても否定的な姿勢だった。[7]

要するに、宮中からの内閣へのバックアップについて、木戸は一貫して消極的だったのである。

## 陸軍情報入手の早さ

さらに注意すべきは、木戸の軍部情報入手の早さだろう。

天皇発言は二二日の午前九時半である。それが陸軍内で問題になっていることを、その日の午後一時半には、木戸は知っていたのである。

この前後、木戸は、井上三郎陸軍省動員課長（侯爵、井上馨家系）、鈴木貞一陸軍省軍事課支那班長としばしば接触している。木戸の軍部情報はそのルートからと思われる。

ことに鈴木は「一夕会」メンバーで、陸軍中堅幕僚の動向に精通していた。

一夕会は、永田鉄山、小畑敏四郎、岡村寧次を中心に、満州事変の約二年前に結成された陸軍中央の中堅幕僚グループである（幹事を務めた土橋勇逸によると、それは非公然の「秘密組織」だった）。[8] 構成員は四〇名前後で、主なメンバーは永田、小畑、岡村のほか、東条英機、石原莞爾、板垣征四郎、山下奉文、鈴木貞一、武藤章、田中新一らである。

彼らは、当時の陸軍主流だった宇垣派に代わって、陸軍の主導権を握ることを目指していた

（非主流派の荒木貞夫、真崎甚三郎らを擁立）。次期大戦に向けた国家総動員体制の構想実現のためである。そして、満州問題の武力解決を意図していた（この一夕会がのちの皇道派・統制派の母体となる）。

満州事変は、関東軍と陸軍中央での、一夕会の周到な計画と準備によって起こされた。事変勃発時、関東軍の石原莞爾作戦参謀や板垣征四郎高級参謀も一夕会員であり、永田は陸軍省軍事課長、東条は参謀本部編制動員課長だった。

ちなみに、井上三郎は華族で貴族院議員でもあり、木戸や近衛と古くから親交があった。鈴木貞一は大正中期にその井上と同時に大蔵省に派遣され、それを契機に互いに親しくなったという。その後、鈴木は、井上を通して木戸や近衛とも交流をもつようになっていた。[9]

このように木戸ら宮中要職の一部は、陸軍への配慮から、宮中から陸軍に抑制的に働きかけることを警戒する姿勢をとっていた。

さて二二日、閣議で若槻首相は、朝鮮軍の出兵については、「すでに出動せるものなるをもって」その事実を認め、「これに要する経費を支出す」との決定をおこない、午後二時五〇分、その結果を奏上した。その後、午後四時二〇分、陸相・参謀総長から朝鮮軍部隊の満州派遣追認について上奏。天皇の裁可をえた。

こうして朝鮮軍の独断出兵は、事後承認によって正式の派兵とされ、この問題はいちおう終息した。若槻内閣は、今後の関東軍の動きを抑えるため、不拡大方針に同意している南陸相との関係を重視したのである。南陸相との関係は、南と親密な関係にある金谷範三参謀総長の動向にも少なからぬ影響をもっており、そのことも考慮されていた。

南と金谷は、同郷の大分出身で、一九二〇年代政党政治期に長く陸相を務めた宇垣一成前陸相を中心とする陸軍主流派（いわゆる宇垣派）に属していた。

だがその後、陸相・参謀総長の不拡大方針指示は部内に徹底せず、関東軍の南満州占領は拡大し、親日的な独立新政権の樹立が企てられる。また、南・金谷ともに、中堅幕僚に突き上げられ、一〇月初め、南満州全域の占領や独立新政権樹立の方針を容認する。[10]

この間、一〇月一日、木戸は、原田、近衛らと陸軍の動向について、意見を交換した。

## 軍部善導論

この日の木戸の日記には、次のような興味深い見方が記されている。

「陸軍中堅分子の結束すこぶる強く……政党を打破し一種のディクテーターシップ［独裁］により国政を処理せんとの計画なるがごとく、実に容易ならざる問題なり。しかして、かくのごとき問題は現在の政治家連はとうていリアライズできそうにもなく、結局、これに対する方策はすこぶる困難なり。

ともかくも、かくのごとき計画もできうるならば国の根幹を害することなく、かつ余計な無駄のなきよう善導するの要ありと思う」（……は中略。以下同）

すなわち、現在陸軍を動かしつつある中堅幕僚たちは、政党政治を否定して自らが国政を動かそうとしている。こうした動きに政党政治家はとうてい対応できない。したがって、このような状況に対処する方策はきわめて困難といわざるをえない。それゆえ、さしあたり、できるだけ国の根幹を傷つけず、不必要な混乱を引き起こさないやり方に、陸軍を「善導」する必要がある。

木戸はそう考えていた。木戸のいわゆる「軍部善導論」である。

このような観点から木戸は、宮中が内閣側に立って軍部を抑え込もうとする考え方には否定的だった。内閣と軍部が対立している現在、先のように天皇が直接、内閣側に立ってその対立に介入することは好ましくない。また、政党内閣に近い立場とみられている元老西園寺も、今はしばらく上京せず、政局から遠ざかっている方が良い。そう判断していたのである。

それに対し、若槻首相から直接相談を受けた原田は、重臣会議や御前会議の開催などで、内閣を支援する方向を模索していた。牧野内大臣や鈴木侍従長らも、重臣会議、御前会議の開催には、積極的だった。

だが木戸は、内閣を支援する方向での重臣会議や御前会議の開催を宮中が容認し、それによって軍部を抑えようとすることは得策でないと考えていた。[11]

では、なぜ木戸はこのような判断をしたのだろうか。その背後にどのような認識があったのだろうか。その点について、もう少し立ち入って木戸の考えをみてみよう。

ほぼ同時期、木戸は次のように記している。

「軍部にはいわゆる国策なるものを有し、これにより多年教育訓練せるに、軍部以外には何ら国の前途に対する確乎たる政策の存せざりしことが、遂にこの破綻をきたすに至れる原因なりと考う。故にこの際何らかの方法により将来の国策を内閣を中心として樹立するの要ありと信ず[12]」

軍部には、明確な「国策」があるのに対し、内閣には、それに対応する確固たる政策がない。つまり「国策」と呼べるようなものがない。そこに現在の危機的状況の根源がある。そう認識していたのである。

## 政党内閣に国策なし

この木戸の見方に対して、当時の民政党政権には、「国際協調と平和外交」、産業の国際競争力強化による「貿易」の振興など、「立派な国策」があった。それを、なぜ木戸は国策がない、政策がないとするかわからない、との意見がある。[13] これは当然の疑問だといえる。

では、木戸は当時の政党内閣の政策をどう考えていたのだろうか。

この点について、少し後の発言になるが、木戸は次のように述べている（一九三九年）。

「従来、政治家は、ただ平和維持にこれ専念し、何か事あれば、不拡大主義を常套とす。しかるに陸海軍は、想定敵国を有し、違った方向に計画準備を進めゆくため、計画なき政治家が、計画を有する軍人に引き摺らるるは、当然の話なり[14]」

すなわち、政治家は平和維持に専念し、不拡大主義をとっている。これでは「計画なき」政治家が、「計画を有する」軍人に引きずられるのは当然だ、と。つまり、平和を維持し、不拡大主義をとることとは、「計画」とはいえない。いいかえれば、それでは「国策」とは呼べず、「政策」に値しない、というのである。なお、ここでの「政治家」は、平和維持や不拡大主義の表現から、昭和初期の政党政治家が念頭に置かれているものと思われる。

また、別の機会にも、木戸は、

「支那事変前までは、軍部は別だが、政治家は、南進政策の実行は帝国主義、侵略主義であって、平和的なわが国是に反するものとして排斥していた。これからの……わが国は南進の準備に着手しなくてはならない[15]」

と発言している（一九四一年）。

つまり、「帝国主義」「侵略主義」を排し「平和的」な進路をとることとは、木戸にとっては、国策として問題があり、望ましいものではない。したがって、それは「計画」や「国策」「政策」と呼べるものではない。そうみているのである。

この二つの発言は、満州事変時（一九三一年頃）とはかなり状況が異なった時期のものではある。しかし、いずれにせよ、木戸のいう「国策」や「政策」は、必ずしも単なる一般的用語ではなく、ある内容や価値判断を含んだものであることがわかる。

少なくとも、浜口・若槻内閣のような平和維持や不拡大主義の政策、すなわち非膨張主義的な国際的平和協調は、「国策」や「政策」の名に値しない、と木戸は述べているのだ。

## 平和維持路線を否定する理由

では、一九三一年当時、木戸は陸軍の国策をどのようなものと捉えていたのだろうか。

この点について、木戸はこう述べている。「軍部の抱懐せるいわゆる北進大陸策」に対し、「国に何等の国策なく、いたずらに引きずらるる現状」は、憂うべき状態である、と。[16] つまり、「北進大陸策」が陸軍の国策だというのである。

北進大陸策についてこれ以上の具体的な説明はない。だが、当時の陸軍中堅幕僚の動きや国防方針からして、何らかの全満州支配および対ソ戦準備を意味するものと思われる。

先の引用では南進政策を国策に値するものと木戸はみている。それに比してここでは陸軍の国策として、大陸での北進政策をイメージしている。方向には相違があるが、いずれにせよ木戸にとって陸軍の拡大路線は国策と認めうるものだった。

それにしても、なぜ木戸は平和維持、不拡大主義に否定的だったのだろうか。その点になお疑問が残る。そこで、このことについてもう少し検討しておこう。

国策をもたない政党政治家は、国策をもつ軍部に引きずられざるを得ないとの木戸の認識は、当時彼ときわめて近い関係にあった近衛とも共通していた。

近衛はこう述べている（一九三三年）。政治家が「国策」を考えて、それを軍部に示して、その政治家の国策によって軍部が「国防」を立てるというのが理想だ。だが、今日はその政治家が国策を考えていない。だから、軍部はどうしても自分で「国防計画」を樹て、その国防計画に都合の好い国策を作っている。このように軍部は国策案をもっている。政治家は国策案がない。だから、政治家は国策案のある軍部に「引張られてしまう」のだ、と。[17]

近衛がなぜ政治家には国策がないと考えているのか、その理由はここでは触れられていない。だがいずれにせよ、政党政治家を含め政治家には国策というものがないとみていることでは、木戸、近衛ともに共通している。

その近衛は残された手記で、次のような興味深い発言を残している。

「少壮軍人ら」の個々の言説には、容認できないことは多々あるが、彼らが満州事変以来推進してきた方向は、「日本として辿るべき必然の運命」である。

なぜ必然の運命かというと、日本は国際社会からの圧迫を受け、すでに経済的な危機状態だった。「海外市場に対する販路」を失って、輸出産業は「窒息」させられつつあった。日本は国内に産業発展に必要なだけの「原料」がないので、これを海外に求めなければならない。ところが売らなければ買うことができないのが国際経済の定石である。これは「国家経済の根本が立つか立たぬかの問題」である。この暗雲を貫く稲妻のごとく起ったのが「満州事変」である。たとえ満州事変があの時あの形で起こらなくとも、遅かれ早かれ、この暗雲を掃いのけて、日本の「運命の道」を切り開こうとする何らかの企ては、必ず試みられたに違いない、と。[18]

この手記は、第二次・第三次近衛内閣時(一九四〇―一九四一年)に書かれたもので、この部分は、満州事変前後を回想したものである。

事変時、近衛は日本が「国家経済の根本」が脅かされる危機的状況にあると判断していた。いわば国家的危機にあるとみていた。そこから、軍部が主導する満州事変以来の膨張政策は、その危機を切り抜けるための「必然の運命」だとされる。つまり、近衛にとって、陸軍の満州事変以来の政策の方向性は、選択の余地のない運命的な道だというのである。

木戸もおそらく同様の危機認識を共有していたのではないだろうか。したがって国際的平和協調という現状維持的な政党内閣の政策では、今の日本の危機的な状況を打開できず、それゆえ「国策」に値しない。そう考えていたものと思われる。木戸は、政党内閣には「国策」や「政策」と呼べるものがないとしていたのである。

なお、近衛は同じ手記で、自らの考えをさらにこう述べている。満州事変以来の日本の方向は、当然たどるべき「運命の道」である。ただこれまでは、これを「軍人」が主導してきた。だが軍人が政治をリードすることは「危険」だ。したがって、政治家が軍人の「先手」を打って、この運命の道をみずから切り開かなければならない、と。[19]

近衛のいわゆる「先手論」である。

木戸の軍部善導論は、この近衛の先手論と同方向のものだといえる。

実際、浜口内閣や若槻内閣は、世界恐慌の直撃による深刻な経済危機、国民生活の崩落に有効な打開策をうちだすことができず、政策的に混迷状態に陥っていた。いいかえれば、国際協調を基本に進んできた政党政治が、世界恐慌に起因する国民生活の危機に、有効に対処する方策を提示できなかったのである。そこに問題の深刻さがあった。

その行き詰まり感は、政党政治を後援する西園寺も同様であり、後述するような西園寺の苦悩も、そこに淵源があった。

## 鈴木貞一から渡された陸軍資料

なお、木戸は、一九三一年（昭和六年）一一月頃、「北進大陸策」が陸軍の国策だとみていたが、その詳細な内容については必ずしも正確な知識があったとはみえない。

しかし、その後（一九三二年四月下旬）、鈴木貞一軍事課支那班長から、陸軍サイドの極秘資料「極東の新情勢に対する判断」「帝国対外国策」「昭和維新実行策」を渡されている。[20]

そのうち「極東の新情勢に対する判断」は、その一ヵ月後に陸軍側から斎藤実首相に提示された「施政要綱」の付属文書と同名であり、同様の内容であった可能性が高い。

その情勢判断の内容はこうである。

日本の満蒙経略は、「客観的本質」においては「大和民族の満蒙支配」である。ソ連からみれば、日本の満蒙支配はソ連の北満経営を略取したもので、いずれ国力が回復すれば、ソ連が日本に反攻してくるのは「必定」である。それゆえ、それに先手を打って対ソ開戦とそのための軍備の充実が必要だ、というのである。

また、木戸の入手した「帝国対外国策」「昭和維新実行策」は、「施政要綱」における「対外政策」と「対内政策」の部分の原型ではなかったかと思われる。これらの文書作成を主導したのは、小畑参謀本部運輸通信部長ら後の皇道派グループだった。

いずれにせよ、木戸はこの頃には、それらの内容を承知していたわけである。したがって、当時の陸軍の国策「北進大陸策」は、対ソ戦を想定した軍備の充実と満州経営の重視にあるとみていたと思われる。

ところで、満州事変の進行中（一九三一年一〇月中旬）、いわゆる一〇月事件が起こる。一〇月事件とは、橋本欣五郎参謀本部ロシア班長ら陸軍桜会のクーデター計画が、事前に露見し未遂に終わった出来事である。

この一〇月事件は、宮中グループに大きな衝撃を与えた。その実行計画には、牧野内大臣、一木宮内大臣、鈴木侍従長、河井弥八侍従次長、関屋貞三郎宮内次官などの暗殺が含まれているとの情報が、彼らに伝えられていた。[21]

この情報は、木戸ら宮中関係者に強い警戒感を引き起こした。彼らの多くは必ずしも公然とした権力闘争など激しい政治的経験をくぐり抜けてきた政治家ではなく、いわゆる宮廷官僚だったからである。このことが、以後彼らの行動に少なからぬ影響を与えていく。

## 五・一五事件の収拾策

一九三一年（昭和六年）一二月一一日、若槻内閣は民政党の内紛によって総辞職する。一二月一三日、元老西園寺の奏薦によって、犬養毅政友会内閣が成立。一夕会が擁立しようとしていた陸軍教育総監部本部長の荒木貞夫が陸軍大臣となった。

この荒木の陸相就任は政治的に重要な意味をもっていた。

荒木は陸相に就任するや、皇族の閑院宮を参謀総長にすえるとともに、盟友の真崎甚三郎台湾軍司令官を参謀次長におき、以後真崎が参謀本部の実権をにぎることとなる。真崎もまた一夕会が擁立しようとしていた将官の一人だった。

荒木・真崎は、情報部長に永田鉄山を、運輸通信部長に小畑敏四郎を任命。軍務局長には山岡重厚（しげあつ）が、軍事課長に山下奉文が、作戦課長には鈴木率道（よりみち）がつく。彼等はすべて一夕会メンバーだった。そして宇垣派の杉山元（はじめ）陸軍次官、小磯国昭軍務局長、二宮治重参謀次長、建川美次（たてかわよしつぐ）作戦部長らは中央から追われ、宇垣派は、すべて陸軍中央要職から排除された。

陸軍における権力転換がおこなわれたのである。

一方、荒木陸相就任直後、陸軍中央は、満州において、中国の主権を否定する独立国家建設方針を採用する。また、関東軍の全満州占領方針も陸軍中央によって承認され、日本軍による北満支配が実施された。

そして間もなく、犬養内閣は、陸軍の独立国家建設方針を承認する。

こうして、永田・石原ら一夕会が意図した全満州の占領と独立国家建設は、陸軍中央の、さらには政府の容認するところとなった。またこれ以後、一夕会系幕僚が事実上陸軍中央を動かすことになっていく。

この時点では、西園寺は、政府が「軍に引きずられ」るのは「困ったこと」としながらも、「過渡期の一時の現象だろう」と楽観的にみていた。[22]

一九三二年（昭和七年）五月一五日、海軍青年将校らが、首相官邸、警視庁その他を襲撃、犬養首相を殺害した（五・一五事件）。事件後、元老西園寺は、後継首班に海軍出身の斎藤実前朝鮮総督を天皇に推薦。五月二六日、斎藤内閣が成立し、政党政治の時代は終わりをつげる。

その間、木戸は興味を引く動きをしているので、それを簡単にみておこう。

五・一五事件翌日午前、木戸は、早くも牧野内大臣に、次のような収拾策（「時局収拾大綱」）を提言している。

斎藤実を首班とする挙国一致内閣を作るべきで、その内閣は、主要政党を基礎とするとともに、陸海軍の政策的支持をうることを要する。また、天皇の詔書によって、軍部の最近の行動と、政党の腐敗を戒(いまし)める。[23]

この方針は、牧野内大臣の同意をえたのち、西園寺にも伝えられた。なお、挙国一致内閣をつくることや斎藤を担ぐことは、事件前の四月四日、木戸、原田、近衛らとの間で話題になっていた。[24]

この日（五月一六日）の夕刻、木戸は近衛、原田らと会い、近衛から小畑敏四郎参謀本部運輸通信部長の意見を聞いている。それは、「このさい再び政党内閣の樹立をみるが如きことにては、ついに荒木陸相といえども部内を統制するは困難なり」、との趣旨だった。

翌日、鈴木貞一軍事課支那班長は、木戸・近衛に、内閣が再び政党に帰せば、「第二第三の事件を繰り返すに至るべし」、との見解を伝えている。

永田鉄山参謀本部情報部長も、木戸、近衛、原田と懇談し、こう話している。「現在の政党による政治は絶対に排斥するところにして、もし政党による単独内閣の組織せられんとするが如き場合には、陸軍大臣に就任するものは恐らく無かるべく、結局、組閣難に陥るべし」、と。[25]

木戸、近衛、原田らにたいして、陸軍中堅の小畑、永田、鈴木は、そろって政党内閣に否定的な意見を述べたのである。彼らはすべて一夕会中核メンバーだった。

木戸、近衛、原田らに彼ら陸軍中堅を紹介したのは、先にも述べた侯爵井上三郎陸軍省動員課長であり、井上は中央幕僚内での彼らの発言力を十分承知していた。[26]

これらは当然、西園寺にも伝えられた。

このように、永田、小畑、鈴木ら陸軍中堅の一夕会員は、木戸、原田らを通じて、意識的に西園寺に政党内閣否定の政治的圧力をかけていたのである。

これらを経て、五月一九日、あらためて木戸は自らの考えをこう記している。

今回の事件の背景には、農村の困窮、政党の堕落、財閥の横暴など、深刻な社会問題がある。

これを解決するには、政党と軍部が協力して当たらなければならないが、軍部の政党否認の態度は強硬だ。したがって、両者の提携は困難で、このさいはむしろ両者を引き下がらせ、公平な第三者に政権を担当させる必要がある。それには斎藤実が適任だ、と。[27]

先の「時局収拾大綱」では、同様に斎藤を首班候補にあげていたが、それは主要政党を基礎としたものであり、それに軍部を協力させるとしていた。だが、ここでは、軍部の強い政党否認のゆえに、それは不可能であり、むしろ政党の立て直しが先決だとしている。政党政治へのコミットメントの姿勢が大きく後退しているのである。この間の永田ら陸軍中堅の意見聴取によるところが大きいと思われる。ただ、この意見をあらためて牧野に伝えたかどうかは、はっきりしない。

また荒木陸相も、五月二一日、西園寺に政党内閣否定の意見を述べている。[28] これらを含めた諸般の判断から、西園寺は、結局斎藤を後継首班としたのである。

なお、この頃西園寺は将来、近衛を首相を経験させてから内大臣に、木戸を侍従次長から宮中側近（宮内大臣もしくは侍従長）にと考えていた。また、木戸を内大臣にとの発言も残している。いずれにせよ、この時期には、近衛、木戸をともに、いずれ宮中側近にと望んでいた。[29] それだけ、近衛、木戸には期待し信頼していたといえる。ただ後には、後述するように、その考えは変化してゆく。

## 新しい首相選定案を作成

五・一五事件後の重大な変化の一つが、首相選定の手続きだった。この案の作成を手がけたのが木戸である。

一九三二年（昭和七年）八月下旬、西園寺は牧野内大臣に、政変の場合の奉答について、こう意見を述べた。「今後内閣更迭の場合の御下問は単に元老のみに対するのみとせず、重臣を集められ、内大臣の許にて協議奉答する」こととしたい、と。高齢で病気がちであることが、その理由だった。[30]

これを受けて牧野は木戸に「内閣更迭の場合における重臣会議の案」の作成を指示した。九月中旬、木戸は、牧野、一木宮内大臣、鈴木侍従長らの意見も聞き、一二月中旬、最終案を作成した。その要点は、元老は重臣と協議して次期首相候補者を決定し、天皇に推薦する。その協議には内大臣も参加する。重臣は、枢密院議長、宮中より前官礼遇をうける首相経験者とする、とのものだった。[31]

翌年（一九三三年）一月七日、木戸は原田、近衛らとともに西園寺を訪ね、最終案の内容について了解をえた。

この最終案は、その後細部の修正を経て、一月二七日、宮中高官の間で決定され、二月二八日、鈴木侍従長より上奏、裁可をうけた。[32]

ちなみに、この首相選定案が実行されたのは、次の岡田啓介内閣成立時のみだった。だがその後も、多かれ少なかれこの案が参考にされることとなる。

## 満州国承認と国際連盟脱退

さて、斎藤内閣は、一九三二年（昭和七年）九月一五日に満州国を承認した。

だが、同年一〇月二日、満州における日本軍の行動および満州国は承認できないとする、国際連盟リットン報告書が公表された。

この頃、西園寺は次のような言葉を残している。

日本は「英米とともに采配の柄を握っている」ことが、「世界的地歩を確保」していくためには必要である。国家の前途について、自分たちは「東洋の盟主たる日本」とか、「亜細亜モンロー主義」とか、そんな狭い考えではなかった。むしろ「世界の日本」という点に着眼してきた。東洋の問題にしても、やはり「英米と協調」してこそ、おのずから解決し得るのである。「亜細亜主義」とか、「亜細亜モンロー主義」とか言っているよりも、その方がはるかに解決の捷径（しょうけい）である。もっと世界の大局に着眼して、国家の進むべき方向を考えなければならない、と。[33]

どこまでも英米協調の方向で進むべきであり、近頃主張されている東洋の盟主論、アジア・

モンロー主義（アジアから欧米諸国の影響力を排除すべきとの主張）などは論外だというのである。アジア・モンロー主義やアジア主義は、かつては近衛の父篤麿（あつまろ）の主宰する東亜同文会など右翼的な団体が主張していた。だがこの頃には、かなり広範囲に流布しており、近衛もその影響を受けていた。

西園寺は国内で連盟脱退論が強まってきたことを念頭に、連盟常任理事国として地位をすてるべきではない、と述べているのである。

しかし、斎藤内閣は、すでに八月下旬、場合によっては連盟脱退も辞せずとする方針を決定していた。陸軍中央も、満州事変は自衛権の発動であり、満州国樹立は中国内部の分離運動による、との主張が認められなければ、連盟脱退もやむなしとの判断だった。

一九三三年（昭和八年）二月二四日、連盟総会は日本非難の報告案を採択し、三月二七日、日本は国際連盟から脱退する。では木戸や近衛は、連盟脱退をどう考えていたのだろうか。

近衛は、この頃、連盟のもとで、日本のように領土の少ない国、現状に不満をもつ国は、耐えがたい状況に置かれている、との発言をしている。[34] したがって、連盟脱退にそれほど抵抗感をもっていなかったと思われる。近衛は、もともと、英米を中心とした国際秩序のあり方には、批判的だった。[35]

一方、木戸は、連盟評価や連盟脱退そのものについて、とくに発言は残していない。だが、二月一四日、国論統一の方向として、「陸軍の理解ある大中佐級」すなわち陸軍中堅層と、文官の「官吏」中堅が「手を握り」、意見を交換すべきとの考えを日記に記している。当時、陸軍中堅、外務省中堅は脱退に傾いており、これからみると、木戸も脱退やむなしと判断していたようである。

なお、同時期（二月中旬）、一木宮内大臣が辞職し、湯浅倉平（くらへい）元内務次官が後任となる。一木辞職の直接のきっかけは、田中光顕（みつあき）元宮内大臣から高松宮宣仁（のぶひと）親王（昭和天皇の弟）の婚姻問題に関して不手際があったと、執拗な個人攻撃を受けたためだった。その背景には右翼勢力や軍部内での天皇側近批判の広がりがあった。

## 西園寺の期待と危惧

この宮内大臣辞職問題に関わって、木戸は前年一二月中旬、西園寺を訪ねている。これは原田の配慮によるものだった。

「十五日、木戸に興津［西園寺邸］へ行ってもらった。木戸はゆっくり公爵と話して帰ってきた。内大臣との関係からも、また一般政情についても、時々公爵にお目にかかり、お話を伺ったり、あるいは申し上げたりすることが、木戸としても非常に必要だと思ったので、……公爵の御了解をえておいた」[36]（［ ］内は引用者。以下同）

これ以後木戸は、それまでに増して西園寺との接触が多くなる。そして、近衛、原田とともに、西園寺の側近の一人となっていく。西園寺は維新期、木戸の祖父木戸孝允と接触があり、その関係で木戸に目をかけていた。

木戸が内大臣秘書官長として宮中入りしたのは、近衛の推挙だったが、木戸が西園寺の側近の一人となっていくのは、原田の配慮によるものだったのである。

この時、牧野内大臣は一木の後任として、湯浅のほか近衛の名前も挙げて、西園寺の意向をたずねるよう、木戸に指示している。

木戸に対し、西園寺は、今の時期、近衛を宮中に入れるのは得策ではなく、しばらく貴族院議長として政治の渦中から距離を置いている方が良いとの意見を述べた[37]。

ちなみに近衛は、五・一五事件前、犬養の後継首班として、右翼の平沼騏一郎枢密院副議長や荒木貞夫陸軍大臣の名前をあげ、西園寺を失望させていた。また同じ頃、近衛は西園寺に、昭和天皇が「リベラルな考えをもって」いることが「陸軍と衝突する」原因ではないかとの意見を述べている[38]。天皇のスタンスに批判的なニュアンスだった。その点でも西園寺は近衛に危惧をもっていたようである。

それでも西園寺は、なお近衛と木戸に将来の天皇側近として期待していた。

一九三三年（昭和八年）二月一七日、斎藤内閣は、陸軍の要請により、熱河省への軍事侵攻を承認。その後も、関東軍は陸軍中央の容認のもと熱河省を越えて進撃を続け、五月下旬には北京（当時、北平）に数十キロの地点にまでせまった。中国側はついに日本側に停戦を求め、塘沽停戦協定が締結された（一九三三年五月三一日）。

これにより、満州事変は一応終息する。

その後、同年八月、木戸は宗秩寮総裁を兼任することとなった。宗秩寮は、宮内省の一部局で、皇族および華族などの事務一般をあつかう組織である。

ところで、この頃、斎藤首相の後継として近衛の名前も取り沙汰され、一〇月、西園寺は近衛について、木戸にこう語っている。

今後の政治の動向を考えると、「軍部に軍権、政権を掌握せしめて独裁的の政治を行わしむる」か、あるいは徐々に情勢を転回させて「議会政治で行く」か、の二つしかない。近衛が前者を支持するようなら、自分はそれには同意できない。近衛は「相当の人材で、他にちょっとかけ替えがない」から、傷がつかないようにしたい。自分の考えでは、二、三年貴族院議長をして、その後は内大臣なり、枢密院議長なりをつとめさせるのがいいと思う、と。[39]

近衛に期待しながらも、彼の軍部よりの姿勢から、その行く末に危惧をもっていたことが分かる。一方、同時期、木戸については、特段の不満や懸念をもらしておらず、ある程度信頼感をもってみていたようである。

## 永田鉄山暗殺

翌一九三四年（昭和九年）一月、荒木陸相が肺炎のため辞任。かわって林銑十郎教育総監が陸軍大臣となった。林は軍務局長に永田鉄山を就けた。

前年の中頃から、陸軍では、中堅幕僚グループ一夕会のなかで、永田鉄山と小畑敏四郎との間で亀裂が生じていた。それを契機に陸軍中央は小畑・荒木・真崎らの皇道派と永田・東条らの統制派に分裂した。永田の軍務局長就任後、皇道派と統制派の対立は激しくなり、一九三五年（昭和一〇年）八月、永田が皇道派系将校に暗殺される事件が起こる。

木戸は、永田と比較的親しく、事件に驚き、その詳細を日記に書き留めるとともに、弔問にも訪れている。一方永田も、すでに歩兵第一旅団長時代（一九三四年一月頃）に、陸軍部内状況に対する批判を木戸に話したりしている。また木戸自身のちの回想で、「私なんかは、どちらかというと統制派に近かった」と述べている。[40]

後述するように、永田の戦略構想は、その後も陸軍に大きな影響を与えた。それは後の木戸の運命にも深く関わるものだった。

永田暗殺の前年（一九三四年）七月、斎藤内閣が疑獄事件で総辞職し、後継首相には海軍出身の岡田啓介が任命された。この時、木戸が原案を作成した前述の内閣更迭の手続きにしたがって首班候補選定がなされた。

また、一九三五年（昭和一〇年）一二月、牧野内大臣が辞任し、斎藤実前首相が内大臣に就いた。辞任は健康上の理由とされた（持病悪化と精神的疲労）。牧野は右翼勢力などからの側近批判の主要ターゲットとされており、その批判をかわす考えもあった。

木戸もこうみていた。最近何かにつけて宮中で牧野内大臣が策謀しているように宣伝され、あらゆる非難が牧野に集中している。このまま内大臣の職に止まるのは考えものであり、その地位を他に譲るほうが得策だ、と。[41]つまり、牧野内大臣は辞任した方が望ましいと考えていたのである。

しかし西園寺は、「こういう風な時勢であるから、お互いに一つ死ぬまでやらなければならん」として牧野の辞任を認めなかった。[42]だが、牧野の辞意は堅く、結局同意する。

その頃木戸は、後任の内大臣として近衛を推し、牧野の同意をえている。だが、西園寺は、将来はともかくとして、現時点では近衛では「一寸いけまい」との意向だった。結局岡田首相の判断で斎藤実が後任の内大臣となった。[43]

## 二・二六事件で反乱軍鎮圧を上申

そして、翌年冬、二・二六事件が起こる。一九三六年（昭和一一年）二月二六日早朝、隊付青年将校の国家改造グループの一部が、第一師団や近衛師団の兵約一五〇〇名を率いて武装蜂起した。クーデターによる国家改造をめざしたものだった。

彼ら決起部隊は首相官邸のある永田町一帯を占拠。斎藤実内大臣、高橋是清大蔵大臣、渡辺錠太郎陸軍教育総監を殺害し、鈴木貫太郎侍従長に重傷を負わせた。

岡田啓介首相も襲われた。岡田は危うく難を逃れ首相官邸内に潜んでいたが、しばらくは死亡したものと見られていた。

その後、軍内外でさまざまな動きがあったが、二月二七日、占拠部隊鎮圧の奉勅命令が上奏・裁可、翌朝下達された。二月二九日には、将校、兵士とともに、投降、帰順した。

こうして、クーデターは失敗し、以後隊付青年将校の国家改造運動は壊滅する。また、彼らと繋がりのあった、真崎甚三郎、荒木貞夫、小畑敏四郎ら皇道派将官も予備役に編入され、事実上陸軍から追放された。さらに同時に、南次郎、阿部信行、建川美次ら宇垣系将官も予備役となり、政治色のある有力な上級将官は、ほとんど現役を去った。

この二・二六事件の時、宮中で事態の収拾に重要な役割を果したのが、木戸内大臣秘書官長（当時四六歳）だった。

事件当日未明、内大臣襲撃の知らせを受けた木戸は、午前六時、参内。宮中で、湯浅倉平宮内大臣、広幡忠隆侍従次長とともに対策を協議した。

当時、宮中の中枢ポストは、内大臣、侍従長、宮内大臣であり、このような重大な事態には三人が協議して対処するのが通例だった。だが、斎藤内大臣は死亡、鈴木侍従長は重体のため、木戸内大臣秘書官長、広幡侍従次長が二人に代わって協議に加わったのである。

そこで木戸は、

「このさい最も大事なことは全力を反乱軍の鎮圧に集中することである。内閣は責任を感じて辞職を願い出きたると思われるが、もしこれを容れて後継内閣の組織に着手することとなれば……実質的には反乱軍の成功に帰することとなると思う。であるからこの際は陛下より反乱軍をすみやかに鎮定せよとの御諚を下されて、これ一本で事態を収拾すべきであり、時局収拾のための暫定内閣という構想には絶対に御同意なきように願いたい」[44]

との意見を述べた。

協議の結果、木戸の意見が採用され、事態収拾の基本方針として、全力で反乱軍の鎮定に集中し、後継内閣や暫定内閣は絶対に認めない、との結論となった。

午前七時前、そのことを湯浅宮内大臣より昭和天皇に上申した。

その後、午前一〇時過ぎ、伏見宮博恭王軍令部総長が参内し、すみやかな後継内閣の組閣を上申した。これは決起部隊とつながりをもつ陸軍皇道派の真崎甚三郎前教育総監らの要請によるものだった。[45] 昭和天皇は、これを受け入れなかった。湯浅宮内大臣からの上申が念頭にあったものと思われる。

午前一一時過ぎ、川島義之（よしゆき）陸相が暫定内閣樹立を奏上するが、天皇はこれも拒絶している。その後、本庄繁侍従武官長が、天皇に、「行動部隊の将校の行為」は許すべきではない。しかし、「その精神にいたりては君国を思うに出でたるものにして、必ずしも咎むべきにあらず」との意見を述べた。

これに対して昭和天皇は、「朕が股肱（ここう）の老臣を殺戮す。このごとき兇暴の将校等、その精神においても何の恕（じょ）すべきものありや」、と答えている。[46] また、「朕が最も信頼せる老臣をことごとく倒すは、真綿にて朕が首を締むるに等しき行為なり」、とも述べている。[47] 昭和天皇自身の激しい怒りがわかる。昭和天皇はこの時三五歳だった。

木戸の日記にも、「陛下は暫定内閣は御認めなく、陸軍は自分の頸を真綿で締めるのかとの意味の御言葉を本庄武官長に御漏らしになりたり」、と記されている。[48]

午後八時前、後藤文夫内相（首相臨時代理）が閣僚の辞表を捧呈した。首相が死亡したと考えられていた内閣としては、ある意味で自然な動きだった。だが天皇は辞職を認めず、「速かに暴徒を鎮圧せよ。秩序回復するまで、職務に励精すべし」、と命じた。[49]

これらの昭和天皇の対応は、湯浅宮内大臣の上申に沿ったものだった。これ以後、事態は青年将校ら決起部隊の鎮圧へと向かっていく。詳細は省くが、二月二九日、鎮圧。その後首謀者たちは逮捕処刑された。

## 亡き永田のアドバイス

木戸は、この時の自らの意見について、のちに（戦後）次のように回想している。

「二六日の朝……陸軍省、参謀本部ならびに警視庁までが反乱軍に占領せられていることを知った。その時頭にひらめいたことは、かつて永田鉄山大佐から聴いた十月事件の計画であった」[50]（一〇月事件とは、満州事変勃発直後、一部中央幕僚らのクーデター計画が事前に露見し未遂に終わった出来事）

「それには要するに陸軍省と参謀本部と警視庁を押さえる。そして『軍隊を指揮して宮城へ入って陛下を強要して、自分の好きな内閣を作る』というのが大体の構想です。……これ［二・二六事件］は正にそれじゃないか」[51]

「［そこで］事態収拾と内閣の更迭を一本建てにすることは断じて不可なりと考え、これを強く進言した」[52]

この時の木戸の献策は、前年に暗殺された陸軍統制派のリーダー永田鉄山のアドバイスを基にしているというのである。

永田は、一九三二年（昭和七年）三月九日に、木戸邸に招かれ、木戸・近衛らに前年の一〇月事件について詳細を話していた。[53] また木戸は、永田とは「人間的にもウマが合」い、「それから時々会って」いたと述べている。[54]

永田は、昭和陸軍の基本戦略を構想した人物で、その永田を指導者とする陸軍統制派との暗黙の繋がりが、木戸の政治力の源泉の一つだった。

## 陸軍の権力構造の変容

この二・二六事件は、宮中重臣、閣僚、陸軍教育総監が殺害されるなど、それ自体が大きな政治的事件だった。だが、それとともに、これ以後陸軍の政治的発言力が急速に増大することとなる。

また、陸軍そのものの勢力配置に大きな変動をもたらした。二・二六事件後に成立した広田弘毅(こうき)内閣時の陸軍トップは、寺内寿一(ひさいち)陸相、閑院宮参謀総長、杉山元教育総監となり、いずれも政治色が薄く、中堅幕僚層の意向が強く反映される布陣となった。

そのような陸軍中央のなかで強い影響力をもつようになったのが、陸軍省では武藤章軍事課高級課員、参謀本部では石原莞爾作戦課長だった。いずれも永田軍務局長が生前、それぞれ陸軍省・参謀本部に呼び寄せていた。

武藤は、永田直系の統制派中核メンバーで、二・二六事件直後、有末精三(ありすえ)ら軍事課員を動かして、川島義之陸軍大臣はじめ、荒木、真崎、林、阿部（信行）ら古参軍事参議官に辞職を迫り、実現させた。また寺内を陸相に推す動きにも石原らとともに加わっている。事件後の広田弘毅内閣成立のさいには、陸相候補の寺内寿一とともに組閣に介入するなど、陸軍省において重要な役割をはたした。

当時の磯谷廉介（いそがいれんすけ）陸軍省軍務局長、町尻量基（まちじりかずもと）軍事課長は、いずれも非皇道派系一夕会員で、武藤らの動きを容認していた（一夕会は、統制派・皇道派の母体となった陸軍中央の中堅幕僚グループ）。

石原は、統制派メンバーではないが、非皇道派系一夕会員で、陸軍軍令機関の中心ポストである作戦課長として、事実上参謀本部をリードする存在となった。彼は満州事変の主導者として陸軍内で声望が高く、その面から、かなりの影響力をもっていた。

この武藤・石原らを中心とする陸軍の圧力によって、一九三六年（昭和一一年）五月、陸海軍大臣の任用資格が現役武官に限定された。

これにより陸軍の意向が、ほぼ内閣の死命を制することとなった。陸軍の政治的発言力は、クーデターの可能性による暗黙の軍事的圧力からだけでなく、陸相人事を通じて内閣の動向を左右するものとなる。

一方、木戸は、この二・二六事件での働きによって宮中で高い信頼をえることとなった。それはのちに内大臣という宮中要職に就く一つの要因になる。

宮中の体制も、事件後、殺害された斎藤内大臣のあと湯浅宮内大臣が内大臣職に就き、後任の宮内大臣には松平恒雄前駐英大使（旧会津藩主家系）が就任した。また、重傷を負った鈴木侍従長に代わって、一一月に百武三郎予備役海軍大将が侍従長となった。さらに、本庄侍従武官長も近親者が事件に関わっていたため辞任。宇佐美興屋第七師団長が後任に就いた。なお、側近批判の対象となってきた一木枢密院議長も三月に辞職、副議長の平沼騏一郎が議長に昇格した。

## 近衛が首相就任を拒んだのは？

二・二六事件終熄後、岡田内閣は総辞職し、後継として広田弘毅前外相が内閣を組織した。このとき、元老西園寺は、後継首班として最初近衛を奏薦した。岡田内閣成立時にとられた後継首相候補選定の手続き（木戸案）は踏襲されず、重臣との協議はおこなわなかった。西園寺は、事前に一木枢密院議長、湯浅宮内大臣と相談したのみで奏薦した。内大臣殺害、侍従長重体という緊急事態での対応だった。

木戸も、後継に近衛を推していた。陸軍でも首相候補として、司法界の大物で国家主義団体「国本社」を主宰する平沼騏一郎らとともに、近衛の名が挙がっていた。[55]

組閣の大命はいったんは近衛に降下する。だが近衛は健康を理由にこれを拝辞した。

この経緯について、近衛自身は後にこう述べている。大命を受けたとき、宮中で二時間元老と対談したが、元老の「時代に対する考え方」は、依然として従来と変化はなかった。自分が大命を拝辞したのは、健康その他の事情もあったが、また一面「園公〔西園寺〕と考え方に相当距離ありと認めたからである」、と。[56]

つまり、「時代に対する考え方」について、西園寺とかなりの相違があったことが一つの理由だというのである。では、その相違とは、どのようなものだったのだろうか。

近衛は、一九三四年（昭和九年）秋、こう語っている。

今の政党はなっていない。議会はどうにもならない。不勉強、無感覚だといって軍人が怒るのは無理はない。そこで、「今の日本を救う」には、この議会主義では駄目じゃないかと思う。「議会主義をたたきつけなければならない」。だが、「この議会政治の守り本尊は元老西園寺公です。これが牙城ですよ」。[57]

議会主義を潰さなければならないが、その議会政治の牙城が西園寺だ。近衛はそう考えていた。

だが、近衛と西園寺の、時代に対する考え方の相違は、議会政治の是非のような内政問題に止まらなかった。外交の方向性、国際関係の現状認識についても、両者の考え方は相違していた。

近衛はこう述べている。国際社会は領土や資源の配分が「不公平」な状態にある。英米が主導する「平和主義」（国際協調）はこの現状を固定化しているに過ぎない。領土や資源などで不利な条件下にある日本は、人口増加により経済的に苦しんでいる。国家にも「生存権」はある。したがって、やむをえず「満蒙」に進出したのだ[58]。

これは連盟脱退直前の発言だが、西園寺の対米英協調、国際協調とは明らかに異なる方向性を示している。このように内政外交両面で近衛と西園寺の考え方は対立していた。

木戸は、近衛との親しい関係からして、おそらくその考え方は十分承知していたと思われる。そのうえで近衛を次期総理に推していた。木戸自身、近衛の主張にそれほど大きな違和感はなかったものと考えられる。木戸は、近衛と同様、かねてから国際社会の現状維持には批判的なスタンスをとっていた。

近衛の大命拝辞によって、西園寺はやむなく広田を奏薦した。

## 内大臣秘書官長を辞任

一方、木戸は、同年（一九三六年）六月一三日、内大臣秘書官長を辞任。宗秩寮総裁専任となった。後任の内大臣秘書官長には、松平康昌貴族院議員（侯爵、越前福井藩主家系）が就いた。内大臣秘書官長辞任は木戸自身の意志だったようである。在任六年にわたり、その間の心労はかなりのものだったようで、ことに二・二六事件の精神的重圧は大きく、新内大臣就任を機に身を引いたものと思われる。

この後しばらく木戸は、宗秩寮総裁の職務に専念する。それとともに、一時、政治の場から距離を置くこととなる。

一九三六年（昭和一一年）一一月、ソ連の極東攻勢をヨーロッパ側から牽制するため、陸軍主導で日独防共協定が締結された。さらに、連盟脱退、軍縮条約破棄などによる陸海軍の軍備強化のため、陸海軍予算が大幅に増人し、予算案における軍事費の割合が四五パーセントを超えた。軍部からの要求によるものだった。

翌年一月、広田内閣は、議会での陸軍と政党との衝突が原因で総辞職する。後継首班の下問を受けた西園寺は、湯浅内大臣と相談のうえで、宇垣一成元陸相を奏薦した。この時も先の後継首相候補選考手続き（木戸案）は踏襲されず、重臣会議は開かれなかった。前回の方式（広田内閣成立時）が慣例化したのである。

だが、大命を受けた宇垣は、陸軍の反対で陸相候補をえられず、ついに大命を辞退する。やむなく西園寺は湯浅内大臣との協議のうえで、第一候補を平沼騏一郎枢密院議長、第二候補を林銑十郎陸軍大将（予備役、元陸相）と取り決めた。しかし、打診を受けた平沼が固辞したため、林を奏薦。林に大命が降下し後継首相となった。林は陸軍が強力に推す首相候補だった。

# 第二章　近衛内閣入閣と日中戦争

## 首相指名の主導権が元老から内大臣へ

しばらく宗秩寮総裁の職務に専念していた木戸だったが、広田内閣の末期から再び宮中政治の動きに関係することになる。しかも、それは政治的に軽視しえないシステム変更に関わるものだった。

広田内閣総辞職直前の一九三七年（昭和一二年）一月二三日、木戸は、湯浅内大臣、百武侍従長、松平（康昌）内大臣秘書官長、広幡侍従次長と、後継首班下問手続きについて打ち合わせている。[1] その結論にしたがって下問手続きがとられ、西園寺による宇垣の奉答となった。

この打ち合わせに、管轄外のポストにある木戸が加わった経緯ははっきりしない。ただ、すでに同年一月九日に木戸は、松平内大臣秘書官長と「政変時の処置その他」について打ち合わせをしている。また、その前日の一月八日にも、木戸は原田と「政変時の処置」について懇談している。[2] これらが一月二三日の打ち合わせに木戸が加わることと何らかの関連があるものと思われるが、今のところそれ以上のことは分からない。おそらく西園寺の意向か、湯浅内大臣からの依頼によるものであろう。

だが、宇垣の組閣が難航する頃から、西園寺は元老拝辞を言いだした。

林内閣が成立した日の二月二日、木戸は原田から、「元老の今後について考うるよう」依頼を受けた。元老を辞退したいとの西園寺の意向によるものだった。その後、二月九日、原田から、「政変の場合の奉答は今後拝辞したく、その手続きを考えよ」、との西園寺の伝言が、木戸に伝えられた。[3]

西園寺は、五・一五事件後の後継首班意見（「時局収拾大綱」）など、木戸の緻密な実務能力を買っていたものと思われる。

なお、西園寺の奉答拝辞の理由は、老齢や健康上の問題ばかりではなかった。軍の容認しない内閣は成立の見込みがなく、それでは自分の信ずるところに従って奉答することが困難となってきたとの判断からだった。

三月下旬、木戸は湯浅内大臣、松平内大臣秘書官長と協議し、案の骨子をほぼ固めた。その骨子では今後は、「元老へ御下問のことを廃し、ただ内大臣はまず元老の意見を徴して、しかる後奉答す」とされた。天皇から元老への下問をとりやめ、内大臣が選考過程を主導する大きな変更で、西園寺の希望を容れたうえでのものだった。

四月下旬、木戸は西園寺と面会。直接その意向を聞き、自身の案を説明して西園寺の同意をえた。

木戸の案の要点は、内閣総辞職後、次期首班について下問を受けた「内大臣」は元老と「協議」のうえ奉答する。内大臣が「重臣その他」と協議、意見聴取することは制限しない、とするものだった。[4]

奉答は内大臣の責任となり、元老との協議はその要件とされたのである。これにより後継首班奉答の主導的な役割は、元老から内大臣に移ることとなった。内大臣は宮中のみならず、政局の要ともいえる存在となったのである。

この案は昭和天皇にも内奏され、承認を受けた。

のちに木戸自身が内大臣となり、この変更は結果的に木戸にとっても大きな意味をもつこととなる。

## 近衛内閣の成立

さて、林内閣の末期、政権が不安定になってくると、再び近衛待望論が浮上してきた。その中心は陸軍で、後宮淳（うしろくじゅん）陸軍省軍務局長、杉山元陸相が、木戸や湯浅内大臣にその旨を伝えている。[5]

しかし西園寺は、それ以前の広田内閣の末期、「近衛公爵は［首相として］この際よくない。結局やっぱり［陸軍の］ロボットに終わるようでは面白くない。当分誰が出ても結局ロボットかもしらんが、とにかく近衛はなお自重しておいた方がいい」として近衛の出馬には否定的だった。[6]

当時、近衛は中国に対する強硬なスタンスを示していた。たとえば、中国では「抗日、侮日」が広がっており、「打倒日本」が叫ばれている。このままでは「結局日支戦争まで行かねばならない情勢を示している」、と発言していた。

そして、中国には「無尽蔵」な資源がある。「資本・技術等は日本がこれを供給し、中国側の労力と協同してその開発に当たる」べきだ、として新しい「日支の経済提携」を提唱した。さらに、華北の開発には現に活動している「興中公司」（日本側経営）などの拡充を主張している。[7]

これらは広田内閣期の陸軍の方針と同方向のものだった。その頃、陸軍では華北の資源などを確保しようとして、いわゆる華北分離工作（華北の勢力圏化）を進めていた。

また、昭和一二年度予算案は、軍部の要求で膨大な額となった。それについても近衛は、「私は軍事費が総予算の幾割を占めようとも、それが国際情勢上からみて必要なものであるなれば当然のことと考えている」、と述べている。[8]

西園寺は、これらの発言を危惧していたのである。

近衛自身もこの頃は、「どうか自分が出ないようにしてくれ。どうしても出たくない」として、出馬には消極的だった。

ところが、林首相は、いったんは近衛に、後は「近衛公にやってもらいたい」と話していた。だが、近衛が断ると、杉山陸相を後継首班にとの考えを示した。

湯浅内大臣も、近衛が無理なら杉山案もやむをえない、として林首相の考えに同意した。木戸や近衛もいったんは受け入れていたようである。

これを聞いた西園寺は、「陸軍大臣を総理にすることはよくない。どうしてもこの場合近衛を出したらどうか」、自分は今まで近衛をなるべく出したくないと思っていたが、「自分の信念に基づかない者に賛成するわけにはいかん」、との意見となった。陸軍大臣（現役軍人）である杉山を首相に推すことは、西園寺自身の信念に反するというのである。そして、近衛を後継首班にとの意向を湯浅内大臣に伝えた。

先のように、後継首班選考の新しい手続きでは、内大臣は奉答の前に元老と協議することと定めていた。西園寺は、その協議となれば、杉山では同意しないとの意思表示だった。

湯浅内大臣は、近衛が受けないのではないかと、なおも心配していた。

しかし、木戸が近衛を説得し、近衛も結局承諾した。[9]

その結果、林内閣総辞職後、湯浅内大臣は西園寺と協議し、近衛を奏薦。近衛が組閣することとなった。

## 日中戦争と近衛

一九三七年（昭和一二年）六月四日、第一次近衛文麿内閣が成立した。

その直後の七月七日、盧溝橋事件が起こり、日中戦争が始まる。

この時、陸軍内では、武藤章参謀本部作戦課長、田中新一陸軍省軍事課長らの拡大派と石原莞爾参謀本部作戦部長らの不拡大派が激しく対立していた。

だが、華北から上海へと戦線が拡大していくなかで、石原は武藤ら拡大派との抗争に敗れ、陸軍中央を去る。これにより武藤ら統制派が主導する拡大派が陸軍の実権を掌握する。

統制派の対中国戦略は、国内で不足する資源を華北・華中から確保し、あわせて中国市場を掌握しようとするものだった。この点では、近衛自身のかねてからの考えとも合致していた。

近衛はこう考えていた。今や原料資源と輸出市場の問題で、日本は危機的状況に陥っている。それを打破することが、我が国の「必然の運命」であり、軍部もまたその方向に向かっている、と。また近衛は、領土と資源の不平等な国際社会の現状に不満をもっており、少なくとも資源と市場の再配分の必要性を主張していた。武藤ら統制派は、この資源と市場の確保を中国に求めており、それは近衛の志向と大枠で一致するものだった。

ただ、かつて満州事変期からその直後にかけて陸軍をリードしていたのは皇道派だった。皇道派の国策の方向は、満州国経営の重視と対ソ戦を念頭に置いた戦備の充実であり、「北方」に向かおうとするものである（木戸のいう「北進大陸策」）。

近衛の主張する国際社会の現状打破論――資源と市場の確保――は、その具体的方向性を限定してはいなかった。それは北方（ソ連）にも、中国大陸にも向かいうるものだった。したがって、かつては当時陸軍を主導していた皇道派の国策（北進政策）を支持していた。しかし統制派が陸軍の実権を掌握するようになると、彼らの国策すなわち中国本土への勢力拡大にも賛同しうるものだったのである。

ところで、石原が陸軍中央を去った直後の、一九三七年（昭和一二年）一〇月一七日、木戸は近衛から文部大臣への就任を打診され、承諾する。[10] こうして木戸は近衛内閣の閣僚となった（一〇月二二日）。

この入閣以後、近衛と木戸は、太平洋戦争開戦前後に意見が分かれるまで、文字どおり二人三脚のかたちで協力しあうこととなる。

## トラウトマン工作に反対

さて、入閣後、木戸が閣僚として最初に直面した大きな問題は、トラウトマン独駐華大使による日中和平問題だった（いわゆるトラウトマン工作）。

上海で中国側の頑強な抵抗を受けていた、一九三七年（昭和一二年）一〇月初旬、近衛内閣は、一定の講和条件を定め、戦争の早期解決を図ることを申し合わせた。その条件は、華北・上海における非武装地帯の設定、満州国承認、日中防共協定、華北での鉄道・鉱業その他の日中合弁事業の承認（資源確保）などだった。

日中間の和平斡旋にあたったトラウトマンがそれを蔣介石に伝えた。

蔣介石は提示された条件を一旦は拒否した。だがその後、領土・主権の保全を前提に、日本側の和平条件を話し合いの基礎として受け入れることとした。日本軍が上海付近の最重要防御線を突破して南京に迫る、という苦境のなかでの反応だった。

このことは、南京占領直前に日本政府に伝えられたが、南京占領後の一二月二一日、近衛内閣は、和平条件をより厳しいものに変更することを閣議決定した。

それは、先の条件のほか、華北・内蒙古における自治政権の樹立、華中占領地域の非武装地帯化、華北・内蒙古・華中への駐兵、賠償金要求などを加えたものだった。

これは南京国民政府としては、とうてい容認しえないもので、翌年（一九三八年）一月一三日、日本側にあらためて確認を求めた。

この間、石原の影響を受けていた参謀本部の多田駿参謀次長や河辺虎四郎作戦課長は、南京が陥落しても蔣介石政権が崩壊することはないと判断していた。彼らは、対ソ防備への考慮から戦争の長期化を回避すべきだとして、当初の比較的寛大な条件での講和を主張した。日中戦争が長期化すれば、ソ連が軍事介入してくる危険性が高まると判断していたのである。

だが、近衛内閣や陸軍省は、南京陥落後における蔣介石政権の弱体化を予想し、講和条件の拡大や交渉自体の打ち切りを主張していた。木戸も閣僚として同様の意見だった。

原田の日記によると、この頃、木戸は次のように述べている。「参謀本部が非常に急いで平和解決を促そうとしているのを見ると、まことに危険でたまらない。こっちから具体的条件をたくさん出して向うが撥(は)ねたら、こちらの肚(はら)を向うに見せてしまうだけで、失うところがあっても得るところはないじゃあないか」[11]。木戸も、多田・河辺ら参謀本部の、トラウトマン工作による日中和平論に批判的だったことが分かる。

なお、東京裁判で日中戦争時の木戸の責任が追及され、キーナン検事から、原田の日記に記述されているこの発言は事実かと問われた。木戸は「記憶」になく、「そういう話をしたということは認めるわけにはまいりません」、と答えている。さらに、「原田は……学生時分から、組織的に勉強することは非常に下手な男でありました。学校の成績も決して良くありませんでした。……かくのごとき［日記の］記述をすることは、私から申せば彼のもっとも不得手とするところであります」、とまで述べている[12]。木戸も、A級戦犯として起訴され、その時は必死だったのだろう。

その後、一二月下旬から翌年（一九三八年）一月中旬にかけて、大本営政府連絡会議で、和戦をめぐって議論がかさねられた（大本営政府連絡会議は、軍と内閣との連絡調整機関）。

その大本営政府連絡会議で、参謀本部を代表して多田参謀次長は、和平の必要を繰り返し説いた（参謀総長は皇族の閑院宮で、慣行として政策決定には関与せず）。だが、杉山陸相、近衛首相、広田外相らは強硬論で、多田は孤立に近い状態にあった。

この頃、近衛や木戸は、こう原田に話している。日本側から条件を示して講和を提議するのは、「まるで敗戦国のような態度」で、「連戦連勝」している側からすべきことではない。そんなことをすれば、日本は戦争で弱っているのではないかとみられ、「為替」の暴落や「公債」の下落を招く。そうなれば国内は「パニック」になるかもしれない。

また、この直前の一月一二日ごろ、木戸は、「なぜ政府は一時も早くこの戦争をやめないのか」との秩父宮雍仁（やすひと）親王の意見にたいして、次のように答えている。

「戦勝国」である日本の方から自分の腹を見せて、中国が応じない場合はどうなるか。中国は、日本はこんなに困っているから和平を急いでいるのだと「内外に宣伝」するだろう。それにより「為替の暴落とか公債の暴落」とか、経済、財政に不信用を招き、「内政攪乱」をやられる恐れがある。「今日参謀本部が望むようなやり方では、国家のために甚だ心配にたえません」、と。[13]

要するに、木戸は、近衛と同様、多田参謀次長らの主張する南京占領前の条件による対中和平には反対だったのである。

なお、近衛は、参謀本部が対ソ戦を意図して、日中戦争を早期に収拾しようとしているのではないかと疑っていた。[14]

しかし、多田や河辺らは、日中戦争を収束させ、対ソ防備充実に精力を注ぐことを欲していたが、積極的な対ソ侵攻を考えていた形跡はない。

一月一五日、大本営政府連絡会議が開かれ、ついに交渉打ち切りが決定された。その翌日の一月一六日、近衛内閣は、「帝国政府は爾後国民政府を対手とせず」、との声明を発表。また、一八日、この声明は「国民政府を抹殺せんとするもの」だとの補足説明をおこなった。これ以後日本軍は、出口のない長期戦の泥沼に入っていくことになる。

なお、一月一一日、木戸は、新設された厚生大臣を兼任することとなった。

## 内閣改造と対中政策転換の試み

陸軍では、同年（一九三八年）三月、石原系の河辺作戦課長が更迭され、統制派系で拡大派の稲田正純が後任の作戦課長となった。この稲田作戦課長のもとで、日本軍は戦線を拡大し、徐州・漢口・広州などを占領する。だが、すでに内陸奥地の重慶に拠点を移していた蔣介石ら国民政府は抗戦を続け、軍事力によって国民政府を屈服させる見通しはほとんどなくなった。

そのようななかで、四月二一日夜、木戸は近衛と「内閣改造」を話し合っている。具体的には杉山陸相と広田外相の更迭を考えていた[15]。主なねらいは、対中国政策の転換にあった。

近衛はまず、杉山陸相の更迭を実行に移す。

これには経緯があった。四月一日、近衛は昭和天皇に拝謁し、今や自分は陸軍の「マネキンガールみたようなもの」にされている、として苦衷を訴えた。そしてこの前後に杉山陸相更迭の希望を述べたようである。昭和天皇は、その近衛の申し出を、閑院宮参謀総長に伝えた。他方、近衛は、杉山と関係がよくない多田参謀次長ともこの問題では連携していた[16]。多田は前述のように日中戦争の早期収拾を主張していた。

このような経過をへて、四月二三日頃、閑院宮参謀総長は梨本宮守正王陸軍元帥とともに、杉山陸相に辞職を求めた。杉山は当初渋っていたが結局辞職を承諾した。

近衛は後任の陸相に板垣征四郎第五師団長を考えていた。板垣は満州事変時、石原とコンビを組んでおり、石原系とみられていた。統制派系で固められた陸軍中央、ことに陸軍省トップに石原系を送り込もうとしたのである。しかも石原は、かつて日中戦争の拡大に反対して陸軍中央から追放された経緯があった。

しかし、近衛に統制派系を排除する意図はなかった。近衛は、木戸と杉山陸相の更迭を話し合った直後の四月二七日に、「板垣と東条〔英機〕のコンビネーションで行くことが一番よい」と語っている。

板垣陸軍大臣、東条陸軍次官の組み合わせを考えていたのである。東条は統制派の有力者として知られていた。その東条を板垣と組み合わせようとの考えだった。

近衛はその後も（五月一二日）「陸軍の方は結局杉山が辞めたら、板垣、東条というコンビネーションで纏めたい」との意向を示している。[17]

近衛はのちに、「せっかく大きな期待を、板垣氏の力にかけたものであったのを、ついにその期待が裏切られるにいたったのは、杉山、梅津〔美治郎、陸軍次官〕が、そのおき土産に東条を次官にすえておいたせいだ」、と語っている。[18] しかし、東条の次官就任は近衛自身の意思によるものだった。

近衛は、陸軍内で統制派系が実権を掌握し、首相としての主導権を発揮しえない現状に強い不満をもっていた。そこで、陸軍省トップに石原系の板垣を据え、それに統制派の東条を組み合わせるかたちで、陸軍内で両派のバランスを取ろうと考えたものと思われる。両派の勢力バランスを利用することで陸軍に対する政治的影響力を行使する余地を生みだすことを意図したものだった。

木戸も、このような近衛の動きに、とくに異論は唱えていない。

こうして、六月三日、板垣が陸相に就任した。

さて、近衛と木戸が話し合った「内閣改造」のもう一つのねらいは、外相の交代だった。五月二六日、広田外相に代わって、宇垣一成内閣参議（元陸相）が後任に就いた。

これは、外交政策とりわけ対中国政策の転換を期待してのことだった。近衛も宇垣も、「国民政府を対手とせず」声明の取り消しなど、対中和平の実現では一致していた。[19]近衛自身、この段階では戦局の泥沼化のなかで、外交による日中戦争の収束を望んでいたのである。

そのほか、内閣改造によって、大蔵大臣には池田成彬（しげあき）内閣参議（元三井合名筆頭常務理事）が、文部大臣には荒木貞夫内閣参議（元陸相）が就いた。木戸は荒木の文相就任とともに厚生大臣専任となった。

内閣参議は、日中戦争初期に近衛の意向で創設されたものだった。陸軍から宇垣、荒木、海軍から末次信正（元連合艦隊司令長官）、安保清種（あぼきよかず）（元海相）、政党から町田忠治（ちゅうじ）（民政党）、秋田清（政友会）、財界から池田らが任命されていた。

陸海軍や政党、財界などから有力な勢力の代表的人物を集めたもので、近衛は国内の「相剋摩擦」を緩和する手段の一つと考えていたようである。

ここでの内閣参議メンバー選定にみられるように、近衛は自身のもとに、国内の政界・軍部・財界などでの有力な勢力を全て集めようとしていた。それは陸軍の実権を握り、事実上国策を動かしている統制派も排除するものではなかった。

陸軍首脳人事での板垣と東条の組み合わせも同様な観点からのものだったと思われる。のちに近衛は、統制派が主導権を握る陸軍に対抗するため、皇道派に強くコミットするようになる。だが、このころは、国内での政治的対立を緩和し、全ての有力な勢力を糾合しようとしていた。天皇のもと近衛自身が全ての勢力を統合して、国政の実権を掌握することをイメージしていたと思われる。首相として、それなりの抱負と権力意志をもっていたのである。

近衛は祖先にあたる平安期の藤原道長（摂政・太政大臣）を強く意識しており、おそらくそれに理念的な自己イメージをダブらせていたのではないだろうか。だが近衛には道長のような自身を支える強力な権力基盤を欠いていた。そこに近衛の根本的な弱点があった。

だが、この時は、天皇の協力などにより、ともかくも近衛の意図どおりの内閣改造が実現した。

しかし、板垣陸相は、陸軍次官に統制派の東条英機が就いたこともあり、統制派系幕僚をコントロールすることはできなかった。

また、内閣改造の約四カ月後の九月二九日、宇垣外相が、対華中央機関（のちの興亜院）設立問題で陸軍と対立し内閣を去る。この問題で近衛は、設立を主張する陸軍に同調し、反対する宇垣を失望させ、外相辞職へと至った。この頃、宇垣の対華和平工作も暗礁に乗り上げていた。しかも、日本軍が中国での占領地域を拡大するとともに、中国で最大の権益をもつイギリスとの利害対立が表面化。陸軍と繋がる右翼勢力による反英運動が断続的に続き、宇垣外相によるイギリスとの関係改善の動きにも右翼勢力は反発していた。

宇垣の辞職後、後任の外相には、有田八郎（広田内閣時の外相）が就いた。

## 昭和天皇への不満

そのような状況下、九月下旬、木戸は原田に、昭和天皇について次のように語っている。

「どうも今の陛下は科学者としての素質が多すぎるので、右翼の思想なんかについての同情がない。そうしていかにもオルソドックスで困る[20]」

原田は、木戸の発言に驚き、今のような陛下の態度が最も望ましく、右翼への同情など望むべきではない、と反論した。なお、木戸が昭和天皇について「科学者」としているのは生物学研究に取り組んでいることをさす。

この木戸の発言の前、近衛も木戸と同様に、「どうも陛下は少し潔癖すぎる。もう少し清濁あわせ呑むようなところがおありになってほしい」、と昭和天皇への不満をもらしている。[21]「清濁」の「濁」とは、暗に右翼勢力をさしていた。

その頃木戸も、「内閣に一人ぐらいは、不人気をひとりで背負いおるもの［末次信正内相］あるも、あるいは可ならん」と述べている。[22] 末次は、海軍艦隊派の有力者で、馬場鍈一内相の辞職後、予備役となり内相に就任したが、右翼勢力と関係が深いとみられていた。

直接の要因は不明だが、木戸、近衛ともに、昭和天皇の政治的スタンスに不満をもっていたのである。

この頃西園寺は、政治が右翼や軍部に「引張られ」る現状について、こう述べている。「現在の日本の政治のやり方をみていると、非常に右翼に引張られて、自分達からみれば、むしろ後退している。……そのうち十年なり二十年なりの後には空気も変わってくるだろうし、もっと進歩した政治も現われるだろうけれども、現在のところはまず我慢して黙っているより仕方があるまい」、と。

前にも述べたように、西園寺は、満州事変の頃には、軍部や右翼に政治が引きずられている状況について、「過渡期の一時の現象だろう」と、比較的楽観的な見方をしていた。それが、ここでは、そのような状況は、一〇年、二〇年続くと考えるようになっているのである。しかも、次のような悲観的な発言も残している。「どうも甚だ不吉なことだけれども、明の亡びる時はちょうど今の日本と同じ」だ、と。[23] すでに西園寺は、かなり絶望的な状況判断となっていたようである。

ところで、宇垣外相の辞職後、日中戦争収束の見通しは全く立たなくなった。

そのようななか、一一月三日、近衛内閣は「東亜新秩序」声明を発表する。東アジアに従来の国際秩序（ワシントン体制）に代わる、新しい国際秩序を建設するとの内容だった。これは中国のみならず、米英からも強い反発をひきおこす。

だが、近衛は、宇垣外相辞任の頃から周囲に「辞める」と言いだした。内閣改造当初の意気込みも薄れ、政権維持の意欲をほとんど失っていた。自らが考えていた政策転換が完全に行きづまったからである。この時は、木戸や原田などの説得により思いとどまった。

## 近衛内閣総辞職

しかし、翌一九三九年（昭和一四年）一月四日、ついに近衛内閣は総辞職する。

その時は木戸も、「近衛公にはなんらの主義主張なく……内閣の不一致、いまや如何とも致し方なし。……ぜんぜん闘志を欠如、辞職直にやむをえぬ」、との態度だった。そして、辞職を前提にその時期や方法について話し合っている。[24]

板垣陸相ら陸軍は何とか近衛の辞職を思いとどまらせようとしたが、近衛は押し切った。

近衛内閣総辞職の直接の契機は、いわゆる防共協定強化問題だった。一九三八年（昭和一三年）七月、ドイツのリッベントロップ外相から、ソ連のみでなく英仏をも対象とする、日独伊三国同盟案が日本に提示された。これを契機に日独伊防共協定強化問題が起こる。

陸軍は、対ソ牽制のため、日独提携そのものが解消されることを恐れ、結局ドイツ案を受け入れた。しかし、外務省や海軍は英仏を対象とする同盟には強く反対した。

近衛内閣は、直接には、この問題での閣内不一致（同盟推進の板垣陸相と、それに反対する米内光政海相・有田外相）によって総辞職した。近衛自身は、すでにふれたように、宇垣外相の辞職などによって政権維持の意欲をほとんど失っていた。

ただ、近衛は、日独伊提携強化問題について「海軍があまりに消極的すぎて困る」、と語っており、[25]陸軍案に傾いていたとみられる。

さて、近衛の辞職後、後継の首相には平沼騏一郎枢密院議長が就いた。平沼は、元司法官僚で、枢密院議長就任前まで国家主義団体「国本社」を主宰していた保守系右翼の有力者だった。

平沼を後継とすることは、近衛が早い時期から言いだし、これに木戸も賛同していた。だが、西園寺は、かねてから平沼を忌避しており、平沼奏薦に同意しなかった。また、防共協定強化問題について、「日本の外交の基調は対英米［協調］以外にない。これはよほど考えないと国家の前途を誤る」との意見だった。[26]

湯浅内大臣は反英米的な右翼勢力とつながる平沼の奏薦には気がすすまなかったようだが、近衛や木戸らの意向により、躊躇しながらも最終的には容認した。

それでも西園寺は、平沼を一貫して警戒しており、平沼首班への動きを「時勢だからやむをえない」としながらも、自身では同意を示さなかった。湯浅は、西園寺の明確な同意をえないまま、やむなく内大臣としての自分の責任で、平沼を後継首班に奏薦した。

大命を受けた平沼は、一九三九年（昭和一四年）一月五日、板垣陸相、米内海相、有田外相など主要閣僚を留任させるかたちで組閣した。木戸も厚生大臣から内務大臣にポストを移して残留する。

平沼内閣の最大の課題は、防共協定強化問題すなわち日独伊軍事同盟問題だった。組閣直後、ドイツから日独伊三国同盟の正式提案が届いた。この正式提案に対して、近衛内閣時と同様、ドイツ案を受け入れようとする陸軍と、対象をソ連のみに絞るべきとする海軍・外務省が対立した。

平沼内閣は、一月中旬、五相会議（首相、陸相、海相、外相、蔵相）で、陸軍の主張を一部入れ、第一次妥協案を決定。これにも異論が出たので、三月下旬、第二次案を取り決めた。それは、同盟はソ連を主な対象とし、第三国も対象とするが、武力援助は近い将来は実施しえない、との内容のものだった。

これについて平沼首相から内奏を受けた昭和天皇は、内奏の要旨を書類にしたためて届けるよう指示した。[27] これは異例のことだった。この問題についての五相会議決定が、近衛内閣以降、たびたび変更されることに対する昭和天皇の不信の表明だった。

平沼は、内奏内容を記し五相署名の文書を昭和天皇に提出した。しかしその後も、陸軍と海軍、外務省のあいだで、意見の対立が続き、混乱は収束しなかった。

## 同盟締結への焦り

そのようななか、四月中旬、木戸は原田に、次のように語っている。平沼首相は、三国同盟について、「陸軍の言い分を是なりと考えている風」がある。だから、「何とかして陸軍が今日希望しているような方向に落ち着けたい」と思っている。したがって「陸下もその辺に理解をもっていただきたい」と願っているようだ、と。

さらに木戸は、平沼の意見として、こう付け加えた。陸軍は防共協定に付属する、ソ連のみを対象とするとの「秘密協定」を削除したい希望をもっているが、「それに対して陛下はどうしてもお許しにならない」。独伊が英仏その他と万一戦争となった場合、「本文の運用」でその戦争に巻き込まれないようにすればいいので、陸軍は「その渦中に入ることは絶対に避けたい」と言っている。だから、その秘密協定部分を削除しても大丈夫ではないか、と[28]。要するに同盟を締結したいというのである。この平沼の意見に、木戸も賛同していた。

そのうえで木戸は次のような、注意を引く発言をしている。

「元来今の陛下は科学者であって、非常に自由主義的な方であると同時に、また平和主義の方でもある。そこで、この陛下のお考えになり方を多少変えて戴かなければ、将来陛下と右翼との間に非常な隔(へだた)りが出来ることになると、ちょうど［幕末期］孝明天皇が晩年に側近をすっかり幕府に取替えられてしまったような具合に、どうされるか判らない。で、陸軍に引きずられるような恰好でいながら、結局はこっちが陸軍を引張って行くということにするには、もう少し陸軍に理解をもったような形をとらなければならん[29]」

つまり、昭和天皇の自由主義的で平和主義的な考え方を変え、もう少し陸軍に理解のある姿勢を示してほしい、というのである。しかも、そうしなければ右翼勢力ないしは軍部によって、現在の側近をすべて入れ替えられる可能性がある、と警告している。当時、右翼勢力のほとんどは、陸軍を支持し、三国同盟推進のスタンスだった。

前述した「今の陛下は……右翼の思想なんかについての同情がない」との意見に続く、昭和天皇への批判だった。これは具体的には、防共協定強化、三国同盟問題に対する昭和天皇の態度への苦言を意味していた。木戸は、大きくは陸軍サイドに立って、ドイツからの提案を受け入れるべきだと考えていたのである。

またこの頃木戸は、湯浅内大臣に、内閣としては「今のままの条件で押していく」覚悟であり、「それで行って駄目な時には内閣は辞める」と伝えている。

これを聞いた原田は、これは「お上に向かって……結局［譲歩への］お許しが出ないために政府が辞めるようなことになっても致し方ございません」、ということだ。いわば昭和天皇に対する「半分脅迫」もしくは「一種の捨台辞」のようなもので「すこぶる遺憾」だ、と怒りをあらわにしている。[30]

陸軍のみならず、木戸自身も同盟締結をあせっていたのである。このような木戸の姿勢は、かねてからの軍部善導論の延長線上にあった。

平沼内閣は、この防共協定強化問題で数十回の五相会議を開いたが、それでも決着が付かなかった。その間、五月から九月にかけて、日ソ両軍によるノモンハン事件が起こった。陸軍はこの事件もあり、ドイツとの軍事同盟の締結をあせったが、ドイツ側の条件への海軍省、外務省の同意はえられなかった。

## 右翼の反英運動を放置

しかも、六月中旬、中国天津の英仏租界を日本軍が封鎖し、日英間での大きな外交問題に発展した。陸軍はこの問題で反英感情を煽り、陸軍の支援を背景に右翼勢力がデモなど街頭運動を繰り返し、反英運動が広がっていた。この動きは、三国同盟の対象に、ソ連のみならず英仏を加えようとする陸軍の思惑と連動していた。[31]

この頃原田は、「排英運動」「反英示威運動」が「露骨すぎると思われるほどにひどくなった」と感じ、その旨を木戸に伝えた。木戸は内務大臣であり、示威運動の取り締まりなど治安対策は彼の職務だったからである。ところが木戸は、「あんなものはどうでもいいじゃないか。そんなに気にする必要はない」、との態度だった。その後木戸は原田に、「自分はまあ緩めるだけ一つ緩めておいて、そうしていつか思いきって弾圧するつもりでいるんだ。……東京会談［日英外交交渉］が纏まったという時……は思いきって弾圧しなければならん」、と話している。

英仏租界封鎖問題をめぐる東京での日英外交交渉が続く間は、右翼などの反英運動は放任しておく。それが決着すれば取り締まるというのである。つまりイギリス側へのプレッシャーとなる反英運動の激化は放置し、そのファクターによる圧力を含めて日英合意が成立するまでは、取り締まらないとの意味だった。右翼勢力による反英運動を事実上容認していたのである。

このころ西園寺も、「木戸はなかなか聡明なところがあるが、性格的に右傾のところがある」と、もらしている。[32]

東京での日英外交交渉において、一時イギリスは日本側に譲歩を示すが、それを知ったアメリカは突如日米通商航海条約の破棄を通告してきた。これにより、アメリカは条約上、いつでも日本に対して経済制裁を発動することが可能となった。

それまでアメリカは日本に対して、中国での軍事行動の拡大について批判を繰り返しながらも、具体的な行動はひかえていた。だが、イギリスの後退によって、日本の中国占領が既成事実として国際的に承認されるかたちになることを危惧したのである。イギリスもこのアメリカの行動を受け、日本へのさらなる譲歩を拒否した。これにより日英外交交渉は決裂する。したがって反英運動への取り締まりは木戸内相のもとでは結局なされなかった。

ところが、日本国内で三国同盟をめぐる混乱が続いているなか、同年（一九三九年）八月二三日、独ソ不可侵条約が締結された。それまで敵対していたはずの独ソが手をにぎったのである。反共を掲げた三国同盟締結を急ごうとしていた日本陸軍や木戸たちにとっては、まさに想定外の事態だった。

# 第三章　「宮中の要」内大臣に就任

## 第二次世界大戦勃発

独ソ不可侵条約締結後の、一九三九年（昭和一四年）八月二八日、平沼内閣は三国同盟交渉を打ち切り総辞職する。陸軍にとっても、対ソ牽制を期待した三国同盟は、独ソ提携によって無意味なものとなった。平沼内閣総辞職とともに、木戸も閣外に去った。

だが、ヨーロッパでは事態が急転していく。独ソ不可侵条約締結から一週間後の九月一日、突如ドイツ軍がポーランドに侵攻。同三日、これに対し英仏がポーランドとの援助条約により対独宣戦し、第二次世界大戦が始まる。

国内では、平沼の後継として陸軍出身の阿部信行に大命が下り、八月三〇日、阿部内閣が発足した。後継首班候補として、広田弘毅、池田成彬らの名前があがっていたが、結局湯浅内大臣は陸軍の推す阿部を奏請した。これには昭和天皇の意思も働いていた。

昭和天皇は湯浅内大臣に、「従来外交その他の順調にいかざるは、その癌常（ガン）に陸軍にあり。よってこの際は、陸軍の推挽（すいばん）もあり一応阿部にやらせるがよろしからん。阿部にやらせて極力彼が陸軍を纏（まと）めるよう指示すべし」との意向を示した。[1]西園寺も天皇の意向を知り、やむなく湯浅の提案に同意した。

阿部は、宇垣陸相時の陸軍次官で、宇垣系（非統制派）とみられており、天皇もそのことが念頭にあったものと思われる。だが陸軍主流は、「毒にも薬にもならざる」操縦しやすい人物として後継首相に推していた。[2]

こうした状況で日本は第二次世界大戦に直面することとなる。

阿部内閣は、九月四日、欧州戦争への不介入を声明した。だが約四ヵ月後に政権運営に行き詰まり総辞職する。

## 「英国の勢力を駆逐」

同時期（九月一四日）、木戸は次のような注目すべき発言をしている。この発言の前半部分は先にふれたが、重要な発言なので、改めて紹介したい。

「従来政治家はただ平和維持にこれ専念し、何か事あれば不拡大主義を常套とす。しかるに陸海軍は想定敵国を有し、違った方向に計画準備を進めて行くため、計画なき政治家が計画を有する軍人に引き摺らるるは当然の話なり。……

今後は政治家自身が計画を持たざるべからず。方針を定めて国力の進む方向を指導する要あり。……まず南に進まんとせば北を後回しにすべく、北に向かわんとせば一時南を抑うること肝心なり。……

日本が延びていく以上、英国の勢力を駆逐せざるべからざること明白なり。また蘇連も一度は討たざるべからざること確かなり[3]

すなわち、従来の政治家は平和維持、不拡大主義であり、それゆえ将来についての計画がない。これに対し軍部は計画をもち準備を進めている。それでは、計画のない政治家が軍部に引きずられるのは当然だ。したがって、これからは政治家が計画をもたなければならないというのである。

木戸にとって、その計画は、平和維持や不拡大主義ではなく、「日本が延びていく」もの、すなわち勢力を拡大するものであることが前提だった。その具体的な方向は、東アジアからイギリスの勢力を駆逐することなどが念頭に置かれている。この時、イギリスはドイツと交戦状態にあった。

これが第二次世界大戦開戦時の木戸の考え方であったことは重要である。

## 内大臣に就任

一九四〇年(昭和一五年)一月一六日、阿部内閣の後継として、米内光政内閣が成立する。今回の米内奏薦は、湯浅内大臣と元老西園寺の合意のうえで行なわれた。また湯浅は重臣の意見も聞き奉答している。なお、阿部内閣総辞職後、陸軍の武藤軍務局長が近衛に、軍の意向として首相就任を要請したが、近衛は断っている。[4]

閣僚は、畑俊六陸相、吉田善吾海相はともに留任、外相に有田八郎（元外相）、内閣書記官長に石渡荘太郎（元蔵相）らが就いた。政党からも三名が入閣した。

だが、米内内閣は、防共協定強化問題の経緯もあり、陸軍には不評だった。

この頃から政党各派による新党運動が活発になってくる。現状では政権掌握の可能性がほとんど見えない各党は、近衛を党首として合同し、政権を掌握しうる一大政党を作ろうとした。近衛は、軍や元老、重臣にも受けがよく、政権の座に近い存在とみられていた。

近衛の周辺でも、木戸や有馬頼寧らが新党運動の動きを受け対策を協議している。有馬は木戸・近衛らの十一会の会員で貴族院議員。第一次近衛内閣では農林大臣を務めた。

木戸らは各方面と接触を続け、五月下旬、近衛、木戸、有馬は今後の対応を話し合った。

この時近衛は、「近いうちに政変があるかもしれない。そうすると僕がまた出なければならないことになるかもしれない。……僕は新党を作って国民的背景を持ちたいと思う。第一次内閣の弱体は、超然内閣で基盤を持っていなかった点にある。だから今度は今からその計画を進めて、万遺憾なきを期したいと思う」、と二人に相談している。[5]

近衛は大命降下を予想し、安定した政権運営のため、自分を支える政治力の結集を望んでいた。新党を自己の権力基盤にしようと考えていたのである。

ところが、その直後の一九四〇年（昭和一五年）六月一日、木戸は内大臣に就任する。それにより、木戸自身は新党運動から距離をおくこととなる。

## 西園寺の懸念

木戸の内大臣就任経緯については興味深い曲折があるので、少し立ち入ってみておこう。

同年春頃から湯浅内大臣の健康が悪化し、宮中の内大臣周辺では、その後任が問題となっていた。四月中旬、原田は西園寺に、内大臣の後任について、「やっぱり木戸がいいと思うけれども、いまいきなり木戸を起用することは刺戟（しげき）が強すぎる」。したがって、当面「木戸を宮内大臣にして、万一の場合、宮内大臣から内大臣に代わるようにしておいたらどうか」、と自分の考えを話した。

西園寺はそれに、「それは名案であって大変いいと思うけれども、しかし、自分が非常に賛成であるとか、自分が言い出したとかいう風なことは、一切言わないでもらいたい。君だけでやればいいいじゃないか」、と答えている。[6]

良い案だが、自分が賛成だとは言ってほしくない、というのである。

五月四日に、原田は松平（康昌）内大臣秘書官長から、湯浅が健康上「とうてい堪（た）えられない」と言っている旨を聞いた。六日、西園寺にそのことを伝えると、「内大臣には木戸をするのがいいんじゃないか」と応じている。

その翌日（七日）、松平内大臣秘書官長は原田に、湯浅が内大臣辞任の意思を示し、その後任としては、若槻、宇垣、木戸の三人をあげたことを内話した。

これを原田から聞いた木戸は、自分は不適任だとし、内大臣には近衛を、近衛の後任の枢密院議長には平沼を推している。

一四日、これらを聞かされた西園寺は、「やっぱり一番大事なのは内大臣の後任のことだ」と述べた。そして、その人選について「西園寺は意見を言わずにただ黙ってきいておった」ということにしておくよう原田に言い含めている。五月六日の自身の発言が念頭にあったものと思われる。二七日にも西園寺は原田に同様のことを言っている。

湯浅内大臣の辞意を松平（恒雄）宮内大臣から伝えられた昭和天皇は、「元老の意見を聞け」との意向を示した。天皇自身は若槻、近衛、平沼、木戸を例示的な候補に上げ、それぞれ次のようにコメントしている。若槻は政党党首であった関係で反対党の反発が邪魔にならないか。近衛は将来政権を担当する必要があり、内大臣にするのは差し控えたい。平沼は西園寺が承知しないだろう。「木戸は自分はいいと思うが、少し若いし、将来の政治的生命を失わせても可哀想だが、どんなものだろうか」、と。そのうえで、「西園寺は誰をいいと思うか。またこれ以外に人があるかどうか」ということだった。

その間、原田は近衛、岡田、松平（康昌）内大臣秘書官長、米内首相の意見を聞いている。前三者は「木戸が一番無難だ」との意向で、米内首相も木戸に異存はないとのことだった。

しかし、三一日午前、これらを聞いた西園寺は、こう答えている。「自分は病後でもあり、ご存じの通り老齢で、近頃すこぶる事情に疎くなった点もあって、まことに申し訳ないけれども、この御下問には奉答致しかねる、と言ってお断りしろ。なおこれは奉答ではないが、もし人を求めたら、一木あるいは岡田の如きはどうか」

自分は老齢や病後のため奉答できない。ただ、一木喜徳郎元枢密院議長や岡田啓介元首相ではどうかと思っている、というのである。

原田は、なんとか奉答するよう説得したが、どうしても西園寺は聞き入れなかった。

この連絡を受けた松平（恒雄）宮内大臣は、やむなく、後任に木戸を推薦するとの湯浅内大臣の意向と、自分も同意見である旨を、昭和天皇に伝えた。天皇は木戸で「よろしい」としながらも、なお「これに異存はないか、一応西園寺にきけ」と指示した。

ところが、同日午後、これを伝えられた西園寺は、前言をひるがえして木戸案に賛同した。

「どうも最初の持って行き方が無責任であったから、少し気の毒だったが［先ほどは］困らせてやったのだ。実はいま言って来たように、まず前任者が後任者を推薦し、副署すべき大臣すなわち宮内大臣がそれに同意し、陛下が御裁可になれば、これくらい結構なことはない。自分は非常に満足で、決して異存のありよう筈はない」、と述べている。[7]

木戸内大臣案に異存はなく、以前に奉答できないと答えたのは手続きに問題があったからだ、というのである。

しかし、この西園寺の発言内容は、額面どおりには受け取れない。もし手続きのみに問題があったのなら、一木や岡田の名をあげる必要はないからである。

また、三一日に「奉答できない」としたさい、その理由として病後と老齢により事情に疎くなっているからとしているが、一時体調を崩したのは三ヵ月前のことである。また、一月中旬には、米内の首班奏薦には湯浅との協議で明白な同意を与えており、その後の西園寺の発言や活動からみても、老化が急速に進んだとは考えられない。

明らかに健康や年齢の問題は、奉答しない口実だった。

では、なぜ西園寺は、三一日午前の段階で、昭和天皇からの下問に答えたくなかったのだろうか。

おそらく、西園寺は木戸内大臣案に危惧をもっていたからだと思われる。内大臣候補として、若槻、近衛、平沼らの名前もあがっていたが、原田、近衛、岡田、米内、松平（康昌）らは、ほとんど木戸を推していた。例示的にではあるが、昭和天皇も木戸の名前を出している。したがって、奉答するとすれば、木戸に同意するか、これらの意向をすべて否定して木戸を拒否するか、だった。

原田は詳細な日記（『西園寺公と政局』）を残しているが、西園寺は、その原田の日記にその都度すべて目をとおし、必要な訂正を加えている。したがって、原田の日記にある、木戸の昭和天皇への不満や批判、防共協定強化問題や反英運動問題などでの陸軍や右翼への融和的な態度を承知していた。また、木戸は「性格的に右傾のところがある」ともみていた。

それゆえ、木戸を内大臣にすることには必ずしも賛成ではなかったのではないだろうか。そこで、自身としては木戸内大臣案には同意できないが、ほとんどの関係者が賛成している状況からして、奉答できない、との対応になったものと考えられる。

それなら、なぜ三一日午後には急転、同意したのだろうか。

それは、直前にすでに、内大臣任命の正式の輔弼(ほひつ)責任者である松平（恒雄）宮内大臣が、天皇に木戸を推薦し、天皇自身が「よろしい」と答えていたからである。

西園寺は、軍部やそれに繋がる右翼勢力（政治家や官僚を含む）の政治的発言力が増大するなかで、天皇の権威を維持することに心を砕いてきた。すでに輔弼責任者から上申があり天皇が裁可した人事を、元老である西園寺が拒否することは、彼みずからが、天皇の権威を疵付(きずつ)けることになる。それゆえ、西園寺はその段階では、「これくらい結構なことはない」として全面的な賛意を示したのである。

では、どうして、それ以前、西園寺は原田に、必ずしも木戸を否定する発言をしていないのだろうか。前述のように、四月中旬、原田は西園寺に、湯浅内大臣の後任は木戸がいいと思うが、まず今は木戸を宮内大臣に、と自分の意見を伝えた。西園寺はそれに、名案だが自分が賛成だとは言わないでもらいたいと答えている。

原田は西園寺にとって、信頼できる貴重な情報源であり、かけがえのない腹心の部下だった。木戸は、その原田の古くからの親しい友人で頻繁に交流していた。原田は、防共協定許可問題などでの木戸の発言には批判的だったが、なお木戸を信頼していた。[8]

その原田の提案を、西園寺としては、全面的に否定するわけにはいかず、また木戸を宮内大臣にとの部分には必ずしも反対ではなかったと思われる。というのは、当時、宮内大臣の実質的な職務は、宮内省の実務的な統括に限定されてきていた。昭和初期のように内大臣や侍従長とともに政務面で天皇を補佐する役割は果たしていなかった。政務についての補佐は、もっぱら湯浅内大臣があたっていた（侍従長は侍従の統括に専念）。そして西園寺自身、少なくとも木戸の実務能力は買っていたのである。

したがって、将来木戸を内大臣にするかどうかはともかくとして、木戸を宮内大臣にということは、いちおう「名案」だと答えたのだと思われる。だが、原田の提案には、宮内大臣のあと内大臣にとの部分があり、それゆえ、原田に自分（西園寺）が賛成だとは言ってくれるなと釘をさしたのではないかと考えられる。

この頃、西園寺は湯浅内大臣の健康状態を深刻には考えておらず、近い将来に内大臣の辞任が現実のものになるとは判断していなかった。西園寺は、牧野前内大臣など信頼する要職在任者には、健康問題などで辞意を示されても、今は重大な時期なので「死ぬまでやれ」と、しばしば激励している。それゆえ、木戸を内大臣にとの部分は軽く考えていたのではないだろうか。五月六日の「内大臣には木戸をするのがいいんじゃないか」との発言もそのような文脈でのものと考えられる。

したがって、七日に湯浅の辞任の意志が明確になり、湯浅が、木戸を含め後任の名を具体的に提示すると、西園寺は慎重な態度に変化することとなったのである（五月六日の発言についても、口外しないよう原田に言い含めている）。

なお、この頃のことを回想した原田の書簡を根拠に、西園寺は当初から内大臣として木戸が最も適任と考えていたとの見方がある。その書簡は、一九四一年（昭和一六年）九月一三日の木戸宛のもので、そこには、内大臣について西園寺が「木戸以外は不可なり」と述べた、とある。[9] だがこの書簡は、木戸の内大臣就任前後のことを、一年余り後に回想した記述であり、西園寺の発言が三一日午前までのものなのか、同日午後以降のものなのか、文面では確定できない。

こうして木戸は、湯浅の後任として、内大臣のポストに就いた。木戸五〇歳のときである。ちなみに昭和天皇は三九歳だった。[10]

## 戦前国家体制における天皇

さて、先にふれたように、内大臣の主要な任務は、宮中において、国政に関して天皇を常時補佐することだった。

そこで、内大臣の職務に関係するかぎりでの、戦前国家体制（明治憲法体制）における天皇の権能について、概略的にふれておこう。

明治憲法（大日本帝国憲法、一八八九年、明治二二年制定）では、第一条および第四条において、天皇にいわゆる国家統治の大権を帰属せしめている。そして天皇は、国家権力の実質的な最高責任者である内閣総理大臣をはじめとする官職任命権を保持し（第一〇条）、陸海軍を統帥する権限をもつと定められている（第一一条）。しかし、他方で、法律の制定、新規予算の決定などについては、議会の議決を必要とし（第三七条、第六四条）、貴族院とならんでその議会を構成する衆議院は、公選による、つまり国民から選出されなければならないことになっていた（第三五条）。

では、明治憲法下での天皇と内閣や軍との関係は、どのようなものだったのだろうか。

まず、内閣と天皇の関係についてみてみよう。首相および国務大臣（陸海軍大臣を含む）などの官職任命権は憲法上は天皇にあった。

ただ、実際の政治においては、内閣総理大臣の任命は、薩長藩閥集団のトップ・メンバー（元老）の推薦にもとづいておこなわれており、しかも、その推薦は君主にたいする単なるアドバイスにとどまるものではなく、実質的には彼らがその決定権を保持していた。したがって、官職任命権も実際上は彼らの手にあり、また陸海軍の上層部も藩閥集団によって握られていた。君主は、彼らのあいだでの意見対立を調整したりする場合もあったが、基本的には彼らに国家統治の正統性を付与する存在であった。

このことは、明治・大正期を通じて変わりなく、政党政治期においても同様だった。ただ、その時期には元老は西園寺公望ただ一人になっており（他の元老は死去）、西園寺は国務大臣の実質的な任命を、議会政党に委ねていた。いいかえれば、政党政治期には国務大臣は、陸海軍大臣を除いて、事実上議会政党（第一党か第二党）によって掌握されていたのである（陸海軍大臣は陸海軍と首相予定者との協議による）。

内閣閣僚（首相・陸海軍大臣を含む）の職務については、憲法第五五条に、「国務各大臣は天皇を輔弼し、その責に任ず」、と定められている。

明治政府の公式の憲法解釈書といえる伊藤博文『憲法義解』によれば、「国務各大臣は入りて内閣に参賛し、出て各部の事務に当り、大政の責に任ずるものなり」、とされている。つまり国務大臣は、内閣を構成し、それぞれ各部署（省庁）を統括し、国政に責任をもつとされているのである。

また、ここでの「輔弼」とは、実際上は国務大臣の提案・同意などを意味し、具体的には勅令など天皇の命令への大臣の「副署」（署名）で表現される。

この副署について、『憲法義解』は、「法律勅令およびその他国事に係わる詔勅は、大臣の副署によって始めて実施の力を得」る、としている。したがって、国務に関わる詔勅には、担当国務大臣の副署が必要とされた。

では、国務大臣の副署のない、国事に係わる詔勅が出された場合はどのようになるのだろうか。『憲法義解』には「大臣の副署なきものは、従って詔勅の効なく外に付して宣下するも、所司の官吏これを奉行することを得ざるなり」、とある。

すなわち、天皇の命令といえども、国事に関わることでは、担当大臣の「副署」（同意・承認）がなければ、効力をもたない。したがって、官吏もそれを実行してはならない、とされているのである。一般にはあまり知られていないが、この点は決して軽視できない。

明治憲法では、天皇に「国家統治の大権」があるとされている。だが、明治政府の憲法解釈では、天皇の命令でも、国事に関わるものは、国務大臣の副署がなければ、効力がなく、実行されないのである。この解釈は基本的には敗戦まで——一般社会での天皇神格化の昂進にもかかわらず——維持された。

## 陸海軍と天皇

では、陸海軍についてはどうだろうか。昭和戦前期において、陸軍が政治的に大きな影響力を有するようになるので、ここでは陸軍についてみておこう（以下は海軍もほぼ同様）。

陸軍の主な中央機関は、陸軍省と参謀本部からなる。

陸軍省（海軍では海軍省）は、陸軍の編制・装備を担当する「軍政」機関である。明治憲法体制下では、憲法第一二条の「天皇は陸海軍の編制及常備兵額を定む」との規定に基づいており、軍政面において天皇を補佐することを役割とする。陸軍省の全体の最高統括者が陸軍大臣（陸相）である。

『憲法義解』によれば、軍の編制・装備の決定は、天皇「親裁（しんさい）」であるが、「責任大臣の輔翼（ほよく）に依る」とされている。すなわち陸軍の場合では陸軍大臣の「輔翼」によって決定がなされるわけである。

この解釈は、先の五五条「国務各大臣は天皇を輔弼し、その責に任ず」との規定によっている。ここでの「輔翼」とは五五条の「輔弼」と同義で、実際上は陸軍大臣の提案・同意などを意味し、他の国務と同様、具体的には勅令など天皇の命令への大臣の「副署」で表現される。

この副署について、『憲法義解』によれば、陸軍の編制・装備に関わる詔勅には、陸軍大臣の副署が必要とされた。

したがって、陸軍大臣の副署のない、編制・装備に関わる詔勅が出された場合は、他の国務大臣の場合と同様、「詔勅の効なく」たとえ宣下されても「所司の官吏これを奉行することを得ざるなり」、官吏もそれを実行してはならないのである。

つまり、もし陸相の副署すなわち同意がなければ、陸相の権限に属するもの（編制・装備）についても、天皇の命令といえども実行されないことになっていたのである。そして陸相は内閣の一員であり、その意味で、陸軍省は内閣のコントロール下にあったといえよう。

参謀本部（海軍では軍令部）は、陸軍の作戦・用兵を担当する「軍令」機関である。明治憲法第一一条の「天皇は陸海軍を統帥す」との規定に基づくもので、天皇の統帥権に直属し、軍令面で天皇を補佐する役割をもつ。参謀総長がその最高統括者である。

『憲法義解』によれば、軍の統帥については、一二条と異なり、「専ら帷幄の大令に属する」とされるのみで、「責任大臣の輔翼」については言及されていない。すなわち、陸軍の作戦・用兵の決定については、陸軍大臣の副署を、かならずしも必要としないと解釈されているのである。「統帥権の独立」とは一面ではこのことを意味する。すなわち陸軍の場合、参謀本部が陸軍省や内閣から独立し、その権限外におかれているのである。

だが、実際には参謀本部の最高責任者である参謀総長が天皇に上奏し允裁をへた統帥命令には、必ず参謀総長が署名している。すなわち、統帥事項については、ここでは参謀総長の署名が、副署の役割をはたしているのである。国務大臣の副署ではなく、統帥部の統括者（参謀総長）の署名が必要とされているといえる。参謀本部の権限に属する作戦・用兵に関する詔勅には、少なくとも参謀総長の同意を要したのである。したがって、天皇は、統帥事項といえども、参謀総長の同意なく命令を発することはできなかったといえよう。その意味で、天皇は、統帥事項については、参謀総長の「輔弼」を受けているのであり、統帥事項に関する詔勅についての取り扱いは、陸軍大臣の補弼事項と同様であったと考えられている。[11]

天皇は、大元帥として陸海軍のトップに君臨していたが、実際は陸海軍大臣や両統帥部長（参謀総長・海軍軍令部長）の「輔弼」によってはじめて、その権限を行使しえたのである。したがって、実際上は、陸軍省、参謀本部ともに軍事について独自の大きな権能をもっていた。

なお、陸相は内閣の一員であり、内閣における閣議決定は、現在と同様、原則として閣僚の全員一致によっていた。陸相は閣議決定に拘束されるが、陸相が反対すれば、閣議決定はできなかった。

また、陸海軍大臣は武官（将官）に限られた。陸相が辞職した場合、現役あるいは予備・後備役の将官から陸相後任者が得られなければ、内閣は総辞職を余儀なくされた。

さらに、内閣総理大臣には、閣僚の罷免権はなく、もし、閣僚の一人が閣議決定のすべてに反対するか、在職のまま閣議への出席を拒めば、総辞職するしかなかった。閣議の全員一致制から、その閣僚が自ら辞職しない限り、閣議決定が不可能となるからである。

## 内大臣と天皇

以上のことを内閣や統帥部からみれば、重要な国策決定や高級官職の任免、戦略レベルの作戦・用兵の策定（統帥命令）には、天皇の「親裁」すなわち「裁可」が必要となることを意味する。

これらの事項に対する、天皇の裁可の可否の判断――そのまま裁可するか、再考を求めるか、裁可までに一定の時間を置くかの判断を含めて――を補佐するのが内大臣の重要な職務だった。純粋な統帥事項については、侍従武官長が天皇を補佐することになっていたが、実際の国策決定には統帥事項も含まれていることが多々あった（たとえば大本営政府連絡会議の決定事項）。したがって、実際には、内大臣は統帥事項を含む国策などについて、天皇を補佐する必要があったのである。

しかも、以下の木戸の例にみるように、内大臣は重要国策事項の裁可時のみならず、日常的に天皇のさまざまな判断や意思決定を常時補佐する職責にあった（常侍輔弼）。そして、それらに加え、元老西園寺が老齢化するにつれて、政変時には重臣会議を開いて後継首相候補を定め、天皇に上奏するという重責を担うようになったのである。

## 近衛の推薦、陸軍の歓迎

さて、木戸の内大臣就任時、近衛は木戸に、「自分が新党を作って内閣をやっていく時に、君が内大臣としてあっち［宮中］にいてくれることは非常に便宜があるんだ。だからぜひこの際は引き受けろ」、と内大臣就任を勧めたとのことである。[12] 自分が組閣するには、木戸が内大臣だった方が都合がいい、というのである。この発言からみて、原田の木戸内大臣案には、近衛からの働きかけがあった可能性も考えられる。

ちなみに、近衛、木戸に近かった有馬頼寧は、「木戸君の内大臣就任ということは、恐らく近衛君の希望であり、推薦であったと思われる」、と述べている。[13] 近衛が近い将来の組閣を考えていたからである。木戸の内大臣就任は直接には原田のイニシアティブによるものだったが、実は近衛の働きかけによるものだと有馬はいうのである。近衛、木戸とともに新党結成を申し合わせ、新体制運動を進めていた有馬の言葉だけに、きわめて興味深い。

また、原田は、「今度の［木戸］内大臣になってから、かねて陸軍は非常に喜んで、［蓮沼蕃］侍従武官長の如きも、ほとんど毎日、内大臣の所に詰切りというような状態だ」、としている。[14] 蓮沼侍従武官長は、その出身母体である陸軍と常に密接な連絡をとりあっていた。木戸の内大臣就任は、陸軍の希望するところでもあった。彼らに近いスタンスをとる存在と考えられていたのである。

陸軍が、自分たちが立案する政策を国策として実行に移していくには、内閣の同意・協力とともに、天皇の裁可が不可欠である。そのためには天皇を政務面で補佐する内大臣が陸軍に融和的なスタンスのものでなくてはならない。また内大臣は次期首相の推薦過程でも強い発言力をもっている。そのような観点からすると、木戸の内大臣就任は陸軍の希望に添うものだった。

## 「総合国策十年計画」と陸軍の戦略方針

ところで、その頃陸軍では、欧州での大戦勃発を受けて、武藤章軍務局長を中心に、総合的な国策案「総合国策十年計画」の立案を進めていた。

この「総合国策十年計画」は、以後の陸軍の戦略方針の背景となり、木戸が内大臣として関係する国策決定にも影響していくので、その内容にふれておこう。

そこでは、第一に、日本・満州・中国のみならず、それを超えて東南アジアを含むかたちで、

「大東亜を包容する協同経済圏」（大東亜協同経済圏）が設定されている。

ここでの「大東亜」とは、東アジア、東南アジアを包含する地域が念頭におかれ、その地域が資源の自給自足などの観点から「協同経済圏」とされている。そこには南方資源獲得への視角が含まれていた。

東南アジアから獲得すべき必要資源は、石油、生ゴム、ボーキサイト（アルミニウム原料）、鉄、錫、ニッケル、燐などが重要なものである。とりわけ石油は、軍艦・戦車・航空機燃料として必須のもの、生ゴムは軍用自動車・航空機タイヤに、ボーキサイトは航空機の機体製造に不可欠な原料だった。だがこれらは、帝国内や中国大陸ではほとんど産出しえない資源であり、インドシナ半島、インドネシアなどからの確保が考えられていた。また、兵器生産原料となる鉄、錫、ニッケル、燐なども、帝国内や中国での産出量では不足し、東南アジアからの補充が必要だった。

このような大東亜協同経済圏論は、ヨーロッパでの戦況の展開にともない、「大東亜新秩序」「大東亜共栄圏」論、南方武力行使の問題へとつながっていく。

ただ、当時東南アジアは、タイを除いて、すべて欧米列強の植民地となっていた。インドシナ半島はフランスの植民地（仏印）であり、マレー半島、西ボルネオ、シンガポールはイギリスの植民地。また、フィリピンはアメリカの植民地、現インドネシアはオランダの植民地（蘭印）だった。

第二に、「総合国策十年計画」での、欧米列強に対する政策はどのようなものだったのだろうか。

まず、イギリスについては、「英国および英系勢力を極東より駆逐する」との明確な姿勢を打ち出している。ただ、対英政策は対米政策と「微妙な関連性」を有し、英米の関係に注意を払う必要がある、と指摘している。

イギリスの勢力を東アジアから駆逐するという強硬な方針を、はっきりと明示している点が注目される。これは、イギリスが中国において最大の権益を有し、また蔣介石らの国民政府の支援者とみられていたからだった。

陸軍は、イギリスによる支援が、中国側の抗日姿勢を支える有力な要因になっていると判断していた。また、中国経済の日本によるコントロールを、イギリスが阻害してきていると考えられていた。したがって、イギリス勢力を中国全土から駆逐することが、この時点での武藤らの重要な課題の一つだった。また、アメリカは日本軍の天津英仏租界封鎖（一九三九年六月）に対し、イギリスをバックアップして日米通商航海条約破棄に踏み切った。そのことなどから、対英関係が対米関係に連動することを警戒していたことがわかる。

そのアメリカについては、現在以上に関係が悪化するのを防止するとしつつ、経済力の拡充により「対米依存経済より脱却する」方針を示している。このことは大東亜協同経済圏の形成による自給自足体制の確立と、表裏の関係にあった。

フランス、オランダについては、とくに指摘はない。

ソ連については、対ソ戦備の充実が必須とされ、十分な戦備完了までは国交調整をはかり、「平和的状態の維持」に努めるとしている。将来はともかく、当面は対ソ関係の安定化を図ろうとしていたといえる。

ドイツ・イタリアについては、欧州情勢の推移を「達観」しつつ、「従来の友好関係を持続」するとして簡単にふれるに止めている。

つまり、この時点では、独ソ不可侵条約締結による防共協定強化問題の空中分解という苦い経験から、ドイツ側に必ずしもコミットせず、欧州大戦不介入の姿勢をとっていたのである。

## 国民総動員と新体制運動

第三に、この「十年計画」では、国策遂行のため、「強固なる政治指導力」を確立し「全国的国民総動員組織」を創出すべきとの考えが、明確に打ち出されている。

これは、前述した近衛元首相周辺の新党結成の動きと連動し、いわゆる近衛新体制運動の積極的推進というかたちで具体化していく。親軍的な政党による一党独裁の方向が志向され、近衛新党の政治的指導力によって、「一国一党」のもとでの新体制を実現しようとする動きとなる。新党結成には、木戸も関係していた。

一九四〇年（昭和一五年）六月上旬、近衛は、新党問題について、「新しい政治体制［新体制］によって強力な新党を結成して、この重大なる時局に対処しなければ、この難局は打開できない」と語った。

そして、「新政治体制としては、国民全部に呼掛け旧政党にも呼掛け……時代の要求にピッタリ合って行かなければいけない」という。また軍との関係について、「協調はもちろん必要なことだが……軍に盲従ばかりしているだけではいけない。……しかしこれは決して軍を圧迫したり軍に反抗したりすることではない。……結局軍とピッタリ一緒になってやってゆくようにしなければならない」。これが「理想」だとしていた。[15]

新体制運動を、軍部や政党も含め全国民的な運動とする。それによって陸軍も、近衛自身の主導する新体制のもとに統合していこうというのである。

また同じ頃、武藤軍務局長は、「近衛公の出馬、新党の結成には軍を挙げて賛成にして、自分等はぜひともこれが実現するよう蔭ながら援助いたしたき考えなり」と述べている。[16]

これは、「総合国策十年計画」における、「強固なる政治指導力」として近衛新党を想定していることを意味した。そして、第二次近衛内閣成立後に発足した新体制準備委員会に、武藤軍務局長が常任幹事として参画する。武藤ら陸軍にとっては、強固な政治指導力としての親軍的新党結成のためだった。

また、近衛周辺の新党樹立の動きに応じて、政党の解党運動が起こり、七月上旬から九月中旬にかけて、ほとんどの政党が解党し、近衛新党への合流を目指した。

ところが、その間、新党が天皇の統治権を制約する「幕府的存在」（たとえば徳川幕府のような）であり、国体と相容れないとの批判を、保守系右翼勢力から受ける。それに近衛が動揺し、徐々に新党結成に消極的となっていく。

木戸は、戦後、近衛の新党運動について、次のように述べている。「近衛君としてはねえ、自分は孤立無援だというんだよね。軍の方は組織をもっている、それに対抗するにはどうしても一つの政治組織を持たにゃいかんと、それが新党運動の動機だったわけなんだ」。しかし、それが「いつの間にやらどこかへ消えちゃった」、と。[17]近衛が、一党独裁的な「ナチス張り」の「指導者的の考え方」に否定的になってきたからである。[18]

しかし、武藤は、あくまでも「強力なる政治的実践体の結集」を主張し、「一国一党」すなわち一党独裁による新体制の建設を推進しようとした。「強力な政治力をもつ組織」としての親軍的「党」を創設し、その「強力な指導」によって、国家総力戦に向けての新しい「国民運動組織」を作り上げようとしたのである。[19]

## 陸軍だけでは総動員ができない？

なぜ武藤ら陸軍が新党を必要としたのか。その理由は、陸軍自体の政治的限界にあった。国民を総動員するためには、上からの強制だけでは十分ではない。国民の側からの自発的主体的な参加、協力を必要としていた。

しかし、陸軍そのものは、本来その役割を軍事面に限定した官僚制的な組織だった。したがって、それ自体では全国民の自発性を、一定の政治目的（国家総動員体制の構築）のために動員する組織とはなりえなかった。それゆえ、軍の基本政策を実行に移す強力な「党」と、その指導下に国家総動員のための国民的な運動組織を必要とする。そう考えられていたのである。ドイツ国防軍にとってのナチ党の位置づけを想起させる。

だが、近衛は、一党独裁的な政党組織は幕府的存在となるとの批判を恐れて、結局新党を断念。九月下旬、近衛内閣は、行政を補完する精神運動組織として大政翼賛会の設置を閣議決定。一〇月中旬、大政翼賛会が発足した。それは当初意図されたような政治団体ではなく、準公共団体的な公事結社とされた。当初新党結成をめざした新体制運動は、政治的指導力をもたない単なる精神運動組織としての大政翼賛会を生み出して終息した。武藤ら陸軍が望んだ、親軍的な「強固なる政治指導力」の創出は、ついに実現しなかったのである。

あらためて近衛の新党運動と陸軍の動きを整理すると、このようにいえる。

近衛は当初、強力な新党を創設して、その政治指導者たろうとした。その新党は主要な政治勢力を統合し、陸軍をリードしうるものとして考えられていた。だが、独自の政治基盤をもたない近衛にとって、陸軍の協力が不可欠だった。したがって、陸軍が「自分をまたロボットに使おうと思っている」[20]としながらも、陸軍の力を背景にせざるをえなかった。そのため、武藤軍務局長が新体制準備委員会の常任幹事に加わっていた。だが、一国一党的新党は幕府的だとの批判をうけ、近衛自身が腰砕けとなり新党構想を放棄したのである。

一方、武藤ら陸軍中央は、親軍的新党による一党独裁によって、陸軍の望む国策を実現させようとしていた。そして、その党首の適任者は近衛以外に考えられなかった。高い国民的人気と現状打破的なスタンスをもち、陸軍にとって比較的御しやすい存在とみられていたからだった。したがって、幕府的との批判をうけ動揺する近衛らに、武藤は、国民組織の「中核実践体」として、強力な新党の創設を執拗に働きかけた。しかし、結局近衛の変心によって、九月下旬には、武藤らの親軍的新党構想は実らなかったのである。

## 昭和天皇の新体制運動批判

なお、昭和天皇は、近衛の新体制運動について、木戸にこう述べている。「近衛がとかく議会を重(おもん)ぜない様に思われるが、我が国の歴史を見るに、蘇我(そが)、物部(もののべ)の対立抗争以来、源平その他常に二つの勢力が対立している。この対立を議会において為さしむるのは一つの行方(いきかた)で、我が国ではなかなか一つに統一ということは困難のように思わる」[21]。

この発言は、近衛が木戸経由で昭和天皇に提出した意見書に対する感想として話したものである。近衛の意見書は八月二七日に出されたもので、そこで近衛はこう主張している。

世界一般の傾向として、「強力なる国家権力の集中」を図るため「権力分立」から「執行権を強化」する方向に進んでいる。そのため「議会は政治の中枢より後退」している。この傾向は「国家総力戦の要請」による「国防国家体制の必要」からのもので、今後もますます強まっていくだろう。欧州諸国は、いずれも「強力なる集中的執行権の体制」を採り、多少とも「全体主義」に移行している。それは、いわゆる「全体主義国家」において極端にみられるところである。したがって日本も、「現下の世界的動乱」に直面して、「国家の総力を統合、集中一元化すべき政治体制の強化」を必要としている、と[22]。ここで近衛は、いわゆる全体主義を、強力な国家モデルとして高く評価していたといえよう。

これは近衛の進める新体制運動の現状認識と理念を示したもので、それに対して昭和天皇は批判的だったことが分かる。近衛について議会を軽視しているのではないかと感じており、そのことに危惧の念をもっていたようである。

木戸が近衛の新党構想に賛同していたことは確かだが、新体制運動の結果としての大政翼賛会にどのような意見をもっていたかは、はっきりしない。

## 陸軍の「国策」が近衛内閣の「基本国策」に

こうして陸軍が希望した「親軍的新党」は実現されなかった。しかし、陸軍による「総合国策十年計画」そのものは、第二次近衛内閣の組閣直後（一九四〇年七月二六日）に閣議決定された「基本国策要綱」に反映される。

陸軍は、米内内閣末期、「総合国策十年計画」をもとに、新内閣のための政綱として「総合国策基本要綱」を作成。それを、第二次近衛内閣の組閣直前、陸軍の要望として近衛に示した。そのさい近衛と面会した武藤軍務局長は、「本案を諒解の上、これを政綱の基本として呑まるるならば、軍は新内閣に対し万全の協力を尽すであろう」と述べている。[23]

武藤ら陸軍にとって、その政策を国策として実行に移していくには、内閣の協力が不可欠だった。陸軍に融和的な近衛が首相となることは、その観点から、最も望ましいことと考えられた。近衛が組閣すれば、内大臣の木戸とともに、内閣・宮中を、陸軍に近いスタンスの人物によって押さえることになる。それが陸軍のねらいだった。近衛は武藤の申し出を受け入れ、組閣後、陸軍の要望に沿った「基本国策要綱」を決定したのである。

近衛内閣の「基本国策要綱」の主な内容はこうである。

「日満支」の結合を根幹とする、自給自足的な「大東亜の新秩序」を建設する。また、「国家総力発揮の国防国家体制」を構築し、必要な軍備を充実する。そのために、「強力なる新政治体制」を確立し、国政の総合的統一を図る。

これらは、明らかに「総合国策十年計画」を基にしたものだった。ただ、「総合国策十年計画」での大東亜協同経済圏が、「基本国策要綱」では大東亜新秩序となっている。これは後の「大東亜共栄圏」に受け継がれていく。

## 「時局処理要綱」の決定

第二次世界大戦開戦後のヨーロッパ戦況は、しばらくドイツ優勢のうちに進んだ。一九四〇年六月一四日、ドイツの西方攻勢によってパリが陥落し、二二日、フランスは降伏する。

そこで、このような国際情勢の激変を受けて、武藤ら陸軍中央は、七月三日、新たに「世界情勢の推移に伴う時局処理要綱」を決定した。

この「時局処理要綱」は、これ以後の陸軍の包括的な戦略方針を示すもので、実際の国策の方向にも大きな影響を与えた。したがって、極めて重要なものであり、その後の内大臣としての木戸の動きにも少なからず関係してくる。そこで少し詳しくみておこう。

まず、国際情勢の変化に対応して、「好機」を捕捉し、対南方問題の解決に努める、との基本方針が示されている。そのための「対南方武力行使」については、対象を「英国のみ」に限定し、当時イギリス領だった香港およびマレー半島、シンガポールを攻略するとしていた。また、「対米戦争」はつとめて避けるとされた。

ここで注目すべきは、英領植民地を主要ターゲットとした南方武力行使が明確に打ち出され、しかも、いわゆる英米可分の見地に立っていることである。すなわち、イギリスのみに攻撃を限定し、アメリカからの軍事介入を避けることが可能だと考えられていた。

そして、その武力行使の「好機」とは、ドイツ軍のイギリス本土攻略が想定されていた。したがって南方武力行使は、そのような国際状況の好機をとらえて、自給自足的「協同経済圏」(のちの大東亜共栄圏)形成に積極的に乗り出そうとするものだった。英領植民地への武力行使はその一歩と位置づけられていた。

ただ、英米可分といっても、武藤らは、天津英仏租界封鎖問題でアメリカが日米通商航海条約の破棄を通告してきたように、英米が連動する可能性も念頭に置いていた。したがって、対米戦の可能性も考慮して、そのための「準備」の必要性も指摘している。

ただ武藤自身は、あくまでも「米国と戦争するは不可」との姿勢だった。[24]

当時、日米の国力差は一二倍と推計されており、そのことは政治家を含め、専門家のあいだでは比較的知られていた（たとえば、『立憲民政党党員須知』［党員手帳］資料編四八頁）。したがって、陸軍もまたある程度認識していたと思われる。この頃の武藤ら陸軍主流（統制派）は、日米戦争は国家総力戦となり、「国力戦」となることを、十分理解していた。それゆえ陸軍は、アメリカとの戦争を可能な限り回避しようとしたのである。

## 「英米可分」の論拠

だが、武藤ら陸軍中央は、英米の密接な関係を十分承知していながら、この時点で、なぜ、イギリス（英領植民地）のみに攻撃を限定することが可能と考えたのだろうか。なぜ、英米可分と判断したのだろうか。

それは、ドイツ軍の英本土上陸によってイギリスが崩壊すれば、アメリカ政府は、戦争準備態勢の未整備と孤立主義的な国内世論のなかで、軍事介入のチャンスを失う。また、イギリス本国がドイツ軍に敗れれば、その植民地のために、日本との戦争を賭してまでアメリカが軍事介入する可能性は少ない。そう考えられていたからである。

なお、蘭印（オランダ領東インド・現インドネシア）については、外交的措置により石油などの重要資源の獲得に努めるとしていた。だが、それが困難な場合を想定し、状況によっては武力を行使することもありうるとも記されている。

蘭印の本国オランダはドイツ軍に占領された。だが、オランダ政府自体は、イギリスに亡命するかたちで存続していた。それゆえ、蘭印当局が、イギリスと連携して日本への資源提供に難色を示す可能性もあった。武力行使の対象は、極力イギリス領に限定するとしながらも、石油資源などの確保のため、蘭印の対応によっては武力行使の可能性も視野に入れていたといえよう。

ただ、武力攻撃をおこなえば、蘭印当局が日本の欲する石油施設を徹底的に破壊する可能性があった。その場合、石油生産の完全な回復には、二、三年を要すと推定されており、それを避けるためにも外交交渉を優先させようとしたのである。

さらに、仏印（フランス領インドシナ）についても、援蔣行為を徹底的に遮断するとともに、日本軍の補給、部隊通過、飛行場使用を認めさせるとしている。そして、そのための武力行使も明示している。蔣介石政権への援助物資補給ルートの封止と、英領シンガポール・蘭印攻撃をにらんでのことだった。

援蔣ルートの問題は、米英などによる援蔣行為を遮断することによって、「重慶政府の屈服」を実現するための一つの重要な手段として考えられていた。だが、仏印の位置づけは、援蔣遮断のみならず、シンガポール・蘭印などへの攻撃基地としてのものだったのである。

また、この南方問題解決のためには、「独伊との政治的結束」を強化し、さらに「対蘇国交の飛躍的調整」を図るとされている。付属文書や関係者の説明によれば、具体的には、独伊との軍事同盟や、ソ連との不可侵条約締結などが想定されていた。これは南方地域の処理について独伊の承認を取り付けるため、また南方進出時に北方の安全を確保するためだった。

## ドイツの攻勢

六月中旬の「総合国策十年計画」では、独伊との関係について、従来の友好関係を維持するとの表現にとどまっていたものが、ここでは、軍事同盟にまで踏み込もうとしているのである。また、先にはふれなかったが、「総合国策十年計画」では、ソ連との関係についても、不可侵条約論などは抑制するとしていた。だが、この七月上旬の「時局処理要綱」では、条約締結も念頭に置かれるようになっている。

つまり、武藤ら陸軍は、六月中旬の時点では、欧州戦争不介入方針を前提に、欧州情勢に距離を置き、いわば一種のフリーハンドを維持しようとしていた。それが、ここでは、はっきりと独伊にコミットし、対ソ関係の積極的安定化を図ろうとしているのである。明らかに仏印および英領植民地、蘭印への進出を念頭に置いた、南進のための布石だった。さらに、ドイツの英本土上陸により、大英帝国は実質的に崩壊するだろうと考えていた。

大英帝国の崩壊を好機に、南方の英領植民地さらには蘭印を一挙に包摂し、自給自足的「協同経済圏」建設に踏み出す。そのために、イギリス本土を攻略するドイツと密接な関係を結び相互了解をえるとともに、北方対ソ関係の安定を確保しようとしていたのである。日中戦争の解決もこのような戦略方向のなかに位置づけられていた。

さて、「時局処理要綱」陸軍案決定後、陸軍はそれをもとに、「時局に対する陸軍の所見」についての覚書を米内首相に示した。米内は、陸軍の所見は内閣と考えを異にする、として受け入れなかった。この覚書の内容は、正確には判明していないが、米内の記憶では、「独伊との政治的接近」「政治体制の強化」などが含まれていたようである。[25]ちなみに新聞報道では、その内容として「外交方針の刷新」「国内体制の強化」の表現が使われている。[26]独伊との政治的接近、政治体制の強化は、「時局処理要綱」陸軍案に含まれているもので、覚書はそれを基にしたものだった。

覚書の受け入れを拒否された武藤ら陸軍は、近衛新党の動きと連動するかたちで、畑陸相を辞任させ後任の推薦を拒否して、米内内閣を総辞職に追い込んでいく。

## 陸軍、木戸に近衛再出馬を要請

七月八日、阿南惟幾（あなみこれちか）陸軍次官が、木戸内大臣を訪問し、次のように陸軍の意向を伝えている。

「軍は世界情勢の急激なる変化に対応し万善を期しつつあるところ、米内内閣の性格は独伊との話合いをなすには極めて不便にして、ともすれば手遅れとなるおそれあり。この重大時機に対処する為には、内閣の更迭もやむをえずとの決意をなせる次第なり。しかして陸軍は一致して近衛公の出馬を希望す[27]」。

これまでみてきたように、次期内閣首班候補を決定するさい、元老にかわって内大臣が主導的な役割を果たすようになってきていた。その内大臣・木戸に、後継首班として近衛を推しているのである。

覚書提示以前の六月二四日、近衛は、「強力なる挙国政治体制」すなわち「新体制」の確立のために微力を捧げたい、として枢密院議長を辞任していた。

この間、七月五日未明、かつて神兵隊事件を起こした右翼の前田虎雄、影山正治らが、米内首相をはじめ親英米派要人を暗殺しようとして、決行直前に逮捕された。

この事件について、木戸は昭和天皇に、「彼らの行動は悪むべきも、その心情については為政者もまた大いに反省せざるべからず」と述べている[28]。前田らの、米内など親英米派排除の「心情」は、もっともな面があるというのである。

その後、米内内閣の石渡荘太郎内閣書記官長も、原田に次のように話している。阿南陸軍次官と武藤軍務局長が来て、現内閣は「近衛新体制を現実にするため」に退いてもらいたいと申し出た。石渡がこれを拒否すると、二人は「それならば結局陸軍大臣を辞せしむるより途はない」と述べた、と。[29]

こうして、一九四〇年七月一六日朝、畑陸相が辞表を提出する。陸軍による後任選出拒否、米内内閣の総辞職が予想された。

## 新首相選定案を上奏

ここで、木戸は新しい後継内閣首班選定の方法を昭和天皇に上奏する。畑陸相の辞表提出を受け、同日昼過ぎに上奏、裁可された。その新方式の要点はこうである。

一、天皇より内大臣に対し、後継内閣首班候補者の選定につき、枢密院議長、元内閣総理大臣たりし者の意見を徴し、元老と相談の上、奉答すべき旨を命じる。二、内大臣は、これらの者と宮中に会同して一緒に協議する。三、その上で、内大臣は元老と相談し奉答する。[30]

これ以後、終戦まで、首相の選定は、この方式でおこなわれることになる（ただし、西園寺の死後は元老との相談の部分は省かれる）。

この新しい方式は、次の二点で、これまでの方式と異なっている。一つは、元老の役割が大きく低下していることである。元老は、内大臣が枢密院議長、首相経験者と協議したあとで、相談にあずかることになっている。完全に受動的な立場になり、事実上ある程度候補者が絞り込まれたあとで、それを追認するかどうかの役割にとどまる。二つめは、内大臣が意見を聴取する範囲が、首相としての「前官礼遇」を受ける者から首相経験者に広げられていることである。「前官礼遇」は在任期間などにより制限があった。

この点について木戸はのちに、「はじめの考えはだね、前官礼遇を受けている総理大臣ということにしようとしたんだ。ところが当たってみると、陸軍がみんな抜けてしまう。海軍が入ってね。林［銑十郎］も阿部［信行］もみんな抜けてしまう。これではまずいからというので、かつて総理大臣をした人ということにしたわけなんだ」と述べている。[31]

これは、重臣の範囲が枢密院議長と元首相すべてに拡大され、陸軍出身者の林、阿部も含まれることを意味していた。このことは以後の重臣会議の動向に軽視しえない影響を与えることとなる。陸軍の意向が重臣会議に、より強く反映されることとなったからである。

この案は、事前に原田を通じて西園寺に示された。西園寺は、「自分にはどうも判らないから」として同意せず、「まあ木戸に委せておいたらいいじゃないか」と、幾分かあきらめ気味の言葉を残している。[32]

## 第二次近衛内閣発足と西園寺の不満

さて、七月一六日、畑陸相が辞表を提出した日の夕方、陸軍から後任の選定は困難との通告を受け、米内内閣は総辞職した。翌七月一七日、木戸は内大臣として、宮中に重臣の会同を求め、後継内閣首班について協議した。

出席者は、木戸、原嘉道枢密院議長（近衛の後任）、若槻、岡田、広田、林、近衛、平沼だった。清浦奎吾（けいご）、阿部はそれぞれの事情で欠席した。

会議では、若槻が近衛を推し、全員が賛成して、近衛が首班候補者に決まった。

なお、この時近衛は、今時局を担当するには「軍の事情に精通し、充分諒解のある者」でなければならないが自分にはその力も準備もない、と一応辞退しようとした。

これに対して木戸は次のように発言している。

「軍首脳部方面の意向は、近衛公の出馬を希望せるは圧倒的なるやに聴き及び、陸軍の今回の行動もその底には近衛公の蹶起（けっき）を予定せりと解すべき節あり。他に適任者ありとも思われず、ぜひ公の奮起を希望す」[33]

これには、阿南陸軍次官からの申し入れなどが念頭にあったと思われるが、木戸自身も近衛の首相就任を望んでいたのである。そのこともあり、米内内閣に対する陸軍の倒閣行動にも、それほど否定的なニュアンスではない。

この重臣会議の結論に同意を求められた西園寺は、「自分はもう老齢であり、この間中病気もしている。実際世の中のことが的確に判らない。その判らない自分が……陛下の御下問にお答えする材料を与えるということは、かえって忠節を欠くゆえんだから、自分は何とも言えない。この奉答だけは御免蒙りたい」と述べ、賛否を明らかにしないまま応答を拒否した。[34]

これを聞いた木戸は昭和天皇に、「老齢の元老としては誠にやむをえぬ」ことで、強いて返事を求めるのは気の毒ゆえ、このまま「近衛公をお召し願いたい」と奉答した。[35]

そして、同日（一七日）、近衛に組閣の大命が下った。

この時の西園寺の対応を、言葉どおり、老齢と病後によるものとの見方がある。だが、半年前の米内内閣成立時には明確な同意を与えており、風邪から病臥したのも五カ月前のことである。この前後の原田とのやりとりをみても、それほど急速な衰えは感じさせない。

この日、西園寺は近衛を念頭に、「今頃、人気で政治をやろうなんて、そんな時代おくれな考えじゃあ駄目だね」と語っている。おそらく、議会政党を基礎とする政権運営が、望ましい現代政治のあり方だと考えていたからだと推測される。原田も、西園寺は「近衛を出すということはあまり賛成でない」とみていた。[36]

これらのことから、西園寺の応答拒否は、近衛首班への不満によるもので、老齢や病後はその口実だったと思われる。これは、木戸の内大臣就任時と同様の対応であり、西園寺は、木戸内大臣、近衛首相ともに、かなりの危惧をもっていたと考えられる。

## 「憲法尊重」「英米協調」を省かせる

なお、昭和天皇は大命降下のさい、憲法を尊重すること、英米と協調すること、財界に動揺を与えないことの三ヵ条を注意するのを通例としていた。だが、近衛に対しては、前二条を省いている。

これには木戸が内大臣として関係していた。木戸はこう述べている。「あの時は近衛が言ってきたんだ。陛下から三ヵ条の御言葉があるだろうが、自分としては新体制のこともあるし、陸軍は独伊との関係強化を望んでいるからそれを無視するわけにいかん。……その点のお許しがないと自分は出るわけにいかんとね。それで僕から申し上げたんだ。陛下に、近衛がこういっておりますとね。それで陛下は、憲法を尊重せよ、英米と協調せよ、という二つをおっしゃらなかったんだ[37]」。

木戸が、近衛の個人的な意向を昭和天皇に取り次ぎ、異例の処置になったというのである。近衛にとって木戸の内大臣就任が大きな意味をもった一端が分かる。

## 荻窪会談で論じられた「世界政策」

こうして、一九四〇年（昭和一五年）七月二二日、第二次近衛文麿内閣が成立した。

東条英機陸軍大臣、吉田善吾海軍大臣、松岡洋右外務大臣などの布陣だった。

陸相の東条は、一夕会・統制派メンバーで永田鉄山の腹心として知られ、当時の統制派系では最年長で最上級の将官（中将）だった。陸相就任は三長官会議（陸相、参謀総長、教育総監）の推薦によるものだったが、その背後には統制派系幕僚の強い働きかけがあった。

東条の陸相就任は、統制派系による陸軍掌握の安定的確立を意味した。

この近衛内閣成立に先だつ七月一九日、近衛は、陸海相・外相予定者の東条英機、吉田善吾、松岡洋右を東京荻窪の自邸「荻外荘（てきがいそう）」に招き、いわゆる荻窪会談をおこなった。

そこで、概略次のような内容の「対世界政策」が合意された（原案は松岡起草）。

一、「世界情勢の急変」に対応し、かつ速やかに「東亜新秩序」を建設するため、「日独伊枢軸の強化」を図る。

二、対ソ関係は、日ソ「不可侵協定」を締結し、かつ懸案の急速解決を図る。

三、東亜および隣接地域の「英仏蘭植民地」を東亜新秩序の内容に包含する。

四、米国との衝突を避けるが、東亜新秩序の建設への米国の「実力干渉」は排除する。

この「対世界政策」の内容について、原案起草者である松岡の独創によるプランとする見方がある。だが、これらは「時局処理要綱」陸軍案（七月三日）に含まれていた内容で、大本営政府連絡会議提案（七月二七日、後述）前に、それを先取りしたものだった。「時局処理要綱」

陸軍案と「対世界政策」の内容からみて、それは間違いない。「時局処理要綱」の主要部分を、組閣前に四相予定者会議で合意したのである。

近衛自身は、組閣前に陸軍から「時局処理要綱」の内容について、「総合国策基本要綱」とともに、何らかのかたちで説明を受けていたものと推測される。米内前首相が陸軍から示された覚書に、すでに「独伊との政治的接近」「政治体制の強化」など「時局処理要綱」の内容が含まれていた。[38]そのことからも、陸軍の推す近衛には、大命降下前後、当然その内容は示されていたとみるのが自然だろう。

さて、「時局処理要綱」陸軍案は、海軍側との協議により、一部修正のうえ陸海軍案となった。そして、第二次近衛内閣成立後の七月二七日、大本営政府連絡会議で採択される。この時、近衛は、実質的審議の最後に、「政府としては原案に異存なし」、と発言し議論を締めくくっている。[39]

木戸も、七月二七日、阿南陸軍次官から、「時局処理要綱」が採択された連絡会議の説明を受けている。また同日、近衛首相とも面談している。ただし、その内容についてはふれていない。しかし、かねてから「英国の勢力を駆逐」しなければならないと木戸は考えており、また「南進政策は必要」と主張していた。[40]独伊との提携についても積極的な姿勢だった。これらのことから、木戸も「時局処理要綱」を容認していたものと思われる。

同日、昭和天皇に「時局処理要綱」決定が上奏され、二九日、裁可された。この時、昭和天皇は、近衛首相、陸海軍両総長らから、三時間近くにわたり詳細な説明を受けている。[41]

ところが、木戸の日記には、「時局処理要綱」の名称や内容についての記述は全くない。七月二九日の日記にはただ、「午前九時半出勤、折柄参内せる近衛首相と面談。物動計画関係その他なり」、とのみ記されている。

その日の昭和天皇への、近衛首相による「時局処理要綱」に関する説明は、一時間四〇分にわたっている。[42] しかし木戸は、近衛との面談内容について、「物動計画」すなわち物資動員計画および「その他」と、簡単に記しているのみである。「時局処理要綱」の重要なポイントである、独伊との提携、南方武力行使、対英領攻撃などの問題には全くふれていない。

しかも、この上奏は、今後の国策の基本方向を定める重要決定だった。

## 木戸の奇妙な「沈黙」

一般に、内大臣期の木戸の日記には、昭和天皇に上奏された重要決定事項については、何らかの記述が残されている。だが、「時局処理要綱」については、名称や内容のみならず、彼のそれについての感想や意見も全く記されていない。

さらに、その後の木戸の回想やインタビュー類でも、「時局処理要綱」には言及していない。

この点での木戸の沈黙は奇妙というほかない。

また、近衛も、「時局処理要綱」については、自身の手記等でほとんど言及していない。その国策としての重要性からみて不可解なことである。

ただ、七月三〇日（裁可翌日）の木戸の日記には、昭和天皇の発言について次のような記述がある。

「大本営［政府］連絡会議決定案の実行については、左のごとき御感想を御漏らし相成たり。

政府・陸軍・海軍三者は何れも彼の案の実行については考えを異にし居る様に思わる。すなわち、近衛首相は支那事変はなかなか片付かないと見て居るもののごとく、むしろこの際支那占領地域を縮少し、南方に向かわんとせるものの様だ。いいかえれば、支那事変の不成功による国民の不満を南方に振り向けようと考えて居るらしい。

陸軍は、好機あらば支那事変［は］そのままの態勢で、南方に進出しようという考えらしい。

海軍は、支那事変の解決を先ずなすにあらざれば、南方には武力を用いないという考えの様に思わる」[43]

しかし、ここでも「時局処理要綱」の名称や内容、自身のコメントは記されていない。

戦後における木戸の沈黙は（近衛の手記も含め）、おそらく、そこで対英武力行使が決定されていることによるものだろう。だが、日記での沈黙はやはり不自然の感がぬぐえない。その理由については現在のところ不明である。

# 第四章　三国同盟を容認

## 軍事同盟と対ソ国交調整

その後、「時局処理要綱」における「独伊との政治的結束」強化の方針に基づいて、一九四〇年（昭和一五年）九月二七日、ベルリンで日独伊三国同盟条約が締結された。

その内容の要点はこうである。一、日本は「欧州新秩序」における独伊の指導的地位を認め尊重する（第一条）。二、独伊は「大東亜新秩序」における日本の指導的地位を認め尊重する（第二条）。三、日独伊は互いに協力し、三国中いずれかの一国が現に欧州戦争または日中紛争に参入していない一国によって攻撃された時は、「あらゆる政治的経済的および軍事的方法により相互に援助すべき」ことを約す（第三条）。四、本条約の諸条項は、三国のそれぞれとソ連との間に現存する政治的状態に何らの影響を及ぼさない（第五条）。

ここで、欧州戦争または日中紛争に参入していない国（第三条）とは、具体的には米ソをさす。だが、第五条でソ連は除かれているので、この同盟がアメリカ参戦への対抗を想定した対米軍事同盟であることは、名指しはしていないが明確に表明されている。

この三国同盟締結は、歴史的にも重要な事柄であるばかりでなく、木戸にとっても軽視しえない意味をもつので、その成立過程をみておこう。

第二次近衛内閣が成立すると、新たな日独伊提携強化案作成にとりかかった。そして、八月六日、対英軍事同盟の性格をもった外務・陸海軍三省案が実務レベルで作成される。これを松岡外相も承認していた。その主なねらいは、仏印、蘭印など東南アジアに対する日本の支配権をドイツ側に認めさせることにあった。

ところが、九月上旬、ドイツから三国同盟締結のため派遣されたスターマー特使は、松岡外相との会談で、対米軍事同盟を主張した。

スターマー来日の背景には、次のような欧州状勢があった。

アメリカの対独参戦の決意を知ったヒトラーは、アメリカを牽制する手段として日本との再接近を決意(一度目は独ソ不可侵条約締結で解消)。八月一〇日頃、スターマーを特使として日本に送り込むことを決定する。日本との対米軍事同盟によって、アメリカの欧州への軍事介入(対独参戦)を阻止し、中立政策を維持させようとの意図からだった。

この情報を会談前に入手した松岡は、会談直前に、当初の対英軍事同盟案を対英米軍事同盟案に修正し、四相会談(首相、陸相、海相、外相)で一応の同意をえていた。

ここでも松岡は、荻窪会談での「対世界政策」と同様、ドイツ側の情報を陸軍首脳部より早く入手し、その先手を打つかたちで政局の主導権を握ろうとしている。

陸軍が、東南アジアの支配権を認めさせるため、何としてもドイツと同盟を結びたいと考えていることを松岡は承知していた。したがって、陸軍は対米軍事同盟であっても受け入れざるをえないだろう、と松岡はみていた。ちなみに、この三国同盟締結への過程では、松岡は近衛と緊密な連絡を取っており、この間の事情は近衛も承知していた。[1]

九月九日と一〇日、三回の松岡・スターマー会談で、三国同盟案がまとめられ、それがほぼ同盟条約の骨子となった。松岡・スターマーによる三国同盟案は、九月一二日、四相会議に提示された。そこで及川古志郎海相は留保したが、東条陸相は同意した（及川は吉田海相の病気辞任で、九月四日に海相就任）。及川海相の留保は、対米自動参戦となることを危惧したためである。だが、その後松岡は、事実上参戦の自主的判断を各国政府がもつ趣旨の規定を交換公文などのかたちで定める案を提示し、海軍側の了解をえた。

なおスターマーは、この交換公文についてドイツ本国政府に知らせていない。日本の対米自動参戦を強く望むヒトラー、リッベントロップら政府首脳の意向を恐れたためではないかとされている。

ヒトラー、リッベントロップらは、三国同盟による対米牽制（アメリカの参戦阻止）を期待していた。だが、それにもかかわらずアメリカが対独参戦した場合には、日本がフィリピン、ハワイなどを攻撃すること、すなわち日本の同時参戦を当初から意図していた。アメリカの兵力と国力とを大西洋（欧州）と太平洋（アジア）に分散させるためである。[2]

では、当初アメリカを刺激することを避け、対英軍事同盟を考えていた陸海軍は、なぜ松岡の対英米軍事同盟案、松岡・スターマー案に同意したのだろうか。

それは、東南アジアの支配権をドイツに認めさせることに加え、対ソ国交調整にドイツの仲介を期待したためだった。リッベントロップ独外相は、かねてから「日本側が希望するならば、日ソ間の仲介をする用意がある」との意向を示していた。

スターマーも、松岡との会談で、日ソ親善につきドイツは「誠実な仲介者」となる用意があると述べており、そのことが陸軍側にも知らされた。

武藤ら陸軍首脳部は、南方武力行使のさいには北方の安全を確保しておくことが必須だと考えていた。したがって対ソ国交調整、ソ連との関係の安定化は絶対に必要なことだった。

それゆえ、かねてからソ連との不可侵条約の締結を望んでいた。だが、ノモンハン事件停戦協定（一九三九年九月）後も実現の見通しが立たない状況にあった。それを、すでに独ソ不可侵条約を結び、ソ連と提携関係にあるドイツの仲介によって、実現させようとしたのである。

それが、対米軍事同盟を望むドイツとの同盟締結を優先させ、松岡案を受け入れた理由の一つだった。陸軍にとって、同盟案で、「大東亜」の指導権を日本に認めていることは、東南アジア支配のドイツによる承認という同盟締結の一つの目的が達せられることを意味した。その点は海軍も同様だった。

したがって、次は対ソ国交調整へのドイツによる仲介が期待されていた。

この日ソ関係改善のためのドイツの仲介については、交換公文で、ドイツは日ソ間の「友好的了解」の増進に努め「斡旋（あっせん）の労」をとる、とされた。

こうして、九月一四日、大本営と政府の懇談で三国同盟を内定した。その後、一九日の御前会議で同盟締結が正式に決定。二六日の枢密院審議での条約締結承認をへて、九月二七日、日独伊三国同盟条約が締結された。

## 「秀吉が毛利と和して……」

木戸は御前会議決定後の二一日、三国同盟に関して、昭和天皇に次のように自分の意見を述べている。

「独伊と軍事同盟を結ぶこととなれば、結局は英米と対抗することとなるは明らかなり。故に一日も早く支那とは国交調整の要あり。この際は［本能寺の変のおり］秀吉が毛利と和して兵を［対光秀戦に］回したると同様、蔣を対手とせず［との声明］にこだわることなく至急対策樹立の必要ある旨を言上す[3]」

三国同盟締結により日本は英米と対抗することになる。これに備え至急中国との和平が必要だというのである。

戦後の木戸の回想によれば、この間、木戸は次のように考えていたとのことである。

「この同盟〔三国同盟〕には実に困った。何としても賛成しかねたのであった。……この同盟の結果は……結局米国との対立を促進し、ひいて〔は〕戦争を誘発するおそれありと考え深憂に堪えなかった」

つまり、三国同盟は日米戦争を誘発すると考え、自分は賛成できなかった、というのである。しかも木戸はこうも述べている。

「老公〔西園寺〕は……我が国の外交政策は英米との提携を基調とせざるべからずと繰返して説かれた……余もまた全く同感で……考えの基調をここに置いて諸般の問題を考えておった」[4]

自分も西園寺と同様、英米との提携を外交の基本方向とすべきと考えていた、というのだ。

だが、原田の、木戸についての見方は異なる。原田は高松宮宣仁親王に、三国同盟締結の経緯について次のように述べている。

「内大臣〔木戸〕および総理大臣〔近衛〕が、いかように陛下に申上げたか、ということについて、自分にはまだ疑惑が残っておるのでございます。

あれまでに陛下は『絶対に許さんぞ』と言っておいでになったものを、どういう風に説いて御承諾を得たかについては、西園寺も非常に疑問に思っておるのでございます。で、これは木戸や近衛に聞きますと、要するに海軍が承知した。そうして結局は外務大臣［松岡］および総理大臣も、アメリカに対してもう打つ手がない。アメリカをして参戦せしめない方法は、日独伊の軍事同盟によってやるよりしようがないんだという風な意味で陛下に申し上げたという外郭は判っております……。陛下の思召のあるところと、今までの経緯を考えますと……恐懼に堪えない」[5]

すなわち、昭和天皇は三国同盟には反対だったにもかかわらず、近衛、松岡がアメリカに対して打つ手がないとして、天皇を説得した。彼らは、アメリカの参戦を抑えるには三国同盟しか方法はないと天皇に上申した。木戸もそれを容認していた。自分は近衛や木戸に、そういう「疑惑」をもっている、と。

つまり、木戸も三国同盟に事実上賛同し、それを容認していたというのである。

また、木戸は、これまでみてきたように、英米との関係を重視する西園寺とは異なり、一貫して独伊との提携に積極的なスタンスだった。こうしてみていくと、先の木戸の回想は戦後のものであり、資料評価には注意する必要があるだろう。

## 天皇にどう説明したのか

近衛、松岡、木戸が、どのように昭和天皇に同盟締結の必要を説明したかについては、現在のところ、直接的な記録は残されていない。

木戸の日記には、

「九月十五日……拝謁。日独同盟の件につき昨日来の経緯を言上。……」

「九月十六日……拝謁。主として日独同盟の件につき御下問並びに御感想御洩しあり。意見を言上す。……近衛首相……本日閣議決定の日独同盟の件につき奏上」

とあるが、三国同盟についての昭和天皇と木戸、近衛のやりとりの内容は記されていない。

ただ、木戸の戦後の回想では、こう述べている。「両人〔近衛、松岡〕とも、この同盟は日米戦争を避くるがためであって、この同盟を結ばざれば日米戦争の危険はより大なる旨を奏上して御裁断を願った」、と。[6]

つまり、近衛、松岡は、三国同盟は日米戦争の危機を回避するためのものだと説明した、というのである。

ちなみに、九月一四日の大本営と政府の懇談で、松岡は三国同盟の必要性について、次のように述べている。

今や日本は「独伊と結ぶ」か、独伊を蹴って「米英の側に立つ」か、はっきりした態度を決めねばならない時期にきている。ドイツの同盟提案を蹴った場合、最悪の場合ドイツはイギリスを通じアメリカと妥協し、欧州諸国のアジア植民地には「日本に一指も染めさせぬ」だろう。

しかし、同盟を締結すれば「対米関係は悪化」し、物資の面では戦争遂行にも国民生活にも非常な困難がくる。

そこで、独伊とも英米とも結ぶということも一つの手で、全然不可能とは思わない。だが、そのためには「支那事変は米国のいう通りに処理し」、東亜新秩序などという望みはすて、少なくとも「半世紀は米英に頭を下げる」ことになる。蔣介石の方は「侮日排日」を一層強化するだろう。したがって結局「独伊と結ぶ」ほかはない、と。

また、松岡は、九月一六日の閣議でも、日米間の国交調整は「もはや礼譲や親善の希望だけでは駄目」だ。むしろ三国同盟により「毅然たる態度で対抗する」ことが、かえって「国交転換の機会」となる、と説いた。[7]

近衛はのちに、同盟締結について、こう記している。

三国同盟条約締結には目標が二つある。第一は「米国の参戦防止」し、戦禍の拡大を防ぐこと。第二は「対ソ親善関係の確立」である。アメリカとの話し合いによる日米国交調整は絶望的である。むしろ米国の反対陣営たる「独伊と結び」、さらに「蘇連と結ぶ」ことによって、「米国を反省せしむる」ほかはない。日独伊にソ連が加わることによって「英米に対する勢力の均衡」が成り立ち、この勢力均衡の上に初めて「日米の了解も可能となる」だろう。これが「米国との了解に到達し得べき唯一の途」と考えた、と。[8]

近衛、松岡ともに、三国同盟によってアメリカに圧力を加え、アメリカの参戦を防止しようというのである。

おそらく概略このような内容の意見が、近衛や松岡から昭和天皇に説かれたと思われる。

ただ、三国同盟は、その第二条で日本の南方支配を認めているように、「時局処理要綱」での南方武力行使、対英領攻撃の方針を前提にしていた。このことは当然、近衛や松岡も承知しており、三国同盟はそのためのものでもあった。この面について、近衛の手記や戦後の木戸の回想では一切口をつぐんでいるが、軽視しえないことである。

## 西園寺に何も伝えず

その後、九月一九日、昭和天皇の臨席のもと、御前会議において三国同盟締結が正式に決定された。

なお、この御前会議において、伏見宮軍令部総長が、「日米戦争は持久戦となるの公算」が大きいと思う。日米戦となった場合の「国力持続の見通し、ならびにこれが対策」はどうか、と質問している。これに近衛首相は、「日米戦争に当たりても、比較的長く軍需に応え得べく、相当長期の戦争に堪えうるものと考えます」と答えている。[9]

もし日米戦争になっても耐えうる、と近衛は主張したのである。

だがこの時、内閣や軍部は、日米戦争の軍需見通しについて、本格的検討をおこなっているわけではなかった。したがって首相発言は、近衛の独断による、場当たり的な発言だった。だがこの問題について、それ以上の議論はなされていない。

また、御前会議で原枢密院議長が、アメリカは「自負心強き国」であり、「我国の毅然たる態度の表示」が、逆効果になるのではないか、と問うた。

これに対し松岡は、アメリカは一時態度を「硬化」させるかもしれないが、利害を判断し「冷静なる態度」に立ち戻るだろう。ただ、「一層険悪なる状態」となるか「冷静」になるかは「半々」だ、と応じている。[10]

ところで、木戸は条約が締結されるまで、交渉過程や連絡会議、御前会議などの経緯について、西園寺に全く伝えておらず、報告も相談もしていなかった。

それまで西園寺は、元老として重要な外交問題については、必ず内大臣などから報告や相談を受け、自身の意見を伝えるなどしていた。

原田は、三国同盟締結直後、木戸に、この点について、「あの問題［三国同盟］の経緯について……公爵にはっきり言うべき筋合いのものじゃあないか。……これぐらい重大な、国家の運命に関わる問題を、一言も元老に話さなかったのは甚だ遺憾だ」と詰問している。

これに対して木戸は、「非常に公爵にお気の毒で、お話することが実につらいんだ」、それで自分からは伝えなかった、と答えている。[11]

西園寺はかねてから、英米との提携を持論としており、独伊との同盟には反対だった。木戸はそのことを承知しており、自身も近衛とともに、三国同盟にコミットしていることから、西園寺には話しづらかったのは事実だろう。だがそれ以上に、独伊との提携に否定的な西園寺を、この問題から意識的に遠ざけておきたいと考えていたのではないだろうか。当時なお西園寺の意向の影響力は政治的には軽視しえなかったからである。

西園寺は、条約締結前の九月初め頃、独英戦の行方について、こうみていた。「さしあたってはドイツが戦勝国となるように見えるかもしれないけれども、しかし終局はやはりイギリス側の勝利に帰すると自分は思う」、と。[12]

これに対して近衛は、陸軍と同じく、結局「ドイツ側の勝利に帰する」[13]と考えていた。それが三国同盟締結の前提認識だった。その点は木戸も同様にみていたと思われる。

同盟締結後の一〇月下旬、西園寺は、「なんといっても英米を向こうに廻したことは、外交の非常な失敗だ。……陸軍がこんな風な状態で勢いを振るっている時には、なんともしようがない」、と原田に語っている。[14]

三国同盟は外交上の大きな失策だ。だが、その震源地である陸軍の勢力が現在のように強くては、どうにもならない。そう考えていたのである。

原田も、九月下旬、近衛に三国同盟反対を強く主張している。「自分としては日独協定なんかについては絶対に反対だ。元来は、対米戦争を避けるための約束であるというけれども、自分はむしろ対米戦争を招来することになりはせんかと思う」、と。[15]原田は、西山勉駐米財務官の情報などから、アメリカの対独参戦はほぼ確実だと判断していた。

## 「また逃げだすようでは困る」

昭和天皇は、閣議決定がされた九月一六日、近衛に、

「今回の日独軍事協定については、なるほどいろいろ考えてみると、今日の場合やむをえまいと思う。アメリカに対して、もう打つ手がないというならば致し方あるまい」

と述べ、

「しかしながら、万一アメリカと事を構える場合には海軍はどうだろうか。……万一日本が敗戦国となった時に、一体どうだろうか。かくのごとき場合が到来した時には、総理も、自分と労苦を共にしてくれるだろうか」

と問うている。[16]

アメリカに対し他に方法がないなら三国同盟も仕方がない。だが、万一アメリカとの戦争、そして敗戦となった場合には、同じ重荷を背負ってくれるか。そう近衛に問いかけているので

ある。

木戸にも、「近衛は少し面倒になるとまた逃げだすようなことがあっては困るね。こうなったら近衛は真に私と苦楽を共にしてくれなくては困る」と述べている。[17]

昭和天皇も、近衛らの説得を一応受け入れて、三国同盟締結はやむをえないとの姿勢になっていた。だが、対米戦争となる場合も想定しており、さらには敗戦のケースも考慮に入れていたとみられる。

この時近衛は、日露戦争時の伊藤博文の逸話（一兵卒として討ち死にする覚悟）に言及し、「及ばずながら誠心御奉公申し上げる覚悟でございます」と天皇に答えている。

なお、その数日後、昭和天皇は木戸に、同盟締結により万一の場合「重大な危局」に直面することになるから、賢所（かしこどころ）に参拝し「神様の御加護」を祈りたいと語っている。[18]

昭和天皇が三国同盟締結の影響を懸念し、その結果にかなりの不安をもっていたことが分かる。そのためか、松岡外相が三国同盟について、枢密院への諮詢を省略したい旨を申し出たさい、昭和天皇は却下している。[19] 松岡は、日英同盟・日韓併合条約などの先例をあげているが、昭和天皇は慎重な姿勢で、枢密院でも審議することを望んだ。

また、九月一六日の閣議決定の翌日、昭和天皇は蓮沼侍従武官長に、陸海軍統帥部両総長更迭の意向を示した。「いよいよ重大なる決意をなすとき」となったので、このさい陸海軍統帥部トップの閑院宮参謀総長、伏見宮軍令部総長を更迭したいというのである。[20]

三国同盟締結は、昭和天皇にとって、対米戦の可能性をはらむ、「重大なる決意」を要する事柄だった。

それまで参謀総長、軍令部総長としての実務は、ほとんど皇族の両総長に代わって参謀次長、軍令部次長がおこなってきた。それを皇族以外の軍人を両総長に任命することによって、名実共に陸海軍統帥部のトップにしようとの意図からだった。万一の非常事態への対応を念頭においたものといえる。

閑院宮・伏見宮両総長の更迭には伏線があった。この一〇日ほど前の九月六日、木戸は、陸海軍の統帥部相互の連絡調整につき、皇族の両総長の存在が運営上問題になっていることを天皇に言上している。[21]このことが天皇の念頭にあったものと思われる。

この昭和天皇の意向に対して、陸軍は直ちに受け入れ、一〇月三日、閑院宮に代わって杉山元が参謀総長となる。海軍は部内事情から、翌年の四月九日、伏見宮に代わって永野修身（おさみ）が軍令部総長となった。

## 北部仏印進駐問題

さて、この三国同盟締結プロセスの進行中に、北部仏印進駐問題が起こる。

かねてから陸軍は、援蔣ルートの一つである仏印ルートの遮断を企図していた。仏印ルートは、当時最も重要な援蔣ルートだった（全援蔣物資の約五割）。

パリ陥落後の六月中旬、米内内閣は畑陸相の要請で、フランス政府（ヴィシー政権）に援蔣行為の中止を要求した。フランスが日本の要請を受け入れると、日本側は監視団を送り込み、さらに七月上旬、日本軍の北部仏印への進駐を認めるよう仏印当局に要求した。

だが、仏印当局との交渉が難航したため、八月一日から、東京で、松岡外相とフランス駐日大使との交渉がおこなわれ、三〇日、日本軍の進駐と航空基地使用などを認める協定が成立した。この協定内容は、先の「時局処理要綱」に基づくものだった。

「時局処理要綱」では、仏印について、援蔣行為を遮断するのみならず、日本軍の通過、補給、飛行場使用などを認めさせるとしていた。また、そのさい必要な武力行使も想定していた。英領マレー、蘭印攻撃への準備態勢を整えるためだった。

協定成立の日（八月三〇日）、松岡外相は参内し、昭和天皇に対して、仏印に関する日仏協定条約について、枢密院の批准を省略したい旨を申し出た。これに天皇は、「戦時中のことにもあり、政府の責任において処理するは、やむをえざるべし」として、松岡の申し出を認めている。[22]

先にみたように、三国同盟締結時、昭和天皇は、松岡の同様の申し出を却下し、枢密院での審議を求めた（九月一九日）。だが、仏印問題では枢密院審議の省略を承認している。ここからも逆に、昭和天皇が三国同盟に不安をもっており、その結果を相当危惧していたことが分かる。

だが仏印では、その後日本軍部隊の独断越境事件が起こり、現地交渉が停滞した。

九月一四日、松岡外相は、仏印への最後通牒を発する旨を奏上した。この時木戸は、仏印問題への昭和天皇の下問に対して、「いたずらに［北部仏印進駐を］遷延せば、英米の策動はますます熾烈となり、仏印また支那と握手する虞なきにしもあらずとのことなれば、行動に移る場合については充分慎重ならしむるようご指導願い、このまま御許を」、と奉答している。[23] 英米の策動により仏印の動向も不透明なので、最後通牒もやむをえないというのである。木戸自身も、北部仏印進駐は必要だと認めていたとみられる。

ただ、昭和天皇は、かねてから仏印の問題について、「我が国は……マキアベリズムのようなことはしたくないね」、と木戸にもらしていた。[24] 相手の苦境につけ込んで、実力で要求を通すようなことは好まないとの意向だった。

その後、九月二二日、仏印当局との合意が成立。細部取り決めの協議に入った。しかし、現地軍は、二三日、またもや独断で越境しフランス軍と交戦状態に入った。戦闘は二五日まで続き、仏印側の降伏によってようやく停止された。

この再度の独断越境に木戸も、「大局をわきまえざる出先の処置はまことに遺憾なり。大事を誤るはこの輩なり」、と怒っている。[25]

木戸は、北部仏印進駐の必要は認めていたが、現地軍が政府や陸軍中央の統制に従わないことは許されないと考えていたのである。

なお、イギリスの援蔣ビルマ・ルート（ビルマは当時英領）についても、日本政府は、フランス降伏後の六月下旬、その閉鎖を要求した。イギリス政府は七月一二日、ドイツの英本土攻撃の危機が強まるなかで、やむなく三ヵ月間のビルマ・ルート閉鎖を受け入れた。

アメリカ政府は、九月二六日（三国同盟締結の前日）、日本の北部仏印進駐に対して、屑鉄の対日禁輸にふみきった。

それまでアメリカは、経済制裁の意味を含めた対日輸出制限を実施・拡大していた。北部仏印進駐に対する対日屑鉄全面禁輸は、それに続く輸出制限措置だった。この時点で、日本がアメリカから輸入している重要戦略物資は、航空機用ガソリン・潤滑油以外の石油類（重油、軽油など）と原油のみとなった。原油からは、航空機用ガソリンを含むほとんど全ての石油製品を国内で精製することができた。だが、もし原油をふくむ石油全面禁輸となれば、艦船や航空機の燃料源が全面的に断たれることを意味した。

三国同盟締結後、アメリカ政府内では、対抗措置として石油禁輸を実行すべきとの意見もあった。だが、対日全面石油禁輸は日本を蘭印攻撃に向かわせるとして採用されず、それまでの禁輸措置を厳格に実行することに止めた（のちに日本の南部仏印進駐を契機に、アメリカは対日石油全面禁輸を実施。これが日米開戦への大きなインパクトとなる）。

## 超国家主義の強化

ところで、「時局処理要綱」には、国防国家完成のための国内指導として、強力政治の実行や、国民精神の昂揚、国内世論の統一などがあげられていた。それに基づき、陸軍中央は、七月下旬に「国内指導に関する具体的要目」を定めた。

そこでは、全国的国民総動員組織の確立、既成政党の解消などが企図されていた。それとともに、企業の整理統合と政府による経営者任免権の確立、さらには言論結社集会などの禁止・制限、国策批判の抑圧なども含まれていた。

国家総動員に向け、政治・経済のみならず、言論や集会の取締りを含む国民生活そのものへの厳しい統制の実施が意図されていたといえよう。

そして、近衛内閣のもとで、これらの方策は実施に移されていく。情報統制、報道規制などによって、一方的な情報にもとづく世論操作が意識的におこなわれ、各種の国民動員、精神動員が実施される。これが前述の新体制運動、大政翼賛会などの内実ともなっていた。

九月には、内務省が新体制の下部組織として部落会、町内会、隣組などの隣保組織を整備強化する方針を出している（このことが戦後のコミュニティ評価にも影を落とすことになる）。

また、天皇が「現人神」とされ極端に神格化されるのは、主にこの頃からである。宮城遥拝が一般化し、国家神道が強化され、諸事の権威づけに天皇が口にされるようになった。日本の超国家主義の特徴とされるものの多くは、この新体制運動の頃から一般化したものである。

ちなみに西園寺は、軍部や右翼がことさら天皇を神格化し、天皇の権威を利用して「世の中を悪化」させるのは「困ったもんだ」、とみていた。[26]

このような天皇神格化の延長線上に、一九四一年（昭和一六年）七月、文部省より『臣民の道』が発行された。これは、林銑十郎内閣時（一九三七年）に文部省より発行された『国体の本義』に続くもので、小中学校をはじめ関係機関に広く配布し、趣旨の徹底が指示された。そこでは、こう述べられている。

「我等皇国臣民は、悠久なる肇国の古えより永遠に皇運扶翼の大任を負うものである。この身この心は天皇に仕えまつるを以って本分とする。……我等は国民たること以外に人たることを得ず、更に公を別にして私はないのである。我等の生活はすべて天皇に帰一し奉り、国家に奉仕することによって真実の生活となる。……されば、私生活を以って国家に関係なく、自己の自由に属する部面であるとみなし、私意を恣にするが如きことは許されないのである」

個々人の生活は、一切の私的領域を否定され、全て国家目的（天皇のもとでの国家総動員体制）に奉仕するものであることが要請される。

これが、一般国民の生き方として義務づけられ、教育されたのである。

ちなみに、前年七月、陸軍から近衛に提示された「総合国策基本要綱」には、「国体観念に透徹する教学の刷新と相俟ち、自由功利の思想を排し、全体奉仕の観念を第一義とする新国民道徳を確立す」とある。[27]

これが近衛内閣の閣議決定「基本国策要綱」（同月）に、ほぼそのまま受け継がれた。『臣民の道』の発行はこの閣議決定に基づくものだった。

なお、木戸は戦後の証言で、天皇の神格化は「一九三〇年か三一年ごろ」から始まったもので、「軍部時代以降のこと」だとしている。[28] 実際そのころから天皇神格化が陸軍主導で本格的に推しすすめられる。

## 「最後の元老」の死

三国同盟締結から約二カ月後の一九四〇年（昭和一五年）一一月二四日、元老西園寺公望が死去した（享年九〇歳）。一一月一二日（「紀元二千六百年」皇居前式典の二日後）から体調を崩し、その後も回復しないまま、原田らに看取られながら息を引き取った。

木戸や近衛は、それぞれ内大臣、首相就任後、一度も西園寺を訪れていない。

木戸の日記には、「西園寺公ついに薨去（こうきょ）の旨報じ来る。嗚呼（ああ）。国家の前途を思い真に感慨無量なり」、と記されている。[29]

西園寺は、元老として、議会をベースとする、イギリス型の政党政治の定着に尽力した。また、それによって皇室を政治的変動の直接的影響を受けないものとし、その安定的存続を確保することを意図していた。皇室への強いコミットメントは、高位の公家出身華族としての意識からであり、イギリス王室のあり方がモデルとして念頭にあったものと思われる。同時に、外交的には、国際協調とりわけ対英米協調によって日本の長期的発展を図ろうと西園寺は考えていた。彼は元老の立場から、大正中期から昭和初期にかけて、宮中にも強い発言力を保持しており、昭和天皇も少なからずその影響を受けていた。

このような自身の意図する皇室像を守り育てていく担い手として、西園寺は近衛や木戸に期待した。具体的には、将来近衛は内大臣として、木戸は宮内大臣として、宮中で中核的役割を果たすことを望んでいた。

こうした西園寺の後ろ盾によって、近衛や木戸は、その政治的地位を上昇させてきた。だが、近衛・木戸ともに、議会政治に否定的となり、英米に対抗して独伊との提携の方向を選択した。彼らは、皇室へのコミットメントについては、西園寺の期待に違わなかった。だが、西園寺の政党政治・対英米協調路線には否定的となったのである。その意味では西園寺の期待に反するものだった。

しかも、西園寺が政党政治の担い手として期待をかけた、浜口・若槻らの民政党内閣は、世界恐慌の直撃に対して有効な対応策を案出できなかった。西園寺自身もまた同様だった。それが満州事変以後の陸軍の政治的台頭を許す一つの要因となった。

西園寺の構想の核心部分が政党政治の定着だった。それによって皇室の長期的存続、国際協調による対外関係の安定化を図ろうとしていたからである。しかし、陸軍の台頭によって、政党政治は崩壊する。しかも、西園寺の晩年には、近衛は首相として、木戸は内大臣として、彼のみるところ陸軍の同調者となっていた。陸軍は政党政治と英米協調を否定する方向で政治的主導権を掌握していた。西園寺からすれば、それは滅びの道だった。だが、そこから日本を救い出す勢力は、もはやどこにも見出せなかった。

そのようななかで西園寺は死を迎えたのである。

この間の木戸は西園寺の期待を裏切るかたちとなっていた。

近衛においては、先にもふれたように「今の日本を救うには……議会主義をたたきつけなければならない。が、この議会政治の守り本尊は元老西園寺公です。これが牙城ですよ」、と言うまでになっていたのである。

# 第五章　日米諒解案をめぐって

## 対南方政策の展開

三国同盟締結の翌年、一九四一年（昭和一六年）一月三〇日、「対仏印・泰施策要綱」が、大本営政府連絡懇談会（連絡会議に準じるもの）において決定された（陸軍側起案）。その概要は、こうである。

「大東亜共栄圏」建設の途上において、仏印およびタイとの間で、軍事・政治・経済にわたる結合関係を設定する。その一環として、仏印との間に、南部仏印における航空基地の建設、港湾施設の使用、日本軍の進駐などを含む軍事協力協定を締結する。そのために、やむをえない場合は武力を行使する。

先の「時局処理要綱」は、好機を捕捉し、英領武力攻撃などによって南方問題を一挙に解決しようとするものだった。いわば大東亜共栄圏形成の大部分を、武力によってストレートに実現する方針を意図していた。

それが、この「対仏印・泰施策要綱」では、大東亜共栄圏を段階的に建設すること、その一段階として仏印・タイの包摂をはかる方針が示されている。ドイツの英本土上陸作戦の延期を受け、その間に、さしあたり可能な範囲での南方地域の包摂を果たしておこうとしたのである。そのさい武力行使のオプションも明示され、資源確保のみならず、南部仏印への進駐と、そこでの航空基地を含む軍事施設建設が意図されていた。

タイとの関係は、仏印・タイ間の国境紛争に介入する過程で密接なものとなりつつあった。また、北部仏印進駐はすでに終えており、南部仏印進駐が「対仏印・泰施策要綱」の主要なねらいだった。なお、仏印の宗主国フランスは、すでにドイツの影響下にあった。

この時点で、仏印・タイは、大東亜共栄圏形成における、生ゴム・錫・燐・タングステンなど軍需資源の第一次補給圏と位置づけられた。また南部仏印は、日本の南方進出の軍事基地としても重要視されていたのである。

二月一日、「対仏印・泰施策要綱」は、昭和天皇に上奏され裁可された。

その時、近衛首相は木戸に、御前会議を開くべきとの意見もあったが、「大方針はすでに御允裁を経おる」ゆえに上奏の形式を取ったと述べている。[1] ここでの「大方針」とは「時局処理要綱」をさす。「時局処理要綱」は正式に上奏、裁可されていた。

この日、蓮沼侍従武官長は、「対仏印・泰施策要綱」について、軍側の意向として木戸に内々にこう話している。仏印とタイが国境紛争への日本の調停を受け入れたこの機会に、日本の同方面への「指導的地位」を確立し、「南方施策の準備」に資するのが本来の目的だ。カムラン湾（ベトナム中南部）の使用、サイゴン付近の航空基地の使用などが考えられている、と。[2]
軍部は、仏印・タイを日本の勢力圏とし、南方武力行使に備える意図だというのである。
なお、二月一日の上奏のあと、松岡外相は木戸に、次のような話をしている。
連絡懇談会で、陸軍は協定締結の期限を「三月末まで」と主張したが、自分はそれは「不可能」だとして取りやめさせた。自分としては近く訪独して、ヒトラー、リッベントロップと「対英作戦」について打ち合わせをおこなうつもりだ。ソ連に対しても「国交調整」を実現し、四月中に中国との「全面和平」を図りたい。その後に南方に向かって全力を挙げる。「南方問題は真に国運を賭するの大問題」であり、「全国力」をあげてこれに当たる態勢を整える必要がある。このような「腹案」で今後の外交に当たるつもりだ、と。[3]
つまり、ナチス首脳部と対英攻撃作戦を打ち合わせ、対ソ関係を改善して、対中講和を実現する。その態勢を整えた後に、ドイツの英本土上陸に呼応して、全力で南方武力行使（対英蘭戦争）に踏み切る、というのである。
ここでは言及していないが、松岡は日独伊三国同盟と対ソ提携を組み合わせ、その圧力でアメリカとも関係改善を図ろうとしていた。
この頃、松岡は、「独伊との国交をさらに強化し、ソ連との関係を改変したいと思っているが、その上で日米の国交、とくに支那事変の解決をやりたいと思っている」、と述べている。

また、三国同盟締結のさいも、「米との国交を転換する機会は、これを逃がさないつもりである」、としている。[4]

そのような態勢を整えた後、南方への武力行使を実施する。これが松岡の構想だった。

それはこの時点では、大枠として近衛や、陸軍主流の武藤軍務局長らとも、それほど異なった考え方ではなかった。木戸もまた、とくに違和感を感じていた様子はない。

## 汪兆銘政権承認で和平は絶望的に

一方、中国での戦いも展望が立たない状況だった。近衛内閣下での重慶政府への和平工作はことごとく失敗し、前年（一九四〇年）一一月、南京の汪兆銘政権を正式に承認、日華基本条約を結んだ。汪政権は、日本軍の占領地を支配地域とする日本の傀儡（かいらい）政府で、その正式承認によって重慶政府との和平は絶望的となった。そのような状況下、松岡の対中講和の方策は、ソ連との提携によって援蔣ソ連ルートを遮断し、ドイツの仲介によろうとするものだった。ただ、対中講和には、アメリカとの関係改善が必要とみていたようである。

ちなみに、木戸は汪政権の正式承認の頃、今後の対中戦略について、次のように考えていた。汪政権の公式承認によって日中戦争は「長期戦」とならざるをえない。重慶政府を徹底的に崩壊させせることは困難だ。したがって、今後は「必要なる拠点を確保」するに止め、「国力の充実」をはかる態勢をとらなければならない、と。[5]

これは当時の陸軍首脳部と基本的にはほぼ同じ見解だった。

## 田中新一作戦部長の就任

陸軍では、三国同盟締結直後の一九四〇年（昭和一五年）一〇月一〇日、参謀本部作戦部長に田中新一が就任していた。東条陸相の意向によるものだった。

田中は、永田直系の統制派ではないが、その影響を受けた統制派系の幕僚で、その強力な発言力と指導力によって、これ以後の参謀本部を主導することとなる。

これにより、陸軍は東条陸相のもと、陸軍省は武藤軍務局長が、参謀本部は田中作戦部長が主導する体制ですすんでいく（杉山参謀総長は、ほとんど独自の発言力をもたず）。

「対仏印・泰施策要綱」の決定過程で、田中作戦部長は、一九四一年（昭和一六年）の三月末までに南部仏印進駐実施を決定すべきだと主張していた。七・八月頃のドイツの英本土上陸にそなえ、三月末には進駐決定が必要だとの判断だった。決定後、進駐準備に一カ月、飛行場整備に二、三カ月はかかるとみられていたからである。武藤軍務局長もまた同様に考えていた。

だが松岡外相の同意をえられず、七月まで実施に移されなかった。松岡は、現時点での南部仏印進駐は対英米戦を誘発するとして、対米戦を忌避する陸軍を牽制し、その実施に慎重な姿勢を示していた。だが、その間に独ソ戦の開始によって国際情勢が大きく変化し、七月の南部仏印進駐実施は、アメリカの対日石油全面禁輸の契機となる。

## 「英米不可分」論への転換

この「対仏印・泰施策要綱」に基づいて、一九四一年（昭和一六年）四月中旬、「対南方施策要綱」陸海軍案が作成され、六月六日、陸海軍間で正式に決定された。陸海軍案の作成は、後述する日米諒解案到着直前、正式決定は独ソ戦直前にあたる。

そこでは、大きく二つの方針が示された。

一つは、大東亜共栄圏建設の第一段階として、外交によって平和的に仏印・タイの包摂をはかることである。武力行使も容認していた「対仏印・泰施策要綱」とは異なり、ここでは、仏印・タイの包摂は外交によることが明記されている。さらに、蘭印についても、原則として外交的手段による経済関係の緊密化がめざされている。

これは、この時点で、英米不可分（対英戦争は必然的に対英米戦となる）の見方が、陸海軍共通の認識として明確になったことと関連していた。英米関係を意識し、イギリスを直接刺激する武力行使によらずに仏印・タイの包摂を実施し、蘭印についても外交交渉により必要資源の供給を確保しようとしているのである。ただ、仏印・タイとの軍事的結合関係の設定を急いでおり、英蘭領など南方進出のための南部仏印への進駐と軍事基地設営は重視していた。

もう一つは、南方武力行使を「自存自衛」の場合のみに限定したことである。

こうして、それまでの英米可分（対英攻撃のさい対米戦回避が可能）が清算され、陸海軍ともに英米不可分の認識に立つこととなったのである。したがって、南方英領への軍事攻撃はただちに対米戦争を意味し、アメリカの参戦を避けながら南方英領への武力行使を実行することは、現状では不可能と判断された。「時局処理要綱」での「好機」南方武力行使の方針は当面放棄され、「自存自衛」の場合に限り武力を行使することとなった。

陸海軍の判断では、南方武力行使は、すなわち対英米戦争を意味した。そして、自存自衛の場合とは、英米蘭などから全面的な対日禁輸措置を受けるか、国防上容認できない軍事的対日包囲態勢が敷かれたときが想定されていた。ちなみに、対日禁輸措置は、すでに重要軍需資材の禁輸（屑鉄、航空用ガソリンなどを含む）が実施され、残るは原油などのみとなっていた。

一般には海軍は英米不可分論、陸軍は英米可分論との議論がよくみられる。だが、この時点での英米不可分の認識と判断は、海軍側のみならず、陸軍側も同意したものだった。

ただ、この「対南方施策要綱」は、陸海軍内部での申し合わせ事項に止められ、内閣・外務省とは協議されていない。また、昭和天皇にも伝えられていない。

ただし、木戸は、後にみるように、一九四一年（昭和一六年）の五月頃には、武力南進は日米戦争となると判断しており、英米不可分の見方に立っている。これは「対南方施策要綱」の内容に沿うもので、蓮沼侍従武官長から知らされていたものと思われる。

ではなぜ、この時点で英米可分から英米不可分へと変わったのだろうか。

それは、陸海軍案作成（四月）の直前、一九四一年三月にアメリカで武器貸与法が成立したことと関係している。これによって、アメリカは大規模な対英武器援助をおこなう姿勢を明らかにした。このことが、アメリカの本格的なイギリス支援（軍事援助を含む）の意志を表すものとみなされ、英米不可分の認識となったのである。

このように、対米戦を決意しない限り、さしあたり南進は、英米と戦争にならない枠のなかで行なわざるを得なくなった。

したがって、陸海軍にとって、対ソ国交調整による日独伊ソの連携の実現と、それによるアメリカの参戦阻止が、三国同盟締結時にも増して、極めて重要となってきたのである。

## 日ソ中立条約と松岡構想

先にもふれたように、松岡は独伊に加えてソ連との協調関係を築き、それをバックに対米外交を進めようとしていた。つまり、三国同盟と日ソ交渉は対米戦回避のためのロードだと考えていたのである。

松岡はこのような構想に基づいて、まず対ソ交渉に臨むこととなる。

一九四一年（昭和一六年）一月中旬、対ソ交渉のための渡欧に先だち、松岡は「対独伊蘇交渉要綱案」を陸海軍に示した。その要点は、「リッベントロップ腹案」をもとに、イギリス打倒について日独伊の施策にソ連を同調させるとともに、日ソ国交調整を実現しようとするものだった。

「リッベントロップ腹案」とは、前年一一月中旬、来栖三郎駐独大使からリッベントロップ外相に日ソ間の斡旋を依頼したさい、同外相から示されたものである。

それは、ソ連を三国同盟に同調させ、南北アメリカを除いて、世界を独伊日ソ四国の勢力圏に分割しようとする内容だった。いわゆるリッベントロップの四国連合構想である。

だが、「リッベントロップ腹案」が提示された一一月から、翌年（一九四一年）一月の「対独伊蘇交渉要綱案」の間に、独ソの関係は大きく変化していた。

バルカンやフィンランド問題をめぐって独ソ関係が悪化し、一九四〇年一二月一八日、ヒトラーはバルバロッサ作戦に関する命令（対ソ開戦準備命令）を下した。対英戦終結前にソ連を打倒する準備を命じたのである。したがって、松岡の渡欧前に、「リッベントロップ腹案」はドイツ政府内部ではすでに破棄されていたことになる。

松岡渡欧前の一九四一年二月七日、来栖三郎駐独大使より、将来ソ連を敵とする場合がある、とヒトラーが来栖に直話した旨の報告がもたらされた。

これを知った昭和天皇は木戸に、

「もし独にして近き将来ソ連と戦うがごとき事態となるようなれば、我が国は同盟上の義務もあり、南方に手を延ばしたる上にまた北の方にても事を構うるがごときこととなりては、由々しき問題となるをもって、南方施策については充分慎重に考うるの要あるべし」[6]

と語った。

独ソ戦の可能性があるので、東南アジアへの政策実行は慎重にすべきではないかとの意見だった。天皇は南北同時に事を構えることになる事態を危惧していた。

これに対して木戸は、

「近く松岡独伊を往訪致すべきようなれば、その機会に充分ヒ［ヒトラー］、リ［リッベントロップ］、ム［ムッソリーニ］などの真意をつかましむるの要あるべく、我が国はとにかく今春より初夏頃に起り来たるべき欧州の動きを冷静に観察して対策を決定するの要あるべし」[7]

との意見を述べている。ここでは、松岡訪欧による独伊の動向把握と、今春以降の欧州状勢、すなわちドイツが英本土上陸に向かうか対ソ戦に向かうかをみて対応を決めるべきとの見解だった。いずれにせよ今後のドイツの動向が問題だと木戸は考えていた。

三月中旬、松岡外相は訪欧に出発した。ドイツ政府の動きから、大島浩駐独大使は滞欧中の松岡に独ソ開戦の可能性を指摘し、条約締結を思いとどまるよう進言した。いずれ独ソ戦となり、日ソ条約はそのさいの日本の行動を制約することになるとの判断からだった。

だが松岡は大島の意見を受け入れなかった。独ソ間の緊張は、双方の威嚇や虚勢によるものであり、開戦に至る前に、ソ連がドイツの威圧に屈して妥協が成るだろうとみていたからである。後述する大島駐独大使からの独ソ戦確実電（六月五日）に接しても、松岡はなお「独ソの関係は協定成立六分、開戦四分とみる」と述べている。[8]

一九四一年（昭和一六年）四月一三日、日ソ中立条約がモスクワで調印された。

その内容は、両国は相互に領土保全および不可侵を尊重する。両国の一方が第三国より軍事行動の対象となった場合、他方は全期間中立を守る、というものだった。松岡・近衛や陸軍が意図した、日独伊三国同盟と対ソ提携との連繫が実現されたかにみえた。

しかし、日ソ中立条約調印の三日後（四月一六日）、大島駐独大使から、ドイツが対英戦継続と併行するかたちで今年中の対ソ開戦を企図しているとの情報がもたらされた。

それは、ドイツが対英ソ同時両面戦争に突入することを意味した。そのことは、英ソ間の、さらにはイギリスを援助するアメリカとソ連の接近可能性を生じさせるものだった。

木戸の日記には、

「四月十八日……大島大使より、去る十日リ〔リッベントロップ〕外相と会談の際、もしソ連にして独に対し態度面白からざるものあるにおいては、近くソ連に攻勢に出るやもしれずとの話あり。さしあたりソ連と中立条約を締結したる我が国としては、これが対策を充分研究するの要あり。もっとも独はソ連を極めて軽くみており、かかる場合においても我が国の同時に戦争に参加することは希望せざるもののごとし」

とある。大島情報を知り、木戸も独ソ関係の今後を注視する必要があると考えていた。木戸は、すぐにこれを昭和天皇に伝えている。

## 日米諒解案届く

同日（一八日）夜、奇しくもその後の日米交渉の焦点となる文書が木戸のもとに届けられた。日米諒解案（内容は後述）である。

「外務省より電報写到着す。今度は在米野村［吉三郎］大使よりル［ルーズベルト］大統領と極秘裏に会談の結果到達したる両国諒解案に関する請訓なり。同時に東西より重要なる問題発生したることとて、これが判断は容易ならず」[9]

独ソ開戦に関する情報と、日米関係で新たな対応が迫られる案件が、ほぼ同時に木戸に知らされたのである。

独ソ関係への対応と対米関係の処理という重要課題が重なったことによって、木戸自身まさに判断が難しい事態に直面していくこととなった。

このことは木戸の日記の分析からもいえる。それまでの木戸の日記は比較的淡々として事実を述べるにとどまっていた。三国同盟や日ソ中立条約についても同様で、おそらくそれは、事態の推移が木戸自身の考えとそれほど齟齬（そご）していなかったからだろう。

木戸自身、戦後の回想でも、この時期までのことについては、

「近衛君や松岡の構想は……いわゆるバランス・オブ・パワーの関連で、ソビエトとドイツとイタリーと日本とが結ぶと。それでもし、そうすれば、アメリカも容易に立ち上がらないだろうし、また、イギリスにしても……長期戦になるかもしれないけれども、バランスはとれてくる。こういう観念……のようですね[10]」

というように、比較的サラリと述べている。

だが、独ソ戦情報以後、日記での木戸の感想や意見の記述が徐々に増大していく。独ソ間の緊張は、陸軍や松岡が考えていた戦略を破綻させかねないものだった。そして、それらを容認し追随してきた木戸や近衛にとっても重大な事態だった。

その独ソ戦情報に加え、日米諒解案という微妙な判断を要する問題が、同時に提起されたのである。後述するような陸軍内部や松岡らの意見の対立とともに、木戸自身もその対処を独自に模索せざるを得なくなる。それが彼の日記にも反映されているといえよう。

## 「対蘇戦争を始むる気遣い無用」

ところで、独ソ関係について木戸は、一九四一年（昭和一六年）三月一四日に、蓮沼侍従武官長から「バルカン方面」の情報を聞き、四月八日、「ユーゴ問題」に関する外務省の情報に接している。また、昭和天皇からも、四月四日に「ユーゴ問題の帰趨見透（きすうみとおし）」について話を聞いている。

当時、バルカン半島とりわけユーゴでは独ソが対立しており、木戸も独ソ関係が悪化していることは承知していたものと思われる。

そのうえで、四月一六日の大島情報（今年中に独ソ開戦あり）に接したわけである。

さらに六月五日、大島大使より、「独ソ開戦は今や必至なりとみるが至当なるべし。……短時日の中にこれを決行するものと判断せらる」との、切迫した電報が到着した。近日中の独ソ開戦は確実とするもので、いわゆる独ソ開戦確実電である。

翌日、近衛から木戸に、「大島大使、ヒ［ヒトラー］総統に呼ばれベルヒテスガルテン［ヒトラーの別荘］にて面会す。独はいよいよ蘇（ソ）連を討つとのこととなり。日本に対してはこれに参加を希望すとは言わざるも暗にこれを望みおる様子なり」、との電話があった。

しかしこの時点でも松岡は、独ソ関係について「協定成立六分、開戦四分」との判断で、その旨を昭和天皇に言上し、木戸もそのことを知らされている。

また同日、蓮沼侍従武官長が木戸を訪れ、東条陸相も独ソ関係について、それほど「急迫」しているとはみていない、と伝えている。[11]

実際陸軍では、武藤軍務局長らは、大島の独ソ戦確実情報に対し、彼らがドイツ側の「ブラフ」(はったり)に乗せられているのではないか、と疑っていた。ドイツは軍事的威嚇によってソ連に圧力をかけているのであり、実際に開戦する意志はないと考えていた。

当時武藤も、ルーマニア、ユーゴなどバルカン問題で独ソが対立していることは知っていた。だが、それらの対立は、「ドイツ軍の威力」によって、ドイツの要求をソ連が受け入れる方向で「話がついていく」とみていた。そして、「ドイツの対英戦争が中途半端にある今日、ヒットラーが気でも狂わん限り、対蘇戦争を始むる気遣い無用」と判断していた。[12]

ドイツが合理的に判断する限り、対ソ戦はありえないと考えていたのである。東条陸相も、この武藤らの見方を踏襲していた。

六月二一日、木戸は近衛首相、平沼内相と会食した。その席で、近衛は、もし独ソ開戦となれば、「内閣は責任を執るのほかなし」として、総辞職をほのめかした。

それに対し木戸は、「両国開戦するとも、我が政府としては充分四囲の状勢を考究して善処しうる余地ある」、として内閣の責任を云々する必要はないと反論している。

そのうえで木戸は、独ソ開戦の場合、アメリカの対独参戦の場合など、その対処に首相は「敢然として指導的力を発揮する」ことを近衛に求めた。[13]三国同盟締結時に全く予想していなかった緊急事態の発生に、首相として明確なリーダーシップをとるよう、近衛に要請しているのである。

独ソが戦争状態となることは、「時局処理要綱」以来の国策の根幹が崩壊することを意味した。独伊との結合とソ連との提携を連繫させることによって、アメリカを牽制しつつ南方に武力進出することが、「時局処理要綱」決定後の国策の基本方向だった。それは陸軍の策定した戦略だったが、近衛や木戸も容認し積極的に推進してきた。

独ソ開戦となれば、それが瓦解し、国家戦略の全面的な再検討が求められる事態となる。陸軍のみならず、近衛や木戸にとって、まさに危機的状況だった。

そして、六月二二日、ついにバルバロッサ作戦の発動により、ドイツ軍が一斉にソ連領内になだれ込む。独ソ戦の始まりだった。

## 日米諒解案とは何か

独ソ開戦の切迫で、陸軍、松岡、そして近衛、木戸らの外交構想が破綻を迎えつつあるなか、日本は同時に対米交渉という難題を抱え込むこととなった。

ここからの日米交渉で注目すべきは、日本側のみならず、アメリカ側も、事態の変化、ことに独ソ戦のなりゆきによって、複雑な選択を迫られていくことである。

では日米諒解案とは如何なるものだったのか。

少し時間を遡るが、日ソ中立条約締結から四日後の一九四一年（昭和一六年）四月一七日、野村吉三郎駐米大使から「日米諒解案」が打電されてきた。大島駐独大使からドイツが今年中の対ソ開戦を企図しているとの情報がもたらされた翌日、独ソ開戦の約二カ月前である。

日米諒解案は、概略次のような内容だった。

一、三国同盟に基づく日本の軍事上の義務は、現在参戦していない国によってドイツが積極的に攻撃された場合にのみ発動される（自衛のための戦争には発動しないという含意）。

二、アメリカ政府の欧州戦争に対する態度は、自国の福祉と安全とを防衛する考慮による。

三、日中戦争について、中国の独立、日中間の協定に基づく日本軍の撤兵、蔣・汪政権の合流、満州国の承認などを条件に、米大統領が蔣政権に和平を勧告する。

四、日本が武力による南進を行わないことを保証し、アメリカは日本の必要資源入手に協力する。

五、新日米通商条約を締結し、両国の通商関係を正常化する。

日本側にとって諒解案の重点は、三の米大統領の対中和平勧告（満州国承認を含む）、四の必要資源入手、五の通商関係正常化にあった。これに対しアメリカの主な関心は、一と二に、すなわちアメリカが対独開戦した場合の日本の参戦回避にあった。独英戦への介入は自衛のためとの理由づけによっていた。

この問題への対処は、木戸や近衛にとっても大きな、かつ微妙な問題だった。日米諒解案は、外交案件としては特異な性格（外交当局間の正規のルートで始まったものではない）をもっており、その評価について議論が多い。そこで、その作成経緯とアメリカ側の態度について少し触れておこう。

日米諒解案は、米カトリック神父のウォルシュとドラウト、井川忠雄産業組合中央金庫理事、岩畔豪雄前軍事課長らによって、当初非公式な協定案として纏められた。つまり、両国とも外務省など公式のルートによらないところで交渉がスタートしたのである。

ただし、ウォルシュとドラウトは、カトリック信徒のウォーカー郵政長官の仲介で、ハル国務長官、ルーズベルト大統領とも接触していた。井川は近衛首相と繋がりがあり、岩畔は陸軍省から野村大使を補佐するため派遣されていた。また、その作成過程には、在米日本大使館、米国務省なども直接間接に関与していた。

四月一四日、ハル長官と野村大使との会談がおこなわれた。そこでハルは、「これまで非公式に打診されてきている日米諒解私案を大使［野村］より正式提案として出すよう」うながした。そして一六日にも、日米諒解案は、それにアメリカが拘束されるものではないが、日本政府が賛同し日本政府から提案されるならば、両国の交渉開始の基礎となりうる旨を述べた。ただ、この時ハルは、一、領土保全と主権尊重、二、内政不干渉、三、機会均等、四、太平洋の現状維持（平和的手段での変更を除く）、の「四原則」をアメリカの基本的態度として示している。

## 日米妥協の可能性

ハルは、四月九日に受け取った諒解案の草稿について、「我々は非常に失望した。それは我々が考えていたより、はるかに調停の余地の少ないもの」だとみていた。

ところが、四月一四日には、それに部分的な修正を加えたにすぎない日米諒解案を、日本側から公式のルートに乗せるよう勧めている。

なぜ、ハルの態度は、このように変化したのだろうか。

その重要な要因は、一九四一年四月一三日の日ソ中立条約締結にあった。この条約により、日独伊ソ四国の提携が成り、かつ日本は北方の安全を確保し、南方進出のための前提条件を整えた。それは、日本の南方武力行使が、アメリカにとっても現実的な脅威となる可能性が高ま

った と判断され、ルーズベルト政権の政策に軽視しえない影響を与えた。

対独戦を優先したいアメリカ政府は、米独開戦時の日本の参戦回避、日本の南進抑止のため、ある程度日米妥協の可能性を探ることとなったとみられる。[14]

アメリカはこの頃、大西洋での対独戦と同時に、太平洋で日本と戦争を遂行する準備はできていなかった。したがって、近づく対独戦突入のさい、日本が三国同盟によって対米参戦することを強く危惧していた。そして、日ソ中立条約の締結によって北方の安全を確保した日本が、南方武力行使（対英開戦）に踏み切るのではないかと懸念していたのである。

アメリカにとっての日米交渉の重要な狙いの一つは、対独開戦時の日本参戦を回避し、かつ日本の南方進出を引き延ばすことにあった。

その頃、アメリカ政府は様々な情報から、ドイツの対ソ侵攻の兆候をつかんでいた。だが、ドイツのソ連国境線への兵力集中は、対ソ威圧を狙ったもので、スターリンはそれに屈服する可能性が高いとの情勢判断をしていた。むしろドイツの強い主導権のもとでの新たな独ソ提携の出現を危惧していたのである。また、ドイツの春季攻勢はイギリスに向かうとの見方が政府内にはなお強かった。[15]その面では、アメリカ政府も日本側の武藤や松岡と同様の判断だったといえる。

したがって、独ソ間の緊張を知りながらも、アメリカ政府としては、対日融和的な日米諒解案を、日米間の交渉開始の基礎として容認することとなった。

ちなみに、アメリカ政府が、ドイツの対ソ侵攻の確証をえるのは六月一二日頃で、それ以後、アメリカの対日態度は大きく変化していく。後に詳しくみていくが、日米交渉は独ソ戦という巨大な波によって大きく揺れるのである。

## 日米諒解案は三国同盟と両立する？

さて、日米諒解案到着の翌日（四月一八日）、木戸にもその内容が知らされた。

四月一九日、近衛は木戸を訪ね、日米諒解案について懇談している。その結果、二人は次のような意見で一致した。

「独伊に対し信義を失わず、また我が国の国是たる大東亜共栄圏の新秩序建設に抵触せざるよう、充分研究工夫のうえ、これが実現に努力するを可とす」[16]

近衛も木戸も、基本的には日米諒解案を受け入れる方向で合意したのである。ただその際、独伊との友好関係は維持し、かつ大東亜共栄圏建設も実現するとされた。

このことは軽視しえない事柄である。つまり木戸らは日米諒解案と三国同盟、大東亜共栄圏構想とは必ずしも矛盾しないと判断していたのである。

ただ日米諒解案には、三国同盟の軍事援助義務の実行を回避する、すなわち独米開戦時の日本参戦を抑制しようとするアメリカ側の意図が含まれていた。

ドイツ側は三国同盟の条項のなかで、軍事援助義務すなわち参戦条項を最も重視していた。それは単なる対米牽制のためだけではなく、実際にアメリカが対独参戦した場合、日本の対米参戦を望んでいたからである。

それが、日米諒解案におけるアメリカの意図どおりとなれば、独英戦介入への対米牽制作用が失われるだけではなく、独米戦となった場合の日本の参戦が期待できないこととなる。これはドイツ政府にとっては受け入れられないことだった。

近衛や木戸も、日米諒解案によるアメリカとの国交調整は、ドイツの感情を一時悪化させるかもしれないとはみていた。だが近衛はそれでもドイツとの友好関係は維持したいし、それが可能だと考えていた。一時的には感情の齟齬をきたすかもしれないが、なお友好関係を維持できると判断していたのである。

たとえば近衛は、諒解案により「米国と国交を調整」する結果、ドイツとの間に「一時、その感情に面白くない暗流を生ずる」ことになるかもしれない。だが、「これはやむをえない」、としている。[17]

日米諒解案に基づく日米和解は可能で、ドイツとの感情的な疎隔も一時的なものに止まると考えていた。

近衛も木戸も、いわばアメリカ、ドイツ両国との友好関係を望み、かつそれが可能だとみていたといえる。もしアメリカが対独参戦しなければ、それも可能かもしれなかった。

だが、米ルーズベルト政権はすでに対独参戦を決意していた。むしろ、アメリカにとって、日本の参戦を抑えながら対独戦を実行するための日米諒解案だった。したがって実際に独米戦となった時、近衛や木戸の希望する、日米諒解案と対独友好関係の維持とは、とうてい両立できないものだった。

しかし現実には、アメリカの対独参戦ではなく、独ソ戦の開始を契機として、アメリカ側から選択を突きつけられることになる。

## 軍部も諒解案を承認

さて、日米諒解案が到着し、近衛首相ら内閣および海軍は、日本にとって容認しうるものだとして歓迎する態度だった。ただ、松岡外相は、独ソ訪問中で留守にしていた。

陸軍も全体として日米諒解案を容認する姿勢だった。

武藤軍務局長は、日米間の緊張を緩和し、日中戦争解決に資するものとして歓迎した。武藤は、長期の世界大戦に対処するためには大東亜共栄圏の建設が必要だとの基本的見地に立っていた。だが、日米間の大きな国力差から、対米戦は極めて危険であり、回避すべきとの考えだった。したがって、三国同盟と日ソ中立条約で、アメリカの参戦や軍事介入を抑えつつ、当面は外交的手段によって南方進出を図ろうとしていた。

それゆえ、この間の対米関係悪化、対日輸出制限に苦慮する武藤にとって、日米諒解案は歓迎すべきものだった。ことに、日本の必要資源入手にアメリカが協力し、通商関係を正常化するとの条項に安堵した。

対中和平勧告における撤兵条項についても、日中間の協定によるとされており、撤兵の期間や範囲は、協定内容により様々な方策がありうると判断していた。武藤にとって世界大戦に対処するには、日中戦争の早期解決は必須の課題だった。

田中作戦部長も、基本的には日米諒解案を容認する意向だった。

陸軍省、参謀本部とも、それぞれ武藤軍務局長、田中作戦部長の意見とほぼ同様で、諒解案を基礎とする日米交渉に賛同していた。

したがって、東条陸相をはじめ陸軍は、大枠として諒解案を受け入れる方向で反応した。海軍も対米緊張を緩和できる諒解案に賛成だった。

## 松岡外相の反発

だが、四月二二日に帰国した松岡外相は、外相である自分が関知しないところでまとめられた日米諒解案に不快感を示した。そして、その後自らの意見を加えた日本側修正案を提案した。ここでの重要な修正点は二点あった。

第一点は、三国同盟の軍事援助義務について、諒解案での限定（自衛の場合は適用しない）が削除された。アメリカの対独参戦の場合における三国同盟軍事援助規定の発動について、弾力的解釈の余地を残さないものとなった。

第二点は、米大統領から蔣政権に対する和平勧告の具体的項目がすべて削除されていた。これは和平条件へのアメリカの介入を排除しようとの意図からだった。

これらは陸海軍の意向にはなく、松岡独自の意見によるものだった。

しかし、諒解案による日米交渉の早急な開始を望む陸海軍や近衛ら連絡懇談会メンバーは、この案をおおむね受け入れ、アメリカ側への修正提案として合意した。

その提案は、五月一二日、アメリカ側に提示された。

松岡修正案の眼目は、第一点の三国同盟に関係する部分だった。松岡の意図は、アメリカが対独参戦すれば日本も対米参戦する意志を、明確にアメリカ側に示すことにあった。この三国同盟の武力援助条項厳守の明示と、南方武力行使の威嚇との組み合わせによってのみ、アメリカの対独参戦を阻止できると考えていた。

南方武力行使は、日ソ中立条約によって背後の安全を確保したことにより、その現実的可能性をすでに米英側に示していた。そして、日独伊ソ四カ国の提携それ自体、アメリカの対独参戦阻止の圧力になるとの判断だった。

つまり、松岡は日米諒解案の一、二の部分には当初から反対だった。それを認めれば、アメリカの対独参戦に対する抑止効果が失われ、松岡の構想が根本から破綻すると考えていたからである。

五月八日、松岡は参内し、昭和天皇に、こう述べている。

アメリカの対独参戦の場合、日本は当然「独伊側に」立たなければならない。その時にはシンガポールを攻撃しなければならない。さらに、アメリカが参戦すれば「長期戦」となり、独ソ衝突の危険が生じる。その場合は、「日本は［日ソ］中立条約を棄て独逸側に立ち」、イルクーツク（シベリア・バイカル湖付近）ぐらいまでは行かなければならない、と。[18]

アメリカが対独開戦すれば、日本も独伊側に立って参戦しなければならない。その時は日米諒解案など吹き飛んでしまう。そうなれば、いずれ独ソ間も戦争となり、日本も対ソ開戦し、シベリアへの出兵を考えなければならないだろう、というのである。

松岡はなぜこのような発言をしたのだろうか。このような、英米ソを相手とした南北同時全面戦争を、現実に考えていたのだろうか。おそらくそうではなく、この発言は日米諒解案を容認しないようにとの、天皇への一種の牽制だったと思われる。

もし日米諒解案にしたがって、アメリカの対独参戦を許せば、日本は南北両面での大戦争に巻き込まれることとなる。そう警告しているのである。

この後、現実に独ソ戦となり、松岡は対ソ武力行使を主張するようになるので、この発言内容は松岡の実際の考えに沿ったもののようにみえる。だが、松岡自身は対米戦を望んではいなかった。むしろ何とか回避しようとしていた。日独伊三国同盟と日ソ中立条約の組み合わせによって、アメリカの対独参戦を抑止し、さらにはアメリカとの関係を改善する。そして、日中戦争の解決、大東亜共栄圏の建設の実現へと進みたいと考えていた。

だが日米諒解案では、アメリカが対独参戦しても、三国同盟の軍事援助条項が発動されないことになっており、事実上アメリカの対独参戦を許すことになる。それでは、松岡の構想が根本から破綻する。

それゆえ松岡は日米諒解案を容認できなかった。たんに外相である自分が関知しないところで纏められたことに不快感をもっていたからだけではない。

翌日、昭和天皇は木戸に、この松岡の発言を話している。

木戸自身も松岡から直接同様の意見を聞かされたようである。木戸の手記には、訪欧からの帰朝直後に松岡が木戸に、

「もし独ソが戦うようなことになったら、ソ連は一たまりもなく敗れるだろう。……独ソ開戦となった場合には、我が国は直ちに行動開始し、少なくともイルクーツク以東を我が軍で抑え、我が国の勢力範囲とする必要がある」[19]

と語った旨が記されている。

ただ、この手記は戦後書かれたものなので、実際に起こった独ソ戦を予想した部分（天皇への松岡発言の後半）に重点が置かれている。だが、松岡の真意は、日米諒解案を拒否し、アメリカの対独参戦を阻止することにあった。

## 近衛と松岡の対立

松岡の天皇への発言を知った近衛は、五月一〇日、昭和天皇に、次のように述べ、自分の意見と決意を披瀝（ひれき）した。

松岡外相が奏上したことは、「最悪の場合における一つの構想」にすぎない。仮に外相が実際にそう考えているとしても、決定には「軍統帥部」や「閣議」の同意が必要であり心配には及ばない。日米諒解案については、「支那事変処理のためには米国を利用する」以外に途はなく、その意味で、この提案は「絶好無二の機会」だと考えている。したがって、できるだけ速やかに合意に導きたい。ドイツがそれに不同意の場合やアメリカが対独参戦した場合などに、

「閣内の意見対立」「国論の分裂」が予想される。その円満な解決が不可能なときは、「非常の手段」をとるつもりだ、と。

近衛の手記によれば、昭和天皇は近衛の話を「納得」し、「その方針にて進むべし」と答えたとのことである。[20]

なお、ここでの「非常の手段」とは何か、近衛は具体的にはふれていない。日米合意に反対する閣僚の罷免のみならず、「戒厳令」なども念頭にあったのではないかとされている。[21] ちなみに、予想される「閣内の意見対立」「国論の分裂」は、近衛ら日米諒解案重視と、松岡ら三国同盟重視との間のものだった。

同日、このことを近衛は木戸にも話している。[22]

そのさい木戸が、昭和天皇より「外相を取代えてはどうか」との発言があった旨を近衛に伝えた、と近衛の手記にはある。[23]

ところで、日本側修正案提示後の五月一八日、木戸は皇族の東久邇宮稔彦王を訪れ、自分の考えを話している。[24] この時期の木戸の考えがよく分かるので、それを少し詳しく見ておこう。

まず木戸はこう述べている。

「近いうちに、アメリカはイギリス援助のため、独伊を敵として、欧州戦争に参加することになろう。そのさい日本は如何にしたらよいか。日本は日独伊軍事同盟によって、軍事上、経済上、独伊を援助しないわけにはいかない。しかし、日本は直ちにアメリカに対し戦争を開始するかどうか、大いに考うべきことである」

アメリカが対独参戦した場合、三国同盟との関係で、日本はどうすべきかというのである。三国同盟では、その場合、最大限の軍事的援助を与えることが定められていた。これは参戦義務を意味した。日本は対米参戦すべきなのか。

木戸は次のような見通しを話している。これまで日本は独伊ソとの提携によってアメリカに対抗してきたが、今や独ソ間は険悪な関係になってきている。アメリカが対独参戦すれば、ソ連も英米側に立つだろう。日本が三国同盟にしたがって対米参戦すれば、英米ソ連合により独伊との連絡は絶たれ、日本は東アジアに孤立してしまう。長期戦となり物資も欠乏する。そのような状況に日本は耐えられないだろう。

したがって、

「日本は、日独伊同盟の条文のみにとらわれることなく日本独自の立場から、四囲の情勢を考察し、日本の将来を考え、大いに熟慮して、日本の行動を決定しなくてはならない。現在の状況において、軍事上はもちろん、産業上にも、石油およびゴムは必要欠くべからざるものとなっている。故に石油およびゴムを有する蘭印は、日本のもっとも欲するところである。これがために南進政策は必要と思われるが、いま直ちに蘭印を占領することは日米戦争を覚悟しなくてはならない。……［だが］現況において、わが国力は蘭印の即時占領を許さない」日本は必ずしも三国同盟にとらわれることなく、独自の立場から政策を決定しなければならない、というのである。これは、事実上当初の日米諒解案を受け入れるべきだとの意見で、松岡主導の修正点の第一（三国同盟における軍事援助義務の厳密な履行）に否定的なものだった。

日本にとって、石油、ゴムは必要不可欠のものである。その石油、ゴムは蘭印にある。したがって南進政策が必要だ。だが武力南進は日米戦争となり、日本の国力では対米戦はできない。ゆえに武力南進は不可能だ。木戸はそうみていた。

武力南進は日米戦争となるとの判断は、英米不可分の見方からくるもので、「対南方施策要綱」の内容に沿うものだった。「対南方施策要綱」は陸海軍内の決定で、公式には内閣には知らされていなかった。だが木戸は蓮沼侍従武官長からの情報で、その内容を把握していたものと思われ、その判断をほぼ受け入れていたのである。

木戸は続ける。

そこで、「今は蘭印に手をつけず、［将来開かれる］平和会議で日独伊三国の管理にでもすればよいだろう」そうすれば、日本は地理的に近接しているという優位性によって、蘭印への影響力を強め、ついには事実上「日本のもの」、日本の勢力圏としうるだろう、と。

このように、平和的に蘭印を日本の勢力圏にするのも一つの方法だ。だが、将来を見すえて、当面中国海南島や南部仏印に進駐し、国力を充実するとともに、好機をとらえて蘭印を武力占領する。それも、もう一つの方法だ。木戸はそう考えていた。

「このようにして、漸次日本の地位を向上して、平和的に蘭印を日本のものにするか、あるいは、二、三十年先を見越して、日本の南進の地歩を海南島、仏領インドシナに進め、南進活動の拠点をつくった後、またその間、十分に国力を充実した後、好機に乗じて蘭印を占領する方がよいと思う」

ここで木戸がふれている「平和会議」のイメージははっきりしない。だが、ドイツがフランス、オランダなどを勢力下に置き、仏印や蘭印にも影響力をもった状態で講和がおこなわれると想定しているようである。大戦がドイツ優勢のもとで終結するとみているのである。米英ソの連合が形成される状況で、しかもアメリカの対独参戦を念頭に置きながら、ドイツ優勢での講和がなされるとの想定は、この文面だけでは分かりづらい。だが、ともかく木戸は、そのようなケースがあり得ること、それを利用した日本の対応を一つの選択肢として考えようとしていた。

そして、もう一つのオプション（選択肢）として、当面の南部仏印進駐と、好機での南方武力行使をあげている。ただ、ここでは南方武力行使による蘭印占領は、かなり先のこととされている。

そして最後に木戸は、

「支那事変前までは、軍部は別だが、政治家は南進政策の実行は、帝国主義、侵略主義であって、平和的なわが国是に反するものとして排斥していた。これからの世界は、一地域の波乱も全世界に及ぼすものであることを考え、これからの国家には、石油およびゴムが必需品であることも考え、わが国は南進の準備に着手しなくてはならない」

として、南進準備への着手を主張するのである。木戸自身は、第二のオプション（南部仏印進駐と将来の南方武力行使）に重点をおいていたといえよう。

いずれにせよ、木戸においても将来、蘭印を日本の支配下に置くことは必須のことだと考えられていた。またそのための準備として当面、南部仏印に進駐すべきとしていた。

当時木戸が、石油、ゴムなどの南方資源が必要だとみていたことは、終戦直後の手記でもふれられている。しかし、「これはあくまでも平和的に行わるべきものであって、……武力によるがごときは厳に慎むべき」と考えていたとされている。[25] そこでは武力行使のオプションには触れられていない。

だが、その面（将来の武力南進論）は、後述する八月初旬の日記にも現れる。

いずれにせよ、この時点での木戸の考えはこうだった。

独ソ間の緊張を念頭に、しばらく三国同盟に距離を置き、独伊との友好関係は維持しつつ、アメリカとの軍事的対立は避ける。したがって日米諒解案は基本的に受け入れる。そして、徐々に蘭印に非軍事的な方法で勢力を浸透させるか、南部仏印に進駐し将来の南方武力行使に備える。これが木戸が考えていた方策だった。

## アメリカ、「融和」から「強圧」へ

さて、アメリカ側は、五月一二日日本側修正案を日本の正式提案として受け止めた。そして、日本側提案に対する米側対案が、六月二一日、アメリカ政府の正式提案のかたちで示された。その内容は多岐にわたるが、ポイントは、アメリカの対独参戦は自衛のためであり、日本は三国同盟による対米参戦は行わない。日中戦争解決への米大統領の仲介のさいには和平条件についての日米間の合意を前提とする。通商無差別原則を中国にも適用する、というものだった。また、日米間で合意すべき和平条件として、日中間の協定に基づく中国からの日本兵の撤兵、満州国に関する日中間の交渉、などがあげられていた。日本の防共駐兵や日中間の経済協力については、今後の検討に委ねるとされた。

米参戦と三国同盟の問題、和平条件の日米間合意は、明らかに五月一二日の日本側提案を否定するものだった。したがって、米側修正案の内容は、日本側からみれば受け入れがたいものだった。

米側修正案は、満州国を承認せず（日中間の交渉事項とする）、日本軍の駐兵を拒否し、中国への無差別待遇原則の適用を求め東亜新秩序を否定している。また、蔣政権と汪政権の合流にふれておらず、日中交渉の相手として、汪政権（南京政府）ではなく蔣政権（重慶政府）のみを示唆している。さらに、事実上三国同盟の空文化の明示を求めている。そう判断されたからである。

武藤ら軍務局は、満州国不承認、駐兵拒否、日中間の経済的特殊関係の否定など、当初の日米諒解案とのあまりにも大きなギャップに驚いた。

田中作戦部長も、諒解案とは「似ても似つかぬ強硬極まるもの」で、アメリカの対日政策は、「融和」から「強圧」へと転換したと判断した。すでに独ソ戦確実情報が日本にももたらされており、田中はアメリカの対日姿勢の転換の背後には独ソ戦があるとみていた。この田中の観測は的を射ていたといえる。

アメリカ政府は六月一二日頃、ドイツの対ソ侵攻の確証をえる。これを契機に、アメリカの対日姿勢は大きく変化し、それが六月二一日の米側提案に反映されていた。アメリカの態度変化は、松岡修正の影響というより、むしろ独ソ戦の確信によるものだった。

だが、日本側も米側提案到着翌日（六月二二日）の独ソ戦勃発によって、その対応に忙殺され、日米諒解案による日米交渉の検討は事実上一時中断される。

木戸のこの前後の日記にも、独ソ開戦対応のためか、米側修正案についての記述は見当たらない。だが、これによって、先のような木戸の方策も一旦実現困難となる。

なお、近衛は、日米諒解案について早く原則受諾を決定していれば良かったと、後々まで悔やんでいる。[26]だが、仮に、日本側が原則受諾を早期決定しても、アメリカ政府は、独ソ妥協が成立するか独ソ開戦となるかがはっきりするまで、日米間の交渉を引き延ばしただろう。もし、独ソ妥協によりドイツがイギリス本土攻撃に向かうことになれば、日米合意が成立する可能性はあった。ハル四原則も解釈の幅を広げることは可能で、アメリカにとって緊急に対独参戦する必要が生じるからである。

結論から言えば、現実には独ソ開戦となった。それゆえ、日本側の反応がどうであれ、アメリカ側にとっては対日妥協の必要はなくなったのである。そう考えると、日本側の対応にかかわらず、日米合意は成立しなかったといえるだろう。

# 第六章　独ソ開戦という誤算

## 四国提携の瓦解

一九四一年（昭和一六年）六月二二日、ドイツがバルバロッサ作戦を発動して独ソ戦が始まる。ドイツ軍三〇〇万は、一斉にソ連領内になだれ込んだ。

これは、日本陸海軍のみならず、近衛や松岡、さらには木戸にとっても衝撃的な事態だった。彼らにとっては大きな誤算であり、日米開戦へと歯車が回り始める最大の転換点となった。

陸海軍は、三国同盟と日ソ提携（日ソ中立条約）の連繫の圧力によって、アメリカの参戦を抑えながら、ドイツの英本土侵攻を契機に南進し、南方資源を確保することを基本戦略としていた。日独伊ソ四国の提携によって、アメリカを抑えながらイギリス帝国（オランダ領を含む）を解体する。同時に米英ソの中国支援を無力化し、日中戦争を解決する。それが彼らの世界戦略の基本方針だった。近衛内閣や木戸もそれを容認し同調してきた。

三国同盟と日ソ提携との連繫は、そもそも独ソ不可侵条約による独ソ提携を前提にしていた。それが日独伊ソ四国提携の要だった。その独ソの提携が、独ソ戦によって破壊されたのである。日独伊ソの提携によってアメリカに圧力を加え、その政策変更を迫る、一種の威圧外交は、独ソ戦によって瓦解した。

そのことによって、三国同盟と日ソ中立条約は分離し、アメリカに対する圧力は急速に低下した。この事態は、これまでの日本の基本政略の崩壊を意味した。六月五日の大島大使独ソ戦確実電によって予期されていたことであったが、それが現実になることで、事態は決定的なかたちで突きつけられたのである。

ここから陸海軍、政府内で、戦略上の様々な意見対立が生じる。木戸もまたそれへの対処を迫られることとなる。

## 松岡の対ソ開戦論

同日、独ソ開戦情報は、木戸には、まず旧知の鈴木貞一企画院総裁からもたらされた。次いで松岡外相から、大島駐独大使より独ソ開戦の連絡があり、天皇への拝謁を願う旨の電話があった。参内した松岡は、昭和天皇に独ソ開戦を伝え、自らの意見をこう上申した。

独ソ開戦した今、「日本もドイツと協力してソ連を討つべき」だ。このためには南方は一時手控える方がよい。しかし、南方でも「早晩は戦わねばならぬ」だろう。したがって、結局日本は「ソ連、米、英を同時に敵として戦う」ことになる、と。[1]

対ソ開戦を主張し、しかも、いずれ南方へも武力行使をする必要があり、英米ソとの同時戦争になるというのである。
木戸は、二日前に近衛から、松岡外相の意見は「捕捉しがたき」ところがあるとの内話があり、松岡の意見の概略も聞かされていた。そこで松岡の拝謁前に、木戸は天皇に次のように伝えた。
独ソ開戦に際し「我が国の執るべき態度方針」について外相が自分の意見を申し上げるだろうが、外相の意見は必ずしも首相の意見とは一致していないようにみられる。今回の事件は極めて重大なので「充分首相と協議」すべき旨を申し付け、「首相中心の御心構え」を示していただきたい、と。[2]
戦後の回想でも木戸は次のように述べている。
「僕は〔独ソ開戦を知り〕陛下に拝謁した。……『彼〔松岡〕は……〔対ソ〕出兵を必要とするということを申し上げるかもしれません。それを陛下が「いけない」とおっしゃっちゃいけません。といって「よろしい」とおっしゃったら大変なことになる。だから、「そういう問題があるなら総理とよく相談しろ」とおっしゃっていただきたい』と、こう知恵をつけて、それから松岡が〔拝謁に〕入ってきたら案の定、〔その話が〕出たらしいんだ」[3]
昭和天皇は松岡の上申内容に驚き、木戸に、松岡外相の対策は「北方にも南方にも積極的に進出する」結果となる。それは、政府・統帥部と意見が一致しているのか。「国力に省み果たして妥当なりや」、と疑義を示している。

その後、近衛から木戸に電話があった。その内容は、松岡が拝謁の際言上したことは、「将来の見透を申上たるものにして、直ちに実行する意味にはあらず」、とのものだった。

翌日、木戸は天皇に、昨日の外相の話は単に将来の見透しを述べたに過ぎない旨、近衛の電話内容を伝えている。[4]

## 武藤vs.田中の戦略対立

陸軍では、独ソ戦への対応をめぐって、開戦前から意見の対立が生じた。

田中作戦部長は、北方武力行使すなわち対ソ開戦への強い意欲を示し、早期に武力を行使すべきと強硬に主張した。

田中はこう考えていた。独ソ戦となれば、三国同盟と対ソ提携の連繫は消失し、日米交渉への日ソ中立条約締結効果も一気に弱まる。日独による対米牽制力も急激に低下する。また、米英ソが提携し、アメリカは英ソの徹底的援助に努めるだろう。それによって、日本は大きな圧力を受けることとなる。そのような国際的な窮地から脱却する道は、ソ連を打倒するしかない。日独の挟撃によりソ連を屈服させれば、北方からの脅威を取り除き、ふたたびドイツをイギリス屈服に向かわせる。そして、日本の南方武力行使とともに大英帝国を崩壊にみちびき、アメリカを孤立させることができる。

また独ソ開戦は、米英蘭などによる対日経済圧迫を強化させることになるだろう。したがって、南方でも、米英の動きにそなえ、早急に仏印とタイを完全に包摂しておかなければならない。ことに、南方の英領マレーやシンガポール、蘭印への攻撃基地として、南部仏印に所要の兵力を進駐させる必要がある、と。

つまり、独ソ戦を期に、北方武力行使と南部仏印進駐を実施すべきとの考えだったのである。このような田中の主張が、参謀本部を牽引していた。

一方、武藤軍務局長は、独ソ戦はドイツの勝利で短期に終結する可能性は低く、長期持久戦になるとみていた。ソ連は、その広大な領土と豊富な資源、工業生産力の復興、一党独裁による強靱な政治組織などから、容易には屈服しないだろうと判断していたからである。双方の国力からしても、それは国家総力戦となり、必然的に長期化するとみていた。

そのような判断から、当然、ヒトラーが再開を予定していた英本土上陸作戦は遠のき、近い将来でのイギリス崩壊の可能性も低下すると考えていた。それゆえ、独ソ戦については、事態を「静観」し、情勢の展開を見守るしかないとの姿勢だった。武藤が主導する陸軍省軍務局も、独ソ開戦時には、当面は事態を静観すべきとの結論となった。そして、当面、日米交渉を進め、それを活用して日中戦争を解決するとの考えだった。

したがって、北方武力行使には否定的で、田中らの早期対ソ開戦論には反対していた。ただ、武藤らも、予想外の展開によって早期にソ連が崩壊する場合には、北方武力行使に必ずしも否定的ではなかった。武藤自身、日中戦争の間、常にソ連の軍事介入を懸念し警戒し続けてきており、その北方からの脅威を取り除く絶好の機会となるからだった。

また南方武力行使についても、ドイツの侵攻によってソ連、イギリスと崩壊すれば、アメリカも容易に西太平洋に軍事介入することはないと判断していた。ドイツの全欧支配によって国際的に孤立することになるからである。したがって、アメリカの欧州参戦がなければ、たとえば日本がシンガポールを攻撃しても対米戦にはならないとみていた。国際情勢がそのように展開すれば、それはそれで武藤ら軍務局にとっても望ましいことだった。

しかし、武藤らは、ドイツの短期間での対ソ勝利は困難だと判断しており、そう都合良くはいかないだろうとみていた。したがって、独ソ戦に対しては、しばらく静観して事態の推移を見守る。それが武藤ら軍務局の態度だった。

## 退けられた田中の早期開戦論

その後、独ソ開戦に伴う国策案について、陸軍省・参謀本部間で意見調整がおこなわれ、開戦前の六月一四日、「情勢の推移に伴う国防国策の大綱」陸軍案として合意された。そこで北方武力行使は、独ソ戦が日本に極めて有利な場合すなわちドイツ側勝利が明らかとなった場合に限られている。また、南方武力行使も、枢軸陣営の勝利が明らかとなった場合、すなわちドイツが短期間でソ連を屈服させ、さらに英本土攻略の場合に限定された。

つまり、田中ら参謀本部作戦部の主張である北方武力行使、南方武力行使について、武藤ら陸軍省軍務局も容認しうる範囲で、省部合意としているのである。したがって、田中の早期対ソ開戦論は退けられた。

ただ、武藤も、国防国家建設のため大東亜共同体の形成は必要と考えており、外交的手段による仏印・タイの包摂と資源確保はすみやかに進めるべきとの意見だった。それゆえ、西太平洋での英米の動きを警戒しながら、南部仏印進駐は容認していた。

つまり、対仏印・タイ施策の促進すなわち南部仏印進駐については、陸軍省・参謀本部ともに一致していたのである。

このような独ソ開戦への対処をめぐる陸軍内での意見対立は、後述するように、木戸や近衛の態度にも少なからず影響を与えていくことになる。

一九四一年（昭和一六年）六月二二日、ついに独ソ開戦となった。

独ソ開戦をはさんで、「情勢の推移に伴う国防国策の大綱」陸軍案について、海軍とも協議が行われた。その結果、六月二四日、「情勢の推移に伴う帝国国策要綱」陸海軍案が作成された。そこでは、独ソ戦について、当面は介入せず対ソ戦備を整え、戦況が日本にとって有利な状況となれば、北方武力行使に踏み切ることに決められた。ほぼ陸軍案と同様の内容だった。また、南部仏印進駐については、陸海軍ともに一致した。

この「帝国国策要綱」陸海軍案は、六月二八日に大本営政府連絡懇談会で採択された後、七月二日、御前会議が開催され、ほぼ陸海軍案通り正式決定された。

こうして独ソ戦の動向をにらんで対ソ武力準備を整えることが公式に認められ、田中ら作戦部は対ソ戦備強化に向かって動き出すこととなる。

## 松岡外相の失脚

この間、独ソ戦開始後、ただちにドイツと協同してソ連を攻撃すべきだと主張し続けた松岡外相は、近衛首相ら閣僚のみならず、陸海軍の意見とも対立した。

もともと松岡は日ソ中立条約締結から帰国後、ドイツのイギリス攻撃に呼応するかたちで、南部仏印進駐、英領シンガポール攻撃を主張していた。だが、独ソ開戦とともに方針を一転、日ソ中立条約締結直後にもかかわらず即時対ソ攻撃論を展開し、近衛らを驚かせた。

この松岡の主張は、武藤ら陸軍軍務局の意見とはもちろん、田中ら参謀本部の方針とも必ずしも同じではなかった。田中の北方武力行使論は、松岡と同様対ソ開戦論だったが、一定の条件をつけていた。後述するように、武力介入の基準として、極東ソ連軍が対独戦への西方転用によって兵力が半減し、ことに航空機および戦車が三分の一に減少した場合としていたのである。一方、松岡は、ただちに対ソ開戦すべきとの意見だった。

さらに、松岡は日米交渉の打ち切りを主張した。六月二一日の米国案が事実上三国同盟からの離脱を求めていること、また、その際のハルの口上書が、暗に松岡本人を非難していたことなどからだった。松岡は、日独がソ連を打倒し、自らの支配下にいれることで勢力を増せば、三国同盟の力でアメリカを抑えられると考えていたのである。

しかし、近衛首相のみならず、陸海軍ともに日米交渉の継続を望んでいた。木戸もまた同様だった。そこで近衛はいったん総辞職し、松岡を排除するかたちで、七月一八日、第三次近衛内閣を組閣する。

## 首相への野心を抱いた松岡

総辞職の直接の経緯はこうである。

七月一四日、日米諒解案についての米側修正案（六月二一日）に対して、日本側修正案がまとめられた。陸海軍および松岡外相の間の調整の上だった。この修正案の在米大使館への発電をめぐって、発電を急ぐ近衛と、ハル口上書への反論を優先する松岡との間で意見が食い違った。松岡は近衛の意向を無視して独断で反論を発電。しかも修正案を、米側への提示前にドイツに通報した。

富田内閣書記官長は、この頃の松岡について、こうみていた。そもそも松岡の政治的発言力は近衛の後ろ盾によっていた。だが、独伊首脳との会談や日ソ中立条約締結によって自信を深めた松岡は、帰朝以後、自分は近衛や陸軍を凌駕（りょうが）する力量をもつとの意識になっていた、と。[5]

木戸も日記に、松岡が牧野元内大臣に「大命とあれば自分はあえて辞さない」と語ったことを記している。[6]松岡は、近衛に代わって政権につく野心をもっていたようである。

七月一五日午前、近衛は、松平内大臣秘書官長を通して木戸に、「松岡外相の態度に釈然たらざるものあり」として、今後の処置について相談したい、と申し入れた。それは、修正案に関する対米発電問題での松岡との対立にふれ、閣内不一致を示唆するものだった。

木戸は、政変に備えて、松平と対外方針を打ち合わせ、

「理由の不明瞭なる政変は絶対に避くることを要するゆえ、まず第一は外相を辞職せしむること、万一それが実現できざる事情ありたる場合は総辞職の外（ほか）なきも、その場合には再降下の方針をもって、あくまでも近衛公をして重大事局の収拾に当たらしむる」[7]

との意思を固めた。総辞職となった場合は近衛に大命再降下することを、内大臣として、あらかじめ決めていたのである。

同日午後、木戸は近衛と面会し、政変を避けるため「外相の処決を求むる」べきだとして、松岡への辞職勧告を勧めた。だが近衛は、松岡が米国の要求で内閣改造を行ったと宣伝するおそれがあるとして、「総辞職の外なし」との意見だった。なお、当時首相に閣僚の罷免権はなく、辞職勧告しても、松岡が辞職を拒否した場合には、閣内不一致で総辞職するしかなかった。

この日、松岡外相が欠席した閣議のあと、近衛は、東条陸相、及川海相、平沼内相と協議し、松岡外相の更迭もしくは内閣総辞職について同意をえた。

東条も、近衛サイドに立って、松岡を辞職させるか、総辞職かのほかにはない、との考えで、松岡排除に同意していた。[8]

このような経過をへて近衛内閣は総辞職した。

そして重臣会議は近衛を奏薦。七月一八日、第三次近衛内閣が成立した。松岡に代わる外相には、穏健派で海軍次官を務めた豊田貞次郎前商相が就任した。松岡は独自の政治勢力をもっておらず、その発言力は近衛首相の信任によっていた。したがって、この後松岡は急速に政治的影響力を失っていく。

この時近衛は、海軍から左近司政三(さこんじせいぞう)元海軍次官を、陸軍皇道派から柳川平助元陸軍次官を入閣させている。これらの閣僚人事は、統制派系が主導する陸軍を、海軍や皇道派によって牽制しようとする狙いからだった。

なお、総辞職前に日本側修正案は在米日本大使館に送られたが、野村大使は内閣総辞職などを理由に、修正案をアメリカ側に提示しなかった。

そして、後にあらためて論じるが、組閣まもなく（七月二八日）南部仏印進駐が実施される。それを契機にアメリカ側から日米諒解案に関する日米交渉の打ち切りが通告される。その結果、この日本側修正案はアメリカ政府には提示されないまま、大使館止まりとなったのである。

## 近衛「三国同盟再検討」を考える？

さて、独ソ開戦は、木戸や近衛にとっても大きな衝撃だった。しかも、彼らが戦略構想の面で依拠してきた陸軍中央が、独ソ戦への対処をめぐって、田中作戦部長らの対ソ開戦論と武藤軍務局長らの事態静観論に分裂していた。木戸自身、大きな岐路に直面することとなったのである。

独ソ戦によって、彼らの期待した日独伊ソ四国提携による対米牽制効果は失われた。また、ドイツの攻撃主力がイギリスからソ連に向けられたことによって、イギリス崩壊の危機は遠ざかり、アメリカにとって対独参戦の緊急性も薄らぐこととなる。

それにより、アメリカ側からみて対日融和の必要性がほとんど無くなり、日米諒解案の意味は消失した。したがって日本は、ドイツと提携して大東亜共栄圏を形成しようとするかぎり、アメリカとの関係改善は困難な状況となったのである。それゆえ、日米諒解案に含まれていた、アメリカの仲介による日中戦争の解決も、ありえないこととなった。

だが近衛は、独ソ開戦直後の七月上旬の時点でも、こうみていた。「米国と国交を調整」する結果、ドイツとの間に一時的に感情的な齟齬を生じるかもしれないが、これは「やむをえない」。米国との国交調整は、「海外物資獲得」による国力の増強や「重慶との平和工作」の促進などの点から必要だ、と。[9] 日米諒解案に基づく日米和解は可能で、ドイツとの関係も破綻しないと考えていたのである。

しかし、まもなく近衛もアメリカとの関係改善には三国同盟がネックだと考えるようになる。近衛によれば、独ソ開戦によって、「三国同盟の前提たる日独蘇の連携」はもはや「絶望」的となった。そこで、「本条約を御破算にすること」が当然ではないかと、「軍部大臣」とも相談した。しかし、ドイツを信頼していた「陸軍」は耳を傾けなかった。自身の手記でそう述べている。[10]

独ソ開戦により、三国同盟の破棄を考えたというのである。このことは、富田内閣書記官長もその回想でふれている。

近衛や富田によれば、近衛の提案に松岡や陸軍は耳をかたむけなかった。そこで近衛は結局、「三国同盟の再検討」は断念した。その理由は、陸軍の反対などによるものだけではなかった。

「三国同盟」は、そもそも日独ソの提携による対米牽制を目的にしたもので、ドイツの対ソ開戦はそれに対する「裏切行為」である。だがそれは「裏面」の事情で、いま三国同盟を破棄すれば「国際信義」を破ることとなり好ましくない、と考えた、とされている。[11]

しかし、三国同盟締結時の正式の交換公文で、ドイツは、日ソ関係について「その力の及ぶ限り友好的了解を増進するに努む」ことを約束している。ドイツの対ソ開戦は、日本の「友好」国を攻撃するもので、その趣旨に明らかに反する。その意味では、「国際信義」は独ソ戦によって、ドイツ側からすでに破られているといえる。交換公文は公表はされていないが、正式の外交的取り決めであり、「裏面」のものではない。したがって、それに反するとして同盟を破棄しても、必ずしも「国際信義」を破ることにはならない。

おそらく、近衛にとって、同盟破棄により米英中心の国際秩序へ回帰することは、できることなら受け入れたくはなかったのだろう。

なお、富田の回想では、近衛の提案に「木戸内大臣の賛成を得た」とされているが、その点について木戸自身は戦後こう述べている。

「近衛君も、ちょっと「三国同盟の」破棄をやったらよかったかなあ、というくらいのことをいった。しかしまともに検討したというまでは行かなかった。あとから述懐として、あのとき解消してしまえばよかったといったんで、政府の問題として考えたんではないね」[12]

近衛から同盟破棄への言及はあったが、軽いその場の思いつきと感じ、真剣なものとは見ていなかったというのである。

## 木戸はそれでもドイツの力を信じていた

では、この頃木戸は三国同盟についてどう考えていたのだろうか。

その点について、木戸日記に興味深い記述がある。

七月三〇日（独ソ開戦約一ヵ月後）、永野軍令部総長が「対米施策その他」について、昭和天皇の下問に答えた。その翌日、天皇はその内容について、木戸に次のように話している。

永野は、戦争について、対米戦は「できうる限り避けたし」との意見だ。「三国同盟には強く反対」のようで、これがあるかぎり日米国交調整は「不可能」と見ている。もし石油について対日禁輸を受ければ、現在「二年の貯蔵量を有するのみ」とのことである。それは、戦争になれば「一年半」で消費し尽くす量で、「むしろこの際打って出るの外なし」との考えだ。

日米戦争となった場合その結果はどうなるか、提出された書面には「勝つ」と書いてあるが、と質問した。それに対し永野は、「日本海海戦のごとき大勝はもちろん、勝ちうるやいなやも覚束なし」と答えた。天皇は、それでは「捨てばちの戦をする」こととなり、「まことに危険なり」と述べたという。

ただ、ここで天皇は、永野が三国同盟に反対のようだ、としているが、この前後、記録に残されているかぎりでは、永野自身のそのような発言はみあたらない。おそらく昭和天皇の推測と思われる。そのような推測は、天皇自身の気持ちを幾分か反映してのことだろう。

これを察した木戸は、「永野の意見はあまりに単純なり」としたうえで、論点を三国同盟の問題に絞り、

「先般の日米国交調整交渉の際にも米国は三国同盟の存在は承認せる次第にて、米国としては国際条約を極めて尊重する国柄なれば、今日これを日本が廃棄することが果たして米の信頼を深むる途なりや、あるいは軽蔑を買うこととなるにあらざるや、すこぶる疑問なり。

日米国交調整については、いまだ幾段階の方法あるべく、粘り強く建設的に熟慮するの要あるべし」[13]

と自分の意見を述べている。

アメリカは国際条約を尊重する国である。また三国同盟の存在は「承認」している。したがって、日本がそれを破棄すれば、むしろ「軽蔑」されるのではないか。それゆえ、三国同盟は破棄すべきでない、との主張だった。先の近衛の考え――いま裏面の事情から三国同盟を破棄すれば「国際信義」を破ることとなる――と同様の論理である。

しかし、アメリカは日米諒解案で、三国同盟の軍事援助条項の不適用を日本側に求めていた。

その条項は三国同盟が軍事同盟であることの中核的規定であり、その不適用を求めることは、実質的に三国同盟の空洞化、無効化の要求を意味していた。三国同盟が存在していることは前提としていたが、それを「承認」していたわけではなかった。むしろ三国同盟が解消されることを望んでいたのである。

アメリカは三国同盟が明白な敵対相手としている当事国である。対独参戦を意図しているアメリカ政府にとって、その同盟が解消されることは、歓迎すべきことだった。必ずしも、「国際信義」を破ることとや、「軽蔑」すべきこととはならなかっただろう。だから、木戸の論理には無理がある。

むしろ木戸は、この時点ではなおドイツの力を信じていたといえるだろう。戦後の回想だが、この時を振り返って、次のように述べている。

「あの時〔独ソ開戦時〕、例えば独伊と日本が同盟〔を〕破ったら、これは〔日本は〕非常に弱いものになるし、それこそ向こう〔米英〕が各個撃破に出ますよ。だから……すぐ一足飛びに三国同盟〔を〕潰したらうまくいくとは言えないなあ。……スターリングラードで反撃を食うまでは、〔ドイツが〕とてつもなく押しまくったから、だからあの力強いやつと日本が、あの時期に『ソビエトとおまえは喧嘩したんだから、こっちは同盟を止めるよ』とは言えないんだな」[14]

それゆえ木戸はなお、三国同盟を破棄すべきでなく、三国同盟と日米の関係改善とは両立しうると、昭和天皇を説得しているのである。

同日、木戸は、この永野、天皇、自分との一連のやりとりを、蓮沼侍従武官長に話している。そのことは蓮沼を通して東条など陸軍にも知らされたものと思われる。

この昭和天皇と木戸との会話は、七月三一日で、すでに独ソ戦は開始され、日本軍の南部仏印進駐、在米日本資産凍結直後のことである。

この時点でも、木戸は、アメリカとの関係を改善しつつ、ドイツとも友好関係を維持することを考えており、かつそれが可能だと判断していたと思われる。

当面、日米諒解案によるアメリカとの関係改善を実現する。その上で、独ソ戦でソ連が屈服し（ソ連がドイツに従属したかたちで）日独伊ソ四国連合が再建されれば、三国同盟はなお有効性をもつ。また、もしアメリカの対独参戦によって英米側が優位となっても、日米関係が改善されていれば、それはそれで対処できる。そう考えていたのだろう。

いわばドイツとアメリカに二股をかけていたのである。

アメリカの対日全面禁輸後の、対米開戦か全面屈服かの二者択一、ドイツかアメリカかの二者択一の状況に、まだ追い込まれていなかった。

いずれにせよ木戸や近衛は、陸軍内での対立からみれば、対ソ開戦を主張する田中らからは距離を置き、事態静観、日米交渉推進のスタンスをとる武藤らに近かったといえよう。

ただし、戦略判断のオリジナルは、あくまでも武藤ら陸軍にあり、木戸や近衛は、「善導」するか、「先手」をとるか、いずれにせよ、彼らに追随するものだった。

## 対ソ武力行使を断念

一九四一年（昭和一六年）七月二日、「帝国国策要綱」が御前会議で正式決定された。

これにより、田中ら参謀本部は、対ソ戦準備を公式に認められ、北方武力行使を念頭に満州への陸軍の大動員をおこなう。その兵力は八五万に達した。これら人員・物資の移動は極秘とされ、動員目的を秘匿するため、名称も「関東軍特種演習」（関特演）とされた。

田中ら作戦部は、対ソ作戦期間を約二カ月と想定し、戦闘予想地域が冬季に入る一一月までには大勢を決しなければならないと考えていた。そのためには九月初頭には武力発動が必要で、その作戦開始の意志決定は、八月上旬から中旬までにおこなわれることが必須だと判断していた。また、武力介入の基準として、極東ソ連軍が対独戦への西方転用によって兵力が半減し、ことに航空機および戦車が三分の一に減少した場合とした。

ちなみに、独ソ開戦前の極東ソ連軍の兵力は三〇個師団、戦車二七〇〇両、航空機二八〇〇機。これに対して関特演前の満州・朝鮮駐留日本軍戦力は、一二個師団、戦車四五〇両、航空機七二〇機。関特演による増強を加味しても、戦局の帰趨を決する戦車・航空機は日本側が圧倒的に劣勢だった。

もし対ソ開戦に踏み切るのなら、一気に極東ソ連軍を撃破する必要があった。かりに緒戦で大打撃を受けるようなことがあれば、北方武力行使が失敗するだけではなく、南方武力行使も不可能になる。緒戦での勝利は絶対条件であり、それには、師団数のみならず、戦車・航空機の比重が決定的な重要性をもつと理解されていた。

対ソ武力発動は、八月上中旬までの意志決定と、この極東ソ連軍減少の基準がクリアーされるという、二つの条件によって制約されていたのである。

七月五日、一六個師団を基幹とする総兵力八五万人の本格動員実施が陸軍内で決定された。木戸も、七月七日に、東条陸相から関特演の説明を受けている。

なお、田中ら作戦部は、独ソ戦が日本にとって有利な状況（ソ連軍の崩壊）とならなくとも、一定の条件が整えば、対ソ武力行使を実施し、日独による対ソ挟撃を実行する考えだった。その条件は、先のように、極東ソ連軍の兵力が半減し、ことに航空機・戦車が三分の一の状態になることとしていた。

だが、極東ソ連軍の西方対独戦線への移動は、田中作戦部長らの期待通りには進まなかった。七月中旬の段階で西送されたのは五師団程度（開戦前の約二割）、戦車・航空機その他の機甲部隊の西送は、三分の一程度に止まっていた。当時対独戦線の状況が、ソ連にとって極めて厳しい状況に追い込まれていたにもかかわらず、極東軍の西送を抑えていたのである。ソ連側も日本の参戦を強く警戒していた。

それでも田中作戦部長は計画を断念せず、なお東条陸相と協議し、八月一〇日頃までに、対ソ武力行使を実施するかどうかを決定しようとしていた。

しかし、八月九日、参謀本部は急きょ年内の対ソ武力行使断念を決定する。その原因は石油だった。

七月二八日に実施した南部仏印進駐に対して、八月一日、アメリカが石油の対日輸出制限強化措置を発動し、日本への石油供給が全面停止状態となったからである。そのため、陸海軍・政府にとって、対米対応・南方石油確保が第一義的な問題として浮上。これが主因となって北方武力行使は延期されることになった。

## 南進が招いた「予期せぬ事態」

ここで少し時間を遡って、南部仏印進駐から、アメリカの石油輸出制限強化、そして対日全面禁輸に至る流れをみていきたい。重要なのは、この展開を、近衛ら政府も木戸も、陸海軍の首脳部、幕僚もほとんど予期していなかったことである。

南部仏印進駐は、「南方施策促進に関する件」により実施された。

この「南方施策促進に関する件」は、「帝国国策要綱」決定以前、独ソ開戦確実電直後の（一九四一年）六月一〇日に、陸海軍間で合意。六月二五日の大本営政府連絡懇談会で了承され、上奏・裁可された。独ソ開戦の三日後である。「南方施策促進に関する件」は、先に陸海軍間で決定した「対南方施策要綱」（四月）に基づくもので、その内容は、仏印との間で、「南部仏印」への「進駐」を含む、軍事的結合関係を設定する。そのための外交交渉をおこない、仏印が要求に応じない場合は「武力を行使」する、とのものだった。

木戸の日記には、「六月二五日……四時、首相、両総長参内、連絡会議〔連絡懇談会〕の決定事項を奏上す。仏印進駐云々なり」とあるが、特にコメントは残していない。

昭和天皇は、近衛首相、杉山参謀総長らにいくつかの質問をおこない、「国際信義上どうかと思うが、まあ宜しい」と裁可している。[15]

四月の「対南方施策要綱」では、英米不可分の判断から、南部仏印進駐は武力ではなく外交によって平和的におこなうとされていた。それが、この「南方施策促進に関する件」では、武力行使も可とするものとなった。南部仏印進駐交渉には武力行使の決意がいる、と主張する松岡外相を交渉に着手させるためだった。松岡への説得は独ソ開戦前で、その頃、陸軍は南部仏印進駐を焦っていた。ゴム・錫・亜鉛などの重要資源確保と、南方作戦への軍事基地獲得のためである。

その後、この「南方施策促進に関する件」に基づいて、実際に武力行使の威嚇による南部仏印進駐がおこなわれる。

順を追ってみていこう。一九四一年（昭和一六年）七月三日、南部仏印進駐の準備命令が下された。七月一四日、駐仏日本大使は、フランス・ヴィシー政府に、南部仏印での航空基地の建設、港湾の海軍基地としての使用・管理、必要な兵力駐屯などを要求した。その頃国内では、松岡外相を排除するため第二次近衛内閣が総辞職し（七月一六日）、第三次近衛内閣が成立（同一八日）。

そして、一九日、フランス側の同意・不同意にかかわらず、七月二四日には進駐を実力でも開始するとの最終的な回答要請を示した。武力行使の威嚇による進駐要求だった。二一日、やむなくフランス政府は進駐を受諾した。

木戸の日記には、「七月二十四日……十時二十五分より十一時二十五分まで拝謁。［南部］仏印進駐とこれが各国に与える影響等につき種々御話あり。意見を言上する」とあるが、その内容にはふれていない。

七月二八日、日本軍は南部仏印への進駐を開始、航空基地をはじめ各種軍事施設を設営した。これによって東南アジアのイギリス最大の根拠地シンガポールを直接空爆圏内におさめることとなった。また、さらなる南方作戦のための艦隊基地を獲得したのである。

だが、七月二四日、ルーズベルト大統領は野村駐米大使に、日本軍の仏印からの撤退を勧告し、仏印の中立化を提案した。また、国内の強硬な対日世論のため、やむなく石油の全面禁輸に踏み切らざるをえない状況となる可能性を示唆した。日本の南部仏印進駐要求（七月一四日）、フランス政府の要求受諾（二一日）後のことである。

さらに、同日（七月二四日）、ルーズベルトは次のような重大な警告を発した。日本が蘭印の石油獲得に向けて武力侵攻すれば、イギリスは蘭印を援護するため対日戦を覚悟している。その場合は、アメリカもイギリスとの関係から日本に武力行使の可能性がある、との内容だった。蘭印攻撃は対米英戦となることを示唆していた。

翌七月二五日、アメリカは在米日本資産の凍結を発表した。このことは、翌日、昭和天皇や木戸にも伝えられている。[16]

二六日にはイギリス、二七日にはオランダ・蘭印当局も、同様の措置をとった。

そして、日本軍の進駐開始直後の八月一日、アメリカ政府は日本への石油輸出制限強化を発表した。その内容は、日本への石油輸出限度を、原油、低質ガソリンなどについて、一九三五年―三六年度と同量とし、輸出許可証および凍結資金解除証を発行する。それ以外の物資輸出は原則全面的不許可とする、とのものだった。

必ずしも全面的な石油禁輸ではなかった。だが、実際上は輸出許可証、凍結資金解除証が発行されず、これ以降、日本への石油輸出が全面的にストップされる。

それまで日本は石油の必要量の約七五パーセントをアメリカから輸入しており、残りは蘭印、北樺太などからのものだった。また蘭印は、すでに日本軍の進駐開始当日の二八日、日蘭石油協定を停止し、対日石油供給を差し止めていた。

翌八月二日の『東京朝日新聞』は、「戦前〔日中戦争前〕ないしは正常なる水準」まで日本に対して石油輸出が制限される旨を報じた。ほぼ正確な内容だった。なお、八月一日、二日の木戸の日記には、アメリカの対日輸出制限強化発表についての記述はみられない。

この状況を陸海軍は実質的な対日全面禁輸と受け止めた。実際に八月一日以降石油の対日輸出は全く停止されるので、結果的にこの判断は誤りではなかった。統計上も八月二日から対日石油輸出量がゼロとなっているので、全く輸出許可が下りない状況を日本側も早期に把握していたと思われる。近衛首相は、八月九日頃に全面禁輸を知った。

これは日本にとって極めて重大な事態だった。実質的に石油の供給途絶の状態に陥ったのである。このアメリカの対日石油禁輸措置によって、北方武力行使は延期され、田中ら参謀本部は、南方武力行使すなわち対米英開戦を決意する。

くり返しになるが、この時アメリカの対日石油全面禁輸を、陸海軍首脳部・幕僚は、ほとんど予期していなかった。内閣・外務省関係者、木戸も同様だった。

## ルーズベルトは石油禁輸に反対していた

では、なぜアメリカ政府は南部仏印進駐を契機に、〝想定外〟の対日石油全面禁輸に踏み切ったのだろうか。

一般には、南部仏印進駐に対するアメリカの対日石油禁輸は、日本のさらなる南方進出を抑制するためだったとされている。

だが、そもそもルーズベルト大統領やハル国務長官は、石油の対日禁輸は日本の武力南進を誘発すると考えていた。したがって三国同盟締結などのさいにも、米政府内の対日強硬派による石油禁輸論には、常に反対していた。

ことにルーズベルトは対日石油全面禁輸には一貫して反対しており、七月二四日の閣議で、日本への石油輸出を継続するよう指示を出している。ハルも、ハミルトン極東部長に対して、日本の南部仏印進駐の動きには、戦争に巻き込まれない限度において、対策を講ずるよう指示している。[17] ルーズベルトやハルの考えは、石油の全面禁輸は日本を蘭印の石油確保に向かわせ、日英米戦争となるというものだった。蘭英米間ではすでに事実上、防衛協力がすすめられていた。

アメリカ政府は、戦略的にヨーロッパ第一主義（ドイツ打倒優先）の姿勢だった。したがって対日政策は、原則的には強硬姿勢をとりながらも、対日戦を回避しながら、種々の牽制策によって日本の軍事的膨張を抑止しようとしていたのである。

アメリカ政府内において対日強硬派の一部（ホーンベック国務省顧問ら）は、対日圧力を強めれば日本は最終的に譲歩すると判断し、対日全面禁輸を主張した。だが、ルーズベルトやハルは、それはむしろ日本のさらなる南進を誘発するとして、それを受け入れなかったのである。

また、六月下旬には、イッキーズ内務長官からルーズベルトに、対日石油全面禁輸によって、間接的に欧州戦争に参戦できる可能性がある、との意見具申がなされていた。石油禁輸によって日本を南進（対米戦）に誘引し、それを糸口に対独参戦を実現できるとのニュアンスだったが、ルーズベルトはその意見も明確に拒否している。[18]

それゆえ、八月一日に発表された対日石油輸出制限強化は必ずしも即時全面禁輸を意味するものではなかった。おもに日本のさらなる南進防止への警告的意味をもつものにすぎなかった。

しかし、実際には八月一日以降、石油は全面禁輸状態となった。モーゲンソー財務長官やイッキーズ内務長官、アチソン国務次官補など対日強硬派の意向によるものだった。

ルーズベルトやハルが、石油対日全面禁輸の状態となっているのを知るのは、九月上旬で、彼らもその時点では、事態（対日全面禁輸）を容認する。[19] その間、ルーズベルトはチャーチルとの大西洋会談に臨んでおり、ハルは転地休養後だった。

## 真のねらいは日本の「北進」阻止

それでは、なぜルーズベルトやハルは、日本に対する石油全面禁輪を認めたのだろうか。石油禁輸が日本を南方（蘭印）に向かわせると考えていたにもかかわらず、なぜアチソンらの措置を容認したのだろうか。そこには独ソ戦の戦況が大きく影響していた。

この頃、ルーズベルトらアメリカ政府は、独ソ戦において、ソ連軍が危険な状況に陥っていると判断していた。そのため、ソ連の対独抗戦崩壊（対独講和）の危機感を強め、対英支援用軍需物資を急きょ対ソ援助に大量に振り向けるなどの緊急の対応策をとった。そのことは同様の危機感からイギリス政府も了承していた。

ちなみに、七月初旬、ルーズベルト大統領から、次のようなメッセージが近衛首相に届けられている。「各種各様の源泉から米国政府に達しつつある情報は、日本政府がソ連と戦端を開く意図を持っていることを告げている。……日本軍が軍事的侵略と征服の路に踏み出すならば、それは日本政府もまた分かち合うものと了解される[20]」。

また、八月下旬、ルーズベルトは陸海軍長官に、ソ連に対する適切な軍需品供給は、アメリカの安全保障にとって最高の重要性を持つものだとの趣旨を伝えている（七月末から八月始め、ルーズベルトは側近のホプキンス前商務長官をソ連に派遣し、その報告により対ソ全面援助を決めていた）。

八月末、ドイツ軍はモスクワにせまり、首都前面のソ連軍主力への軍事的圧力が強まっていた。このような状況下、もしソ連の対独戦線が崩れれば、ソ連は屈服し、再びドイツがイギリス本土侵攻に向かうとみられていた。それは前年よりはるかに強力なものとなり、イギリスに本格的な危機が訪れる。イギリスの敗北は、アメリカにとってヨーロッパでの足がかりを失うこととなり、安全保障上の許容しえない状況に陥ることを意味した。

そのような観点からアメリカ政府は、「関特演」によるソ満国境への日本軍の大動員に強い警戒感をもった（ルーズベルトは独ソ開戦直後から日本の北進を懸念していた）。西部の対独戦で苦境にあるソ連軍が、東部から日本軍の攻撃を受ければ、ソ連にとって最悪の事態になることも想定されたからである。

それゆえ、ルーズベルトは南部仏印進駐の機をとらえて、在米日本資産凍結と対日石油輸出制限、さらには全面禁輸という強硬措置に踏み切ったのである。それは、日本の対ソ攻撃を阻止するためだった。石油の供給が止まれば、日本は石油を求めて南方に向かわざるをえなくなると判断していたからである。[21]

そのことは、日本の対米開戦の危険をはらむものだった。にもかかわらず、この時、ソ連軍の崩壊をくい止めることが、ルーズベルトにとって喫緊の課題であったといえる。日本軍による北進の脅威が低下すれば、ソ連は極東軍を対独戦線の大幅な強化にあてることができる。それは当時のソ連にとって死活的な問題と判断されていた。ハルもまたルーズベルトのこのような意向に異を唱えなかった。

当時、アメリカの対日戦準備は、フィリピン基地の整備や重爆撃機の配備などが進んでおらず、未完成な状況だった。にもかかわらず、対日戦の危険をはらむ、石油の対日全面禁輸に踏み切った。対日戦を賭してもソ連崩壊を食い止めようとしたのである。それだけアメリカ政府の、日本の対ソ開戦によるソ連崩壊への危機感が強かったといえよう。

対日全面禁輸によって日本は対米開戦、南方武力行使を決意するが、アメリカもまた日米戦となることを覚悟して、対日全面禁輸を実施したのである。

このような経緯で対日全面禁輸が実施されたことを、木戸や近衛、陸海軍などほとんどの日本の指導層は想像もしていなかった。アメリカが、ソ連を支援するために、対日戦（大西洋、太平洋同時戦争）の危険を冒すとは考えられなかったからである。

南部仏印進駐に対するアメリカの対日全面禁輸は、一般には日本のさらなる南方進出を抑制するためだったと理解されている。だが、むしろ北方での本格的な対ソ攻撃を阻止するためだったのである。アメリカにとっては、日本の「南進」よりも「北進」が問題だった。

## 「取り返しのつかざる国難」

木戸や近衛にとって、アメリカの対日全面禁輸がいかに衝撃だったか、たとえば、富田内閣書記官長は、戦後の手記で次のように記している。

「今から考えると日本の南部仏印進駐は、結局米国をして対日戦を決意せしむる原因となったのであるが、当時近衛公も私も、このことで海軍側ともしきりに懇談を重ね……ていたことであったが、海軍でも仏印進駐だけでは、皆それほど重大な結果を招来するとは予想していない様子であった。……それ程重大な結果には至るまいという考えの下に仏印進駐の決定に賛成したというのが、近衛公の真意であった[22]」

近衛も海軍も全く予期していなかったというのである。木戸もおそらく同様だったと思われる。

木戸は、アメリカ政府の禁輸強化発表前日の七月三一日の段階でも、こうみていた。アメリカは「三国同盟の存在」を「承認」しており、これを「廃棄」することは疑問だ。日米の国交調整については、いまだ「幾段階の方法」がある、と。この時点でもなお、対米国交調整と独伊との友好関係維持とは両立しうると考えていたのである。

南部仏印進駐（七月二八日）によって日米関係に重大な事態が起こるとは予想だにしていな

かった。

ところが、その二日後の八月二日、近衛は木戸に、海軍部内で「対米強硬論」が台頭しており、「将来の政情」を深く憂慮していることなどを打ち明けた。前日の対日石油輸出制限強化発表による陸海軍の動きを心配してのことだった。

木戸はそれに、

「米国にして油の供給を断つがごとき政策に出る場合には、石油の給源を失うに至るべく、しかして貯油量は多く見積もりても二年を出でず。さすれば、よほど外交工作等を慎重にせざれば取り返しのつかざる国難に遭遇すべし。ついては至急陸海軍大臣と国策の根本につき徹底的に論議し、もし意見あわざれば挂冠（けいかん）するもやむをえざるべし。その場合には後は陸海軍をして収拾に当たらしむるの外なかるべし[23]」

との意見を述べている。

アメリカの石油輸出制限強化は全面禁輸となるおそれがあり（実際、アメリカから日本への石油輸出は全面的に途絶した）、その場合は重大な国難となる。したがって今後の国策の根本方針について陸海軍大臣と協議を重ね、どうしても意見が合わなければ、総辞職して陸海軍に政権を委ねるしかない。それが木戸の考えだった。

## 近衛、日米首脳会談を提案

八月五日、近衛首相より陸海軍大臣に示した覚書が木戸に送られてきた。それは、近衛首相自身がルーズベルト大統領と直接会談したいとの意志を陸海相に示し、日米首脳会談を提案するものだった。[24]なお、日米諒解案に関する日米交渉は、すでに七月二三日、日本の南部仏印進駐を理由に、アメリカ側から打ち切られていた（後述）。

このなかで近衛は、次のように国際情勢の見通しを述べている。

独ソ戦の行方については九月頃に目処がつく。もしその時、長期戦の見透しとなれば、ドイツの将来は危うい。また、戦局がドイツ有利の場合でも、そもそも英米に対する完勝はありえず、日本の対独態度はさまざまな選択が可能だ。したがって当面、ドイツが不利となった場合のことを考えて、対米国交調整を急がなければならない、と。[25]

この覚書は陸海軍に対して示したもので、当然陸軍内部での独ソ戦対応についての対立も考慮に入れられていた。したがって、ドイツ有利の場合と不利の場合に分けられ、ドイツ不利の場合の予防的対策として、日米首脳会談が提案されている。

だが、のちの日米首脳会談実施をめぐる動きからみて、近衛自身はこの時点でドイツに見切りをつけていたようである。事実上の対日全面禁輸になりかねない、石油輸出制限強化発表

（八月一日）という、さしせまった事態に、驚愕していた。全面禁輸は対米戦争となる可能性が極めて高かった。近衛にとって対英戦争は想定されていたが、対米戦争はとうてい考えられないことだった。大きな国力差などから、アメリカとの全面戦争は絶対に避けたいと考えていたからである（近衛は一九三四年に三ヵ月ほどの渡米経験があった）。

また覚書では、首脳会談での日米合意の可能性についても、こう述べている。

日本側からみて、「大東亜共栄圏確立」は理想だが、それを実現することは今の「国力」からして無理なので、対米妥協は必要だ。アメリカも、中国の主権尊重・領土保全などを定めた「九カ国条約」を必ずしも固定的には考えていない、と。

このようなアメリカについての判断は、日米諒解案において、満州国の承認、蔣・汪政権の合流などが含められていることが念頭にあったと思われる。しかし、これは陸軍に事案を認めさせるためのレトリックで、後述するように、近衛自身は中国問題でも全面的に米側に譲歩するつもりだった。対米戦絶対回避のためだった。

## 十年間は臥薪嘗胆

近衛から陸海軍への覚書が送られてきた二日後の八月七日、木戸は近衛に、今後の国策方針について、まとまったかたちで自らの意見を述べている。その要旨は以下のようなもので、この時期の木戸自身の考えを示すものとして極めて興味深い発言である。

「対米対ソ両面作戦」は困難である。その理由は極めて簡単で、それは石油確保の問題だ。石油は、海軍が二年分、戦争すれば一年半分、陸軍は一年分位しかない。これでは、とうてい米国に対して必勝を期すことはできない。

石油確保の道は、主要には蘭印しかない。「蘭印を攻略」するには、米領フィリピンを制覇しなければならない。なぜなら「蘭印に手を出せば、米国は参戦する」だろう。しかし、そうすれば米英の潜水艦、航空機により、石油の本土への長距離輸送は困難となる。蘭印を占領しても、油井は破壊され、現地からの石油確保には一年半以上かかる。

したがって、日本は石油の不足で手を上げるしかない。現在は、「国力」が足らないために思うことができない。ゆえに日清戦争後の「三国干渉」時と同じ決意をするほかない。

結論として、今後「十年」を目標として「臥薪嘗胆」の決心をする。さしあたりは「日米国交の調整」をなし、所要の物資をえる。究極の目標を「南進」に置き、この目的達成のために、だいたい一〇年位を目標に、「重工業」「工作機械工業」「人造石油工業」の確立、「遠洋航海船舶」の大拡張などに全力をあげる。[26]

要するに、今は石油の問題で日本はアメリカに屈するしかなく、必要な物資を入手して、一〇年間は臥薪嘗胆する。その後にあらためて南進を追求すべき、というのである。

ここでは、アメリカとの国交調整についてドイツとの関係には言及していない。その点をどう考えているのか、ここでは直接には分からない。だが、三国干渉を例に出して「臥薪嘗胆」というからには、相手側の条件、すなわち六月二一日のアメリカ側修正案を全面的に受け入れるということであろう（三国干渉時は、遼東半島の返還を求める露独仏の要請を全面的に受け入れた）。

戦後の証言だが、木戸は八月七日の近衛との会談についてこう述べている。

「日本はあらゆる点で米国に譲歩して米国との正常な関係を再建し、国力を充実し、その後に必要ならば南進すべきであるが、現在は南進するのは危険だと考えました[27]」

米側六月二一日案は、三国同盟第三条（軍事援助義務）を、アメリカの対独参戦には適用しないとしており、日本が参戦しないことを明示するものだった。第三条不適用はドイツにとって日本との軍事同盟を無意味化するもので、実質的に三国同盟の破棄を意味した。

また、米案では、日中和平への米大統領の仲介に際して、和平条件への日米間合意が必要とされており、満州国は事実上認められず、日本軍の撤兵も求められている。さらに、中国に対する日本の経済的な特殊的地位をも容認しないものだった。

木戸は、これらを全て受容する方向で考えていたといえる。

もはや独ソ開戦直後のように、日米国交調整と対独友好関係維持とが両立可能とは捉えていなかった。いわばドイツとの提携を打ち切り、アメリカとの関係改善に大きく方向転換したのである。
ただ、石油など南方資源獲得のため南進は必要と考えており、将来（一〇年ほど後）国力が充実すればその目的を達成すべきとのスタンスだった。この時点でもなお木戸は、長期的には南進方針すなわち南方への勢力圏拡大の意志を棄ててはいなかった。

東京裁判開廷前の尋問でも木戸は、「私は当時平和的南進におおいに賛成でした。日本が天然資源を獲得しないかぎり、陸海軍はたえず動揺しますから」と述べている。[28] ここでの「南進」は、陸海軍のための安定的「資源」獲得を意図したものであり、「平和的」といいながらも勢力圏化が念頭に置かれていた。

近衛もドイツとの関係を切り捨て、アメリカとの関係改善を図ろうとしていた。

近衛は日米諒解案到着当初から、陸海軍と同様、諒解案に期待を抱いていた。近衛にとって、それは必ずしも独伊との同盟と矛盾するものではなかった。むしろ日米諒解案を米側が容認した背景には、三国同盟に日ソ中立条約（日ソ提携）が加わったことがあるとみていた（この点では木戸もおそらく同様に考えていただろう）。

だが、独ソ戦によって衝撃を受け、その態度に変化が生じる。ここから近衛はドイツに一定の距離を置いてもアメリカとの関係改善を図ろうとする。だがそれでも近衛は、アメリカとの関係改善とドイツとの友好関係の維持は両立可能だと考えていた。

しかし、アメリカの対日全面禁輸措置に直面し、それも考え直さざるをえなくなる。ドイツとの関係を切っても、アメリカとの関係改善を実現する方向に全面転換したのである。それが日米首脳会談の提案だった。

木戸も、六月二五日の「南方施策促進に関する件」の上奏・裁可時も、七月一四日の南部仏印進駐実施が内奏されたさいにも、懸念や危惧を示してはいない。[29]特に問題があるとは考えていなかったようである。むしろ五月一八日ごろには、当面の南進（英領や蘭印への進攻）は断念すべきとしつつも、将来の南進の拠点として、さしあたり南部仏印へさらなる地歩を進めなければならないと主張している。[30]だが、アメリカの対日全面禁輸に直面し、木戸も、近衛の日米首脳会談案を受け入れ、ドイツとの関係を断ち切る方向に、大きく転換する。

木戸、近衛は、従来からイギリスとの戦争はやむをえないし、むしろ必要だとのスタンスだった。だが、アメリカとの戦争は回避しなければならないと考えていた。

# 第七章　日米首脳会談案の挫折

## ルーズベルトの「仏印中立化案」

近衛首相は日米衝突を回避する「切り札」として、ルーズベルトとの直接会談に望みを託すこととなった。木戸もこれに同意、助力する。この章では、アメリカ側の思惑と合わせ、この日米首脳会談案がなぜ挫折したのか、その経緯をみていこう。

一九四一年（昭和一六年）七月二三日、日本の南部仏印進駐の動きを知ったアメリカ政府は、野村駐米大使に、交渉を継続する意味はなくなったと伝えた。日米諒解案にもとづく日米交渉は、事実上アメリカ側から打ち切られたのである。

日本が南部仏印進駐命令を発した七月二四日、ルーズベルトは野村と会談し、次のような注目すべき発言をおこなった。「もし日本が武力をもって蘭印の石油を奪取しようとすれば日本と英・蘭との間で戦争が起こることになろう。さらにアメリカの対英援助政策と関連して事態は直ちに極めて重大な局面に発展していくであろう」。日本の蘭印攻撃は、日英・日米戦争に発展すると警告したのである。このことは先にふれた。

そのうえでルーズベルトは、日本が仏印進駐を思いとどまるなら、仏印を「スイス型中立の地位」におくとの、仏印中立化案を提案した。

この仏印中立化案に対して、近衛内閣は、打ち切られた日米交渉を再会する糸口にしようとして、八月始め、再び包括的な対米提案を作成した。

それは大本営政府連絡会議の承認をえたもので、日本は仏印以上に進駐する意図のないこと、フィリピンの中立保障、日米間の正常な通商関係の回復などが含まれていた。また、日中戦争解決後に仏印から撤兵する、としていた。

八月六日、野村駐米大使は、仏印中立化案に対する回答として右の包括的対米提案をハル国務長官に提示した。だがハルは、「日本が腕力による征服を捨てざる以上、話をする余地はない」として、日本側提案を全く問題にしなかった。

豊田貞次郎外相は、対日禁輸強化発表後の八月六日、アメリカ政府に、仏印以外の地域に進出する意図のないことを伝えるとともに、日米間の通商関係の回復を求めた。日米交渉の再開を意図したものだった。さらに同日、ソ連に日ソ中立条約の履行を約束した。

一方、石油全面禁輸を知った近衛首相は、対米戦争を回避するため、ルーズベルト米大統領との首脳会談を企図する。六月の「対南方施策要綱」で、全面的な対日禁輸措置をうけた場合は南方武力行使を実施すると決められていたからである。南方武力行使は対米開戦を意味し、近衛にとって、それは絶対に避けたいことだった。

近衛は、この日米首脳会談案を、八月四日、東条陸相、及川海相に示し、五日には、その内容を木戸に知らせている。六日、昭和天皇に日米首脳会談について奏上し、その問題で木戸と懇談している。[1]

近衛は、八月八日、ホノルルでの日米首脳会談の開催をアメリカ側に提案した。対米譲歩を警戒する陸海軍幕僚の介入を排除して、両国首脳による直接会談によって戦争を回避することを意図したのである。

日米首脳会談について近衛は、日米戦争回避のため非常手段を考えていた。それは、中国からの撤兵や三国同盟の破棄など、思い切った対米譲歩をおこなってルーズベルトとの合意をうる。それを陸海軍の頭越しに直接天皇の裁可を受けるかたちで承認・決定する、というものだった。[2]

近衛は木戸にも、「訪米して完全に決着をつける」とその決意を示していた。[3]

木戸は、戦後の談話でこう述べている。

「近衛君がやってきまして……要するに『陛下のお力を借りたい』ということなんです。向こう［ホノルル］で近衛君とルーズベルトで、こっちは最大限の譲歩をしても仕方ない。だから、それ［合意］ができたら、そしたら僕のところに電報を打つから陛下のご承認を得てくれ。それから内閣に回すと、こういうことにしようじゃないかと言うんだよ。近衛君は。……その辺でいこうじゃないかというのが僕らの一人の話で……その時の案はちょっと見ましたが、むろん最大限の譲歩です。……それで、そういう話で、『それじゃそういうつもりで自分［近衛］はいく。だから、いよいよまとまるというか、これでルーズベルトが承知したら、君のところへ電報を打つから陛下に奏上して、「それでよかろう」とおっしゃったらそれを陸海軍大臣に示して、それで「陛下の思し召しだ」ということで押し切ろうではないか』という話だったんですよね[4]」

木戸も、近衛の対米譲歩の意向に賛同し、日米首脳会談に期待していた。

この頃、昭和天皇は日米首脳会談について、木戸に次のように語っている。

「過日、近衛首相の奏上せるル大統領との会談が成功すればとにかく、もし米国が日本の申出につき単純率直に受諾せざる場合には、真に重大なる決意を為さざるべからずと思う[5]」

会談の不成功は日米戦争となるだろう、との含意だった。昭和天皇も首脳会談に期待をかけていたのである。

近衛は、日米戦争を絶対に回避し、首脳会談によって日米間で懸案となっている諸問題を一気に解決する決意を周囲に示していた（近衛は一九三四年の渡米のさい、ルーズベルトとも会見している）。木戸も、近衛と同様、対米戦を回避するためには、米側の要求を丸呑みするしかないとの判断だった。

## 軍部の意向を離れて

この近衛の日米首脳会談構想に対して、武藤軍務局長は、東条陸相と協議し、現政策の履行を条件に同意した。武藤ら軍務局は、首脳会談による戦争回避に期待をかけていた。

一方、田中ら参謀本部は、近衛が三国同盟を弱める方向でルーズベルトと妥協することに強い危惧をもっていた。田中は、近衛が首脳会談で、三国同盟離脱、英米側への転換、中国からの撤兵などを受け入れる可能性があり、日本が国際的に孤立する危険がある、と考えていた。それゆえ田中は、首脳会談について近衛に「白紙委任することはできない」との主張だった。

それに対して武藤は、首脳会談を陸軍が拒否すれば、近衛は内閣を投げ出す可能性がある、そうなれば政変となり、その責任を陸軍が負うこととなる、と田中らを説得した。

内閣更迭による政策転換を恐れる田中ら参謀本部は、やむなく、三国同盟を弱めるような合意をしないとの条件で了承する。

なお、この頃、近衛は、交友のあった伊沢多喜男枢密顧問官（内務官僚出身、元貴族院議員）と会談し次のようなやりとりをしている。

伊沢が、日米首脳会談について、「これをやれば殺されることが決まっているが……」と話したのに対し、近衛は「生命のことは考えない」と答えている。

また、伊沢が「生命のみでなく、米国に日本を売ったと言われるだろう」と述べると、近衛は、「それでも結構だ」と応じ、決意を示した。[6]

近衛もこの時はかなりの覚悟で日米首脳会談に臨もうとしていたようである。

ちなみに同時期、無任所国務大臣平沼騏一郎（元枢密院議長）が、右翼団体構成員から銃撃され一時重体となった。

ここで重要なのは、この日米首脳会談案の時点では、近衛も木戸も、これまでとは異なり、陸軍の政策方向とは別の選択をしようとしていたことである。田中ら参謀本部とはもちろん、武藤ら陸軍省とも違った道を進むことを意図していた。

武藤らも首脳会談には期待していたが、なお、アメリカ側の要求を全面的に受け入れる決心はしていなかった。三国同盟の実質的破棄は受け入れようとしながらも、中国での駐兵と資源確保には、なおこだわっていた。また、持久戦化するとしてもドイツの対ソ勝利の可能性を、まったく諦めていたわけではなかった。近衛や木戸のように、対米全面譲歩までは踏み切っていなかった。

だが、近衛は明らかに対米全面譲歩を考えており、木戸もそれに同意し、勅裁による非常手段に積極的に協力しようとしていた。首脳会談によって、アメリカ側に全面的に譲歩してでも日米戦争を回避しようとしていたのである。

それまで、木戸や近衛は、独自の組織的な政治基盤を有しておらず、独自の政治構想をもっていなかった。木戸の軍部善導論にせよ、近衛の先手論にせよ、陸軍の戦略構想を基本ラインとするもので、それを彼らが良しとする方向に何らかのかたちで操作し、政治的主導権を握ろうとするものだった。それが、この時点では、日米首脳会談によって、明確に陸軍の選択とは異なる方策を取ろうとしたのである。

なお、この頃、近衛の周辺で、首脳会談での対米提示案が検討されていたが、その内容はそれほど大きな対米譲歩を示すものではなかった。だがそれは、国内において首脳会談への合意を軍部などから公式に取り付けるための、一種のカモフラージュ案であり、近衛自身は全面的な対米譲歩も辞さないと考えていた。

## 〝二カ月程度の時間稼ぎ〟

さて、首脳会談の提示案がアメリカ側に示された頃、ルーズベルト米大統領は大西洋上でチャーチル英首相との会談（大西洋会談）に臨んでいた。そして、一九四一年（昭和一六年）八月一四日、英米共同宣言「大西洋憲章」が発表された。

それは、日本を名指しはしていないが、軍事的膨張主義への批判と反ナチズムの理念を表明したものだった。この時、チャーチルは、アメリカにアジアでの軍事的コミットメントを求めた。ルーズベルトはそれには同意しなかったが、対英ソ軍事援助を継続するとともに、対日関係において三カ月程度の時間稼ぎをすることを示唆した。

大西洋会談から帰国したルーズベルト大統領は、八月一七日、野村駐米大使と会談し、二つの文書を手交した。

一つは、対日警告文である。日本が武力やその威嚇によって、隣接諸国に対する軍事的進出を図る行動にでれば、アメリカ政府は必要な一切の措置をとる、との強い内容のものだった。これは、チャーチルとの大西洋会談に基づくもので、日本のさらなる軍事的進出は許さないとのアメリカの強硬姿勢を示すものだった（この時、ルーズベルトは対日全面禁輸となっていることを、まだ知らなかった）。

もう一つは、首脳会談提案に対する回答で、アメリカが従来から主張してきた基本原則に適合するもの以外は考慮されないとして、日本政府の明確な態度表明を求めた。

これに対する応答として、八月二八日、近衛首相の大統領宛メッセージと日本政府声明が、アメリカ側に示された。

近衛メッセージは、両首脳の会談によって、これまでの経緯にとらわれず、大所高所から日米間の重要問題を討議し、最悪の事態を回避したいとの趣旨のものだった。首脳会談にかける近衛の並々ならぬ熱意を示したもので、会談実現を強く訴えかけていた。そして、首脳間で大きな合意ができれば、個別的な細部の問題は、会談後それにそって必要に応じ事務当局が交渉するとしていた。政府声明は、日米間の具体的な懸案問題には触れず、一般的原則的な態度を述べたものだった。

その後、野村駐米大使から、ルーズベルト大統領も首脳会談に乗り気なことが伝えられ、日本政府や陸海軍は、首脳会談の実現にそなえて、随員の人選などを進めた。

## 水泡に帰した首脳会談

九月三日、近衛提案に対するアメリカ政府の回答が示された。それは、首脳会談の趣旨には賛成しながらも、会談開催に先だち、これまでの懸案事項について事前に日米間に一定の合意が必要だとしていた。

その数日前、ハル国務長官は野村に、首脳会談実現の前提として、懸案事項となっている「特定の根本問題」についての合意が必要である旨を伝えている。その「特定の根本問題」とは、具体的には、中国撤兵問題、三国同盟問題、通商無差別原則の問題だった。

近衛メッセージや日本政府声明では、中国撤兵問題や三国同盟問題には全く触れていなかった。ただ、通商無差別の原則については、近接地域間（日中間）の特殊緊密関係は認められるべきとしながらも、基本的には受容する態度を示していた。

いずれにせよ、首脳会談の実現には、これら日米間で妥協困難な問題の解決が前提とされ、事実上会談の早期開催の見通しは立たなくなった。

この段階で近衛の企図（首脳会談の早期実現）は、ほぼ水泡に帰したといえよう。

木戸も戦後こう回想している。

「向こうはハル長官が『どうもなんにも予備会談なしに会って、もし近衛に裏切られたら、これはルーズベルトとしては大変な失政になる。だから、ある程度話し合いをしておいて、それで総仕上げに向こうで会うんだ』と。それはもう駄目なんだ。それでは。……とうとうあれはお流れになった」[7]

近衛や木戸は、六月二一日の米側提案を丸呑みするつもりで首脳会談を考えていた。陸軍内部では、武藤ら陸軍省が会談に乗り気であり、もし田中ら参謀本部が反対しても天皇の勅裁により抑えきれるとみていた。

だが、ハルは、これまでの日本側提案からして合意の可能性はなく、もし合意しても近衛に約束を覆され裏切られるだけだと判断していた。またハル自身、対日全面禁輸を容認した際にも、日米戦を覚悟してその決断を下しており、もはや開戦もやむをえないと考えていたと思われる。ハルは、この時点では、すでに日本との関係改善にそれほど意欲をもっていなかった。

このアメリカ政府の回答を受け、日本政府は、あらためて対米提案の作成を始め、陸海軍の意見も含めた包括的な総合整理案の作成を進めていく。

こうして日米首脳会談の企ては失敗し、近衛と木戸は、ふたたび陸軍の戦略構想の路線に回帰せざるをえないこととなる。その最大の原因は、彼らの政治基盤の弱さにあった。近衛も木戸も、独自の情報収集組織や政策立案スタッフをもっておらず、新たな戦略構想を自らは作ることができなかったからである。それを持ちえたのは、政党政治が崩壊して以降、軍部のみとなってしまっていた。日米首脳会談案は、近衛や木戸にとって、対米全面妥協、日米戦回避の思いきった跳躍の試みだった。

## 参謀本部の戦争決意

アメリカの全面禁輸は、軍部にとっても不測の事態だった。

それをうけて、陸海軍では新たな国策の立案を余儀なくされた。

八月一日のアメリカ石油禁輸強化措置を、陸海軍中央幕僚は、実質的には対日全面禁輸の発動と判断した。参謀本部は、八月九日、田中作戦部長主導で、北方武力行使の延期を決定。急速に対米英早期開戦論に傾斜していく。

田中はこう考えていた。アメリカの石油全面禁輸や日本の石油保有の判断から、今や対ソ作戦を優先的に考えることは必ずしも適当とはいえない。したがって、今秋の対ソ武力行使は放棄するほかない。

この田中作戦部長の意見に基づき、参謀本部として、「今年中の北方武力行使の企図を放棄する」ことを決定した。そして、決定即日（八月九日）、「帝国陸軍作戦要綱」を作成。一一月末を目標に南方への対英米作戦準備を促進することを基本方針として定めた。また、八月一三日には、「南方作戦構想陸軍案」をまとめる。これは、一二月初旬に開戦し、翌年五月までに、マレー半島ほかの英領植民地、米領フィリピン、蘭印の攻略を完成するなど、具体的な南方作戦方針を示すものだった。参謀本部は、北方武力行使を断念するや、南方武力行使、対英米開戦に急速に転換したのである。

しかし、武藤軍務局長ら陸軍省は、南方武力行使、対英米戦には慎重な姿勢を示し、むしろ日米首脳会談に期待をかけていた。

武藤は、できるかぎり外交の余地を残そうとして、参謀本部の即時戦争（開戦）決意論には同意しなかった。あくまでも日米交渉によって事態の打開を図ろうと考えていたのである。

このように、戦争決意をめぐって陸軍省、参謀本部の意見は対立した。

八月二五日、田中作戦部長と武藤軍務局長の会談がおこなわれ、そこでの議論を経て陸軍案がまとめられた。その骨子は、対米英蘭戦争を決意して、一〇月下旬を目途に戦争準備を整える。この間対米英外交をおこない手段を尽くして要求貫徹に努める。九月下旬に至っても要求が貫徹し得ない場合はただちに対米英蘭開戦を決意する、との内容だった。

田中の即時戦争（開戦）決意論と武藤の外交重視論の双方を取り入れたかたちとなっていた。陸軍案が戦争準備の目途を一〇月下旬としたのは、参謀本部が戦争開始時期を一一月始めと想定していたからである。日米海軍戦力比率の推移、北方の安全な冬季に作戦行動をおこなう必要、マレー半島攻略の季節的条件などから、それが望ましいと判断していた。この点は、海軍軍令部も、もし開戦となる場合は同様に考えていた。

## 態度が定まらない海軍

日米の艦艇比率は、一九四一年（昭和一六年）は対米七割五分だが、翌年には、アメリカの大規模な海軍拡張政策により、対米六割五分となる。さらに一九四三年（昭和一八年）は対米五割、昭和一九年は三割程度に下落する、と推定されていた。つまり、来年以降は対米七割を切り、再来年以降は五割以下となる。それでは、とうてい対米戦に堪(た)えることはできないものとなる。

陸海軍ともに、対米艦隊決戦において互角以上の戦果を収めるには最低対米七割ラインが必須と判断していた。そして、日本にとって艦隊決戦での敗北は、同時に対米戦での短期敗北を意味すると考えられていた。艦隊決戦での勝利こそ、南方の資源を持続的に確保し、対米戦を長期に持久できる前提条件であったからである。したがって、来年以降に日米間で紛争が起きれば、軍事的対抗力を欠く日本はアメリカに屈せざるをえない、とみられていた。

一方、石油全面禁輸によって窮地に立った海軍は、「帝国国策遂行方針」を作成し、八月一六日、陸軍側に提示した。その内容は、一〇月中旬を目途として戦争準備と外交を並進させる。一〇月中旬に至っても外交的妥協が成立しない場合は、「実力発動」の措置をとる、とするものだった。

八月二七日、陸海軍合同の部局長会議が開かれ、陸海軍案についての検討がおこなわれた。その席上、岡敬純海軍軍務局長は、対米交渉が決裂しても、すぐ開戦決意するのではなく、欧州情勢を見て開戦を決すべき、と主張した。だが、田中作戦部長は、九月下旬に至って要求が貫徹できない場合は外交を打ち切り開戦を決意すべきだと反論した。

対米最強硬派の田中作戦部長でさえ、当時できれば「対米戦」は「回避」したいと考えていた。だが、アメリカの対日全面禁輸の事態のもと、一定の時期までに対米国交調整が不調に終われば、開戦せざるをえないと判断していた。武藤軍務局長はその間の外交交渉に賭けていたといえよう。しかし、海軍は、なお態度が定まらなかった。

八月三〇日、陸海軍部局長会議が開かれ、議論のすえ「帝国国策遂行要領」陸海軍案がまとまり、九月二日に、陸海軍間で正式決定された。

その内容は、一、対米英蘭戦争を辞せざる決意のもとに、一〇月下旬を目途として戦争準備を整える。二、これと並行して米英に対し外交手段を尽くして要求貫徹に努める。三、一〇月上旬に至っても要求が貫徹できない場合は、ただちに対米英蘭開戦を決意する、とのものだった。

九月三日、大本営政府連絡会議が開かれ、陸海軍案に一部文言の修正がなされ、御前会議に提案する国策の原案が承認された。修正は「要求を貫徹しえざる場合」を、「要求を貫徹しうる目途なき場合」とするものだった。

この九月三日の大本営政府連絡会議で、永野軍令部総長が注目すべき発言をしているので紹介しておこう。永野はこう述べている。戦争は「長期戦」になるだろう。だが、敵に「王手」をかける手段、すなわちアメリカを直接屈服させる手段はない。したがって、ドイツの対ソ戦勝利、イギリス本土侵攻などの「国際情勢の変化」を利用して、アメリカの戦意を喪失させるほかない。そのためにも、先制攻撃により必要物資と戦略要地を確保し、長期戦の態勢を整える必要がある、と。

これが日米開戦となった場合の海軍軍令部による戦争の見透しだった。

## 木戸が演出した「四方の海」

九月六日、御前会議が開かれ、「帝国国策遂行要領」が承認された。一〇月上旬頃に至っても要求を貫徹する目処がない場合は、ただちに対米英蘭開戦を決意することが、国家意志の最高機関レベルで正式に決定されたのである。

ところで、九月六日の御前会議において昭和天皇が、御前会議では天皇は発言しないという慣例を破って、自ら発言。明治天皇の御製(ぎょせい)「四方(よも)の海みな同胞(はらから)と思う世になど波風の立ち騒ぐらん」を読み上げたことは、よく知られている。

この昭和天皇の御前会議での発言は、木戸のアドバイスに基づくものだった。

木戸は次のように記している。

「九月六日……御召により拝謁す。本日の御前会議にて御質問相成(あいな)りたき思召(おぼしめし)にて、種々御下問ありたるをもって、余としては、御疑問の重要なる点は原枢相［枢密院議長］において質問すべきはずなれば、陛下としては最後に今回の決定は国運を賭しての戦争ともなるべき重大なる決定なれば、統帥部においても外交工作の成功をもたらすべく全幅の協力をなすべし、との意味の御警告を遊ばされることが最も然るべきか、と奉答す」[8]

つまり、天皇が御前会議での質問の意向を示したので、質問ではなく、外交交渉に統帥部も全力で協力するよう指示することが望ましい、と答えたというのである。

それは、木戸一人の発案ではなかった。木戸に御前会議での天皇発言を働きかけたのは、近衛だった。[9] 近衛自身、外交交渉による日米妥協に、なお期待をかけていたのである。

では、木戸自身は、「帝国国策遂行要領」について、どう考えていたのだろうか。

戦後の木戸の手記には、

「九月五日午後四時半頃、近衛首相は御前会議の議案を奏上のため参内して、余の室に来られた。……この案の内容を見ると……十月上旬に至るも日米交渉成立の目途なきときは、英米に対し戦争を決意す……と期限が切ってあるが、期限を切ることはすこぶる危険と思う。せめてこれだけでも変更せしむることは出来ないか。この案では結局戦争となる外ないこととなるが思いとどまることは出来ないか、と話したるに、近衛公は、これは連絡会議ですでに決定したことなのでこれが中止変更は困難だ。この上は日米交渉を極力努力するの外なし、とのことであった」[10]

とある。

木戸が、まずは外交交渉に全力をかたむけるべき、と考えていたことは、昭和天皇へのアドバイスからも分かる。そのうえで、日米交渉の最終期限すなわち戦争決意の期限を、一〇月上旬とすることは危険だと判断していた。

日米首脳会談の企図が実現困難となった今、日米交渉成立の可能性は低く、対米戦争に突入する危険性が高いとみていたのである。

ただ木戸はこれ以上は押さなかった。

このことについて、戦後のインタビューで、質問者が、御前会議で「明治天皇の御製を詠まれるなんていうのは、甘ったるい」と詰問したのに対して、木戸はこう答えている。

「いや、それはしかし、……［昭和天皇が］『僕は戦争が嫌いだからやっちゃいかん』とおっしゃるのは、それは言えんことはないけれども、それがどんなリアクションが起こってくるか。恐らくあれでしょうね。秩父宮擁立なんていうようなところ。……そのリアクションが大きいね。恐らくある形で、それはどのくらいの規模かというのは推定はできないけど、一種の内乱状態でしょう。……闇雲にただ押さえたら大変だ、爆発するほかないんだな」[11]

内乱の危険性があり、九月六日の御前会議では、大本営政府連絡会議での決定を受け入れざるをえなかったというのである（ただ、秩父宮は当時結核療養中で、擁立されるような健康状態にはなかった）。

## 天皇発言までの経緯

九月六日御前会議での天皇発言に至る経緯については、近衛の手記に詳述されている。少し長くなるが、興味深い箇所なので、それをみておこう。

まず、近衛は前日（九月五日）のことを次のように記している。御前会議前日、参内して議題「帝国国策遂行要領」を内奏したところ、天皇は「これを見ると、一に戦争準備を記し、二に外交交渉を掲げている。何だか戦争が主で、外交が従であるかのごとき感じを受ける。この点について明日の会議で統帥部の両総長に質問したいと思うが……」との意見だった。自分はこれに対し、ここでの順序は必ずしも軽重を示すものではない。政府としては「あくまで外交交渉を行い、交渉がどうしても纏まらぬ場合に戦争の準備に取りかかる」趣旨、と応答した。そして、なおこの点につき「統帥部に御質問の思召」があれば、「御前会議にては場所がらいかがかと考えられますから」、今ただちに両総長を御召になってはどうか、と奏上した。すると、「ただちに呼べ、なお総理大臣も陪席せよ」との指示があった。両総長はすぐに参内し自分も陪席した、と。[12]

夕刻、両総長が宮中に呼ばれ、近衛も同席して、天皇からの質問に答えた。

昭和天皇、陸軍の杉山参謀総長、海軍の永野軍令部総長とのやりとりは、近衛の手記によれば、次のようなものだった。

両総長に対し天皇より、近衛に対するものと同様の下問があり、両総長は近衛と同様に奉答した。続いて天皇は杉山参謀総長に対し、「日米事起らば、陸軍としては幾許の期間に片付ける確信ありや」と質問した。杉山は「南洋方面だけは三ヶ月位にて片付けるつもりであります」と答えた。すると天皇は、「汝は支那事変勃発当時の陸相なり。その時陸相として『事変は一ヶ月位にて片づく』と申せしことを記憶す。しかるに四ヶ年の長きにわたり未だ片づかんではないか」と詰問した。杉山は恐懼して、「支那は奥地が開けており」などと弁明した。それに対して天皇は、「支那の奥地が広いと言うなら、太平洋はなお広いではないか。如何なる確信あって三ヶ月と申すか」とさらに詰問した。杉山はただ頭を垂れて答えることができなかった。

この時、永野軍令部総長が、現状の日米関係は「手術をするかしないかの瀬戸際」の病人のような状態にある。「統帥部としてはあくまで外交交渉の成立を希望しますが、不成立の場合には思い切って手術をしなければならんと存じます」、と発言した。それを受け、天皇は「統帥部は今日のところ外交に重点をおく主旨と解するが、その通りか」と念を押し、両総長は相違ない旨を答えた[13]。

このような経過をへて、翌九月六日、御前会議が開かれた。

木戸はその様子を昭和天皇から聞き、次のように記している。

「九月六日……拝謁。御前会議の模様につき御話あり。原議長の外交工作を主とするの趣旨なりや云々の質問に対し、海軍大臣より答弁し統帥部は発言せざりしに対し、最後に御発言あり、統帥部の答弁せざるを遺憾とすと仰せあり、明治天皇の御製『四方の海』の御歌を御引用に相成り、外交工作に全幅の協力をなすべき旨仰せられたる旨承る[14]」

近衛の手記は御前会議の模様を、さらに詳しく記している。

御前会議の席上、原枢密院議長より「この案を見るに、外交より、むしろ戦争に重点がおかるる感あり。政府、統帥部の趣旨を明瞭に承りたし」との質問があった。政府を代表して及川海相が答弁したが、統帥部からは誰も発言しなかった。

そこで天皇が突如こう発言した。「ただいまの原枢相の質問はまことにもっともと思う。これに対して統帥部が何等答えないのは甚だ遺憾である」と。そして、明治天皇の御製「よもの海みなはらからと思う世になど波風のたちさわぐらん」を読み上げた。そのうえで、「朕は常にこの御製を拝誦して、故大帝の平和愛好の御精神を紹述せんと努めて居るものである」と発言した。これにより一同粛然となった。

やがて永野軍令部総長が、「統帥部に対する御咎(おとが)めは恐懼に堪えません。実は先程海軍大臣が答弁いたしましたのは、政府、統帥部双方を代表したものと存じ、独決(ひとりぎめ)しておりました次第であります。統帥部としても勿論(もちろん)海軍大臣の御答えいたしたる通り外交を主とし、万やむを得ざる場合戦争に訴えるという趣旨に変りはございません」と答えた。こうして御前会議は「未曾有の緊張裡に散会した」、と。[15]

なお、原枢密院議長の質問内容は、木戸からの「連絡」(依頼)に基づくものだった。[16]

この昭和天皇の発言により、「外交を主とし、万やむを得ざる場合戦争に訴える」との趣旨が、「帝国国策遂行要領」の共通理解とされた。

## 陸軍内にも受け止めの差

武藤軍務局長は、この天皇発言に自らの意図を重ねて「これは何でも彼んでも外交を妥結せよとの仰せだ」、と軍務局の主要メンバーに伝えている。

武藤は、この頃「日米戦争は日本の自殺行為だ。あくまで外交交渉を成立させねばならぬ」、と考えていた。武藤は、強大な国力をもつアメリカとの戦争は、「一歩を誤ると社稷〔国としての存在〕を危うからしめる」、との深刻な認識に立っていた。

これ以後、武藤にとって、すべては一〇月上旬までに目途を設定された日米交渉に焦点が絞られていく。「帝国国策遂行要領」の決定には、武藤軍務局長も同意しており、一〇月上旬の期限をめどに日米交渉に全力で取り組むこととなる。

だが、田中作戦部長ら参謀本部は、すでに対米開戦を決意しており、日米交渉は妥結の見込みはないと判断していた。したがって、対米外交は、開戦意図を秘匿するための形式的なポーズだと位置づけていた。

田中は、かねてからこう考えていた。もし三国枢軸を脱して対米英親善へと転換すれば、おそらく日中和平は成立するだろう。だが、世界情勢が沈静化すれば、日本はあらためて米英ソ中による挟撃にあう危険がある、と。このような観点から、田中は対米英戦争を決意し、そのための三国同盟堅持を主張していた。

なお、東条陸相は、この頃（九月七日）、皇族の東久邇宮（陸軍長老）に、「陛下が日本の不利益を忍んでまでも、どうしても日米国交を調整されようとお考えになっているのに対して、東条はそのことが国家百年のために不利であると考えるならば、どこまでも陛下をお諫め申し上げなくてはならない」、と述べている。[17] 天皇と意見が異なれば、あくまでも諫争するというのである。

一般には、東条は昭和天皇の意向には忠実だったとされているが、必ずしもそうとばかりは言えないだろう。

ちなみに、この間、近衛首相は、大本営政府連絡会議、閣議、御前会議のいずれにおいても、対米英蘭開戦決意についての異議ないし反対の意思表示をしていない。日米戦争絶対回避の決意を示し、そのため非常手段（勅許）まで考えていたにもかかわらず、公式の場では戦争決意の問題に抗していないのである。

近衛自身は、連絡会議で「帝国国策遂行要領」案に、要求貫徹の「目途なき場合」の文言を入れた。それによって、「見込み［目途］があるやなしやの判断は自分がするんだから」、開戦意見は「押さえられる」、と考えていたようである。[18] だが、それにしても、近衛が御前会議決定にいたるプロセスで何らかの意見表明をしていないのは、奇異な感じをもたざるをえない。陸軍の抵抗により総辞職に追い込まれることを恐れたのだろうか。それとも外交交渉による戦争回避の自信があったのだろうか。いずれにせよ国策決定に重要な権能をもつ首相の地位にある政治家としては不可解といわざるをえない。

## せめぎあう車の両輪

「帝国国策遂行要領」決定後にまず問題となったのは、対米交渉における日本側要求の内容である。

八月一七日に日米首脳会談についての米側回答を受け取った日本政府は、外務省や陸海軍を中心に、日米交渉に向けての包括的な総合整理案の作成を進めた。九月二五日、これをもとに日本側提案「総合了解案」がまとめられ、アメリカ政府に通知された。

その内容は、ハル国務長官が問題とした「特定の根本問題」を念頭に、次のような点が基本となっていた。

まず、三国同盟問題については、同盟の解釈と実施は自主的にこれをおこなうとされた。アメリカ側は、対独参戦した場合、日本が三国同盟によって自動的に対米開戦するのではないかと危惧していた。ここでは、その点について、一応自動参戦とは限らないことを示したのである。

この文言については、陸軍部内で解釈が異なっていた。

武藤軍務局長らは、対米戦はできるだけ回避すべきで、三国同盟の軍事的協力条項を事実上空文化すれば、その可能性はまだあると判断していた。したがって、アメリカの対独参戦にさいしては形勢を観望し、対米戦を回避して日米妥協の道を探る姿勢だった。

だが田中作戦部長らは、すでに日米開戦不可避論となっており、当初三国同盟の義務の明記を主張していた。だが武藤との会談で、対米参戦の時期や方法は自主的に決定するとの趣旨に同意した。田中は三国同盟堅持論だったが、もともと参戦時期は日本が独自に決定すべきだと考えていたからである。ただ、対米開戦そのものは決意していた。したがって、参戦の自主的決定は、必ずしも三国同盟の軍事的協力義務を否定し、対米戦回避を意味するものではないとの意見を表明していた。

東条陸相は、戦略構想については、武藤軍務局長と田中作戦部長の意見を尊重しており、二人がいわば車の両輪となっていた。ただ、この時期の東条は、基本政策においては武藤のラインに近いスタンスをとっていた。

次に、中国撤兵問題について、一定地域において日本軍および艦船を所要期間駐屯させ、それ以外は事変解決にともない撤兵する、としている。このような日本側の駐兵要求は、アメリカ側の主張と大きく齟齬するもので、これ以後の日米交渉の焦点となっていく。

通商無差別問題については、原則的にはこれを認めている。日本は重要国防資源の利用開発を主とする日中経済提携をおこなうが、これは公正なる第三国の経済活動を制限するものではない、とされた。

なお、九月二五日、大本営政府連絡会議において、杉山・永野両総長より、遅くとも一〇月一五日までに「政戦略の転機」を決する必要があるとの要請があった。開戦決意の時期は一〇月一五日を限度とすることを意味した。

出席者からは、豊田外相が「よく承知せり」と発言した以外とくに意見はなく、一応了承されたかたちとなった。「帝国国策遂行要領」において、一〇月上旬頃とされていた開戦決定の時期が一〇月一五日までと、はっきり期限が切られたのである。これは、田中作戦部長の提議によるもので、当時海軍側が一一月一六日を開戦第一日と想定していたことから逆算して、一〇月一五日までには開戦決意が必要との判断からだった。

## 辞意をもらす近衛

これを契機に、近衛首相は翌九月二六日、木戸内大臣に自己の進退について次のように漏らしている。「軍部において十月十五日を期し是が非でも戦争開始［決定］ということとなれば、自分には自信なく、進退を考うる外なし」[19]。

近衛は、対米戦にはあくまでも否定的だったのである。ただ、近衛は、二五日の連絡会議の席では何らの意見も述べていない。

木戸は、それでは無責任だ。辞職するなら、少なくとも九月六日の御前会議決定のやり直しを提議し、それが通らなかった時のことではないか、との趣旨の助言をしている。

「余［木戸］は、九月六日の御前会議を決定したのは君ではないか。あれをそのままにして止めるということは無責任だ。そういうことなら、あれの決定をやり直すことを提議し、それで軍部と意見が合わないと云うのならとにかく、このままでは無責任ではないかと［近衛を］難詰した」[20]

木戸も、対米戦は何とか避けたいと考えていたのである。その後、近衛は、翌九月二七日から一〇月二日まで、鎌倉の別邸に引きこもった。

このように木戸も近衛も、あくまでも対米戦は回避すべきと考えており、その点では海軍首脳部や陸軍の武藤軍務局長と近い立場にあった。

ただ海軍首脳部は、海南島など華南沿岸部での艦船部隊駐屯地確保を望んでいた。また武藤も、この時点では、中国への駐兵（資源確保）にこだわっていた。

その点では、木戸や近衛のスタンスとは異なっていた。木戸や近衛は、日米首脳会談を企図したさいには、対米妥協のためには、中国からの全面的撤兵もやむをえないと考えていたからである。だが、日米首脳会談の企図が失敗したあとは、その考えを貫くことはできず、ふたたび、陸軍内の武藤ら穏健なラインや、海軍首脳部に近い立場となっていく。

# 第八章　なぜ東条を選んだのか

## 海軍「勝利の自信はない」

一九四一年（昭和一六年）一〇月二日、ハル国務長官から覚書のかたちで、九月二五日の日本側提案に対するアメリカ政府の回答が示された。

それは、三国同盟問題では日本側の姿勢を評価しながらも、より明確な回答を求めていた。さらに、中国に軍隊を駐屯させる要望は容認しえず、日本軍の仏印および中国からの撤退を明確に宣言する必要があるとのことだった。また、日中間の地理的条件による経済的特殊関係の承認についても受け入れられないとしていた。

このハル覚書をうけ、一〇月五日、東条陸相は近衛首相と会談した。

東条は、アメリカの態度は、駐兵拒否、三国同盟離脱であり、これらは譲れないと述べた。近衛は、駐兵が問題の焦点だ、「一律撤兵」を原則的には受け入れ、「資源保護などの名目で若干駐兵させる」ことにしてはどうか、との意見を示した。東条は、それでは「謀略」となり「後害」を残す、として反対した。

近衛の原則一律撤兵・実質駐兵論に対して、東条は不確かなもので容認できないとしたのである。

同日、海軍でも首脳会議が開かれた。そこで岡軍務局長の提案により、交渉継続の方向で近衛首相が東条陸相と会談し、交渉期限の延長や条件の緩和を話し合うことを、首相に進言することとなった。

翌六日の海軍首脳会議でも、「撤兵問題のみにて日米戦うは馬鹿なことなり」として、条件を緩和してでも外交交渉を続ける方針が申し合わされた。原則的には「撤兵」とし、治安維持のできたところから撤兵する、とされた。

一〇月七日朝、陸海相が会談した。

及川海相は東条陸相に対し、なお交渉継続の余地はあり、もう少し期限に余裕が必要だとして、一〇月一五日の決定延期を申し入れた。東条の「勝利の自信はどうであるか」との問いに、及川は「それはない」と答えている。ただ、「この場限りにしておいてくれ」と付言した。

海軍トップの海相が、対米戦勝利の自信はない旨を明言したのである。

東条は、この場限りの話として聞かされたが、海軍に自信がないことを知った。そこから東条も、海軍に戦争遂行の自信がないのなら、不本意だが、九月六日御前会議決定を見直さなければならないのではないかと考えはじめていた。

同日（七日）、武藤軍務局長は、富田健治内閣書記官長に対し、「駐兵も最後の一点ともならば考慮の余地あり。また交渉をなすべし」、との意見を伝えている。[1] 武藤は、固守していた中国駐兵についても、対米交渉の最終盤においては、なお譲歩を考慮する余地があると考えつつあったのである。

## 東条の動揺

木戸の日記には、この間の動きについて、こう記されている。

「十月七日……富田［内閣］書記官長来訪、対米交渉につき左の如き話ありたり。

米国の覚書につき、陸軍は望みなしとの解釈なるが、海軍は見込みありとして交渉継続を希望す。……海軍側は、首相はこの際遅滞（ちたい）なく決意を宣明し、政局を指導せられたしと要望す。先ず首相は、強硬意見を有する陸相と充分意見を交換したる後、陸海外の三相を招き、自己の決意を披瀝（ひれき）し、協力を求むる筈なり[2]」

さて、一〇月七日の夜、近衛・東条会談がおこなわれた。

ここで、近衛が、「駐兵に関しては撤兵を原則とすることとし、その運用によって駐兵の実質をとることにできないか」、と意見を述べた。だが、東条は、「絶対にできない」と拒否している。

つづいて近衛は、九月六日御前会議決定について「再検討が必要である」と主張した。これ

について も東条は、「御前会議の決定を崩すつもりならば事は重大である。何か不審があり不安があるのか。……もし疑問があるというならそれは大問題になる」、として受け入れなかった。近衛は、「作戦について十分の自信がもてないと考える」と一応答えているが、自身ではそれ以上の根拠は示せなかった。

最後に東条は、「人間たまには清水の舞台から目をつぶって飛び降りることも必要だ」、と述べている。[3]

つまり、東条は、近衛の原則撤兵・実質駐兵論を「絶対できない」と頑強に拒否し、御前会議決定の再検討についても容認しなかったのである。

だが、翌八日、東条陸相は及川海相に、「支那事変にて数万の生霊を失い、みすみすこれ「中国」を去るは何とも忍びず。ただし、日米戦とならばさらに数万の人員を失うことを思えば、撤兵も考えざるべからざるも、決しかねるところなり」、と述べている。

岡海軍軍務局長のメモでは、「陸相は最後撤兵問題のみにて対米交渉が纏まるならば、「撤兵を」考慮する意志を表明せらる」、となっている。

東条も近衛には強く撤兵を拒否しながらも、なお動揺していたといえる。

このように、武藤のみならず、東条もまた、交渉の最終段階では全面撤兵も考慮せざるをえないのではないかと迷いを示していた。

このように政権中枢の近衛首相、東条陸相、及川海相は、個別に会談を続けた。近衛と及川はそれぞれ交渉継続の観点から、駐兵問題での陸軍の譲歩を求めたが、結局東条は譲らなかった。ただ東条も、海軍が対米戦の自信がなければ、九月六日御前会議決定を再検討する必要があるのではないかと考えはじめていた。御前会議の決定を尊重すべきとの基本的態度だったが、海軍に自信がないなら、御前会議決定を白紙に戻し、責任者は全て辞職すべきだ、とも述べていた。また撤兵についても動揺しはじめていた。

及川海相は、前述のように、近衛首相が自身の決意で、政局を交渉継続、撤兵の方向にリードしてもらいたい。場合によっては米側提案を丸呑みする覚悟で進んでもらいたい、と要請していた。そして、首相が覚悟を決めて邁進するならば、それに海軍は全面的に協力する、との意向を近衛に伝えていた。及川も海軍のみの判断によって戦争回避の全責任を負うことはできなかったのである。

## 御前会議の再検討をアドバイス

一〇月九日、事態が緊迫するなかで、木戸は近衛に次のようにアドバイスしている。

御前会議の決定は、「いささか唐突にして、議の熟せざるものあるや」に思う。内外の情勢から判断するに、「対米戦の結論」は「再検討」を要する。この際は対米開戦を決意することなく、むしろ「支那事変の完遂」を第一義とすべきである。アメリカに対しては、「自主的立場」を堅持するため、一〇年ないし一五年の「臥薪嘗胆」によって、「高度国防国家の樹立、国力の培養」に専念努力すべきである。「支那事変完遂」のためには、「交戦権の発動」（宣戦布告）も辞さず、陸軍動員により重慶、昆明等にも作戦を敢行し、「独力実力」をもって解決する決意が必要である、と。[4]

これは、八月七日の近衛への意見と同方向のものだが、九月六日御前会議決定を再検討すべきことが主眼となっている。他には、日中戦争の軍事的解決を強調していることが注意を引く。

想定される対米英戦争の重圧に苦しむ武藤や東条は、海軍が対米戦に自信がなく、それゆえ交渉継続を主張しているのを承知していた。そこで海軍側に戦争に自信なしと公式に明言させ、できれば開戦を回避したいと考えていたようである。だが、海軍も組織内外の条件から、それは一貫して避けていた。及川海相は東条に対米戦の自信はないと自身の考えをもらしていたが、それは内々の話とされていた。したがって、東条も陸軍内外で、それを理由に従来の主張を変えるわけにはいかなかったと思われる。

いずれにせよ、木戸の意見は海軍や武藤らに近かった。

## 「海軍は近衛君一任」

ところが、一〇月一〇日、一つの情報が陸軍省に入ってきた。それは、「宮中、近衛、外務、海軍の連合陣で陸相を圧迫し、十月二日付米国覚書を鵜呑みにせんとの気配がある」、とのものだった。この情報源は、近衛らの動静を探っていた陸軍省調査部だった。そしてこの動きにより、東条陸相は「駐兵を頑張る決心」を固めた。石井秋穂軍務課高級課員は、「この情報は陸相の生来の闘争心を刺激したに違いない」としている。

ここでの宮中とは木戸内大臣をさす。前述のように、木戸は一〇月九日、近衛と面談し、九月六日御前会議決定は「再検討」を要すとして、対米戦を回避しようとしていた。また、その前後にも、木戸と近衛は頻繁に意思疎通していた。

また及川海相は、海軍の意向（開戦決意期限の延長、米案丸呑み）を近衛首相に進言するとともに、豊田外相にも交渉期限の延期など海軍の方針にそって働きかけていた。木戸、近衛、外相、海相は事実互いに連繫して動いていたのである。

このような動きが陸軍の情報網に知られ、軟化しかけていた東条の態度を硬化させることになる。東条は、九月六日御前会議決定を遵守し駐兵をあくまで固守する決意を固めた。

一〇月一一日、野村駐米大使から、中国問題とりわけ駐兵問題について日本側が譲歩しない限り、首脳会談実現は絶対見込みがない、との電文が届いた。一〇月一五日の開戦決意の期日が四日後に迫っていた。

野村大使電をうけ、翌一〇月一二日、近衛の私邸荻外荘で、近衛首相、東条陸相、及川海相、豊田外相、鈴木（貞一）企画院総裁による五相会談がおこなわれることとなった。

その前日の夜、近衛の意を受けて富田書記官長が、岡海軍軍務局長を訪ねている。富田は岡に、海軍として首相を助けて戦争回避、交渉継続の意志をはっきり表明してもらいたい、と依頼した。岡は富田とともに海相官邸に赴いた。

及川海相は、海軍として戦争できる、できぬなどと言うことはできない。それは政治家の決定することだ。明日の会談で外交交渉継続の可否を首相の決定にゆだねるとの意見を表明するので、近衛公は交渉継続ということに裁断してもらいたい、との趣旨を答えた。[5]

このような海軍の対応について、戦後の回想で木戸は、「もともと近衛君のやり方は、陸軍を海軍で牽制してきていたわけでしょう。……海軍は［が］今のように近衛君一任では、近衛君としては困っちゃうんだな、もう」、と述べている。[6]

そして翌日（一二日）、荻外荘で五相会談が開かれたのである。

会談では、まず豊田外相が、日米交渉にはなお妥結の余地がある。駐兵問題を何とかすれば見込みがある、との見解を示した。近衛首相も、米側に誤解があると思われるので、この点を検討すれば、妥結の道がある、と豊田の意見に同調した。しかし東条陸相は、自分の判断では妥結の見込みなしと思う。アメリカの現在の態度では自ら妥結する意志はない、と反対する態度を示した。

そこで及川外相が、外交で進むか戦争かの岐路に立っている。その決は「総理が判断してなすべきもの」である。もし外交で進み戦争を止めるのならばそれでもよい、との意見を述べた。これに対して東条は、総理が決心しても統帥部が同意しなければ不可能だ。外交に納得できる確信があるなら戦争準備は止める。だが納得できる確信がなければ、「総理が決断をしても同意はできぬ」、と反論している。

さらに近衛首相は、「外交でやる」と言わざるをえない。「戦争に私は自信［が］ない」。自信のある人にやってもらわねばならぬ、と明言した。東条は、これは意外だ。それは「国策遂行要領」を決定するときに論ずべき問題でしょう、と応じ、ついに会談は決裂した。

東条は最後に、「駐兵問題は陸軍としては一歩も譲れない。……支那事変の終末を駐兵に求める必要があるのだ」。駐兵期間は「永久」と考えている、と主張した。

すなわち、及川は総理に決断を促しそれに従う旨を述べ、近衛は、戦争は避け外交を進めるとの自らの判断、すなわち開戦決意の延期を明言している。これは前日夜の富田と及川のやりとりに沿ったものだった。それに対して東条は、総理の判断といえども納得のいく確信がなければ受け入れられない、と近衛の判断に同意しなかったのである。ただ、及川は、先に（一〇月一日）近衛に開戦決意の延期を要請し協力を約束していたが、この場では近衛の判断（開戦決意の延期）そのものをサポートする発言はしていない。

## 昭和天皇が木戸に語った「戦争終結の手段」

荻外荘での会談の翌日（一三日）、昭和天皇から木戸に、今後の見通しについて次のような話がなされた。

「十時三十五分より十一時四十五分まで、日米問題を中心に種々御物語あり。そのなか左の如き御話ありたり。

一、昨今の情況にては日米交渉の成立は漸次望み薄くなりたる様に思わるるところ、万一開戦となるがごとき場合には、今度は宣戦の詔勅を発することとなるべし。その場合、今までの詔書について見るに、連盟脱退の際にも特に文武恪循と世界平和ということについて述べたのであるが、国民はどうもこの点を等閑視して居る様に思われる。また、日独伊三国同盟の際の詔書についても平和のためということが忘れられ、いかにも英米に対抗するかのごとく国民が考えて居るのは誠に面白くないと思う。

ついては今度宣戦の詔書を出す場合には、ぜひ近衛と木戸も参加して貰って、とくと自分の気持を述べて、これを取り入れて貰いたいと思う。

二、対米英戦を決意する場合には、なお一層欧州の情勢ことに英独、独ソの和平説等を中心とする見透しおよび独の単独和平を封じ日米戦に協力せしむることにつき外交交渉の必要あり。また戦争終結の場合の手段を初めより充分考究し置くの要あるべく、それにはローマ法皇庁との使臣の交換等親善関係につき方策を樹つるの要あるべし」[7]

万一開戦となった場合、宣戦布告の詔書に世界平和のためとの文言を入れること。対米英戦にさいしてはドイツの単独和平を封じること。戦争終結の手段をあらかじめ充分考えておくこと。これらがその内容だった。

## 近衛内閣の終焉

翌一〇月一四日午前、閣議が開かれた。この会議は、近衛内閣を総辞職に追い込む最後の一撃となった。

閣議開催前、近衛は東条に、日米交渉での合意は難しい。駐兵問題を何とかすれば外交の見込みはある、と話した。東条は、陸軍としては駐兵問題を譲ることはできない。また駐兵以外にも問題はあり、駐兵問題で譲っても成功するかどうかは疑問だ、と答えている。

閣議の席上、東条陸相が、これ以上外交を続けるには成功の確信が必要である。その場合には作戦準備をやめなければならない。御前会議決定では一〇月上旬を外交交渉の目途としたが、すでに一四日となっている、と発言した。

これに豊田外相は、米側と話がつかないのは、中国からの撤兵、三国同盟の自衛問題、中国の近隣特殊緊密関係の三点が主要なものである。しかしやはり重点は撤兵である。これをやれば見込みはあると思う、と答えた。

これに対して東条は、こう反駁している。

「撤兵問題は心臓だ」。陸軍としてはこれを重大視している。米国の主張にそのまま屈したら「支那事変の成果」は壊滅する。満州国をも危うくし、朝鮮統治も動揺する。日本は「聖戦」目的に鑑み、非併合・無賠償としている。これまで多くの戦死者、負傷兵を出し、国民にも多大な負担をかけている。「駐兵により事変の成果を結果づけることは当然」であり、外交的にも何ら遠慮する必要はない。もし「北支・蒙疆に不動の態勢をとる」ことから後退すればどうなるか。満州建設はどうなるか。「満州事変前の小日本に還元するならば、また何をか言わんや」である。日本は駐兵を明確にする必要がある。所要の駐兵をして、その他不要なるものは時が来れば撤兵するのは当然である。これほどまで譲りそれが外交とは何事か。「降伏」だ、と。

このように、東条は強硬に駐兵を主張した。中国本土から全面的に撤兵すれば、「支那事変の成果」を無にすることになる。それのみならず、満州国建設も動揺し、「満州事変前の小日本」に還ることになる。それは許容できないことはいうまでもない。それが東条の意見だった。

この閣議でも、及川海相は、一〇月一二日の荻外荘五相会談と同様、近衛首相や豊田外相をサポートする発言はしていない。

この日、東条は、閣議後、杉山ら参謀本部首脳に、「陸軍は引導を渡したるつもりなり」と語っている。近衛内閣に陸相として見切りをつけたというのである。

この閣議で近衛内閣は、首相・外相と陸相の決定的対立により閣内不一致となった。これは事実上近衛内閣の終焉を意味した。

陸軍の譲歩によって対米戦を回避しようとする近衛・豊田の路線が蹉跌し、近衛内閣において国内の対立を収拾し、対米戦を回避しようとした海軍や木戸の希望も絶たれることとなった。閣議での近衛と東条の衝突、閣内不一致の顕在化は、近衛と陸軍のみならず、海軍や木戸にとっても大きな転換点だった。それぞれ事態収拾の具体的な方途を失ったからである。陸軍の譲歩を拒否した東条もまた、対米戦の決意はできていなかった。

## 木戸と東条の対話

その日（一〇月一四日）の午後、東条は宮中で木戸内大臣と会っている。その内容について、木戸の日記には、「東条陸相来室、陸軍の日米国交調整問題に関する意向を詳細説明せらる」と簡単に記されているのみである。

だが、東条は杉山参謀総長に次のように話している。

木戸は東条に、「次の内閣は難しい。陸軍は九月六日の御前会議を基礎として戦争できるというているが、海軍には不安がある。この点が総理が踏み切れぬところだと思う」と述べた。

これに対し東条は、「海軍大臣に、『海軍は九月六日に定められた決心に何か変化ができたのか。もしこれが変化したのならそれによって進もう』と問うたが、海軍［大臣］は『変化なし』と言うた」、と答えた。

また、木戸が、「陸海軍が中心だから何とか融合することはできぬか。この陸海の合一ができてから内閣が交代するのなら良いが、現在においては纏まっておらぬから困る」、と言うので、東条は、「従来のことに対する責任問題のことなどは打ち切って、すでに定まった国策が、その儘（まま）やれるかやれぬかを考えるより外はない」、と返答した、と。

またそのさい東条は杉山にも、「海軍が［対米戦に］踏み切れないのなら、それを基礎として別のやり方を考えねばならぬ」、と発言している。[8]

東条はこの時点では、近衛内閣の総辞職を前提に、国策再検討の可能性を考えていたのである。

## 皇族内閣案の浮上

翌一五日朝、鈴木貞一企画院総裁が木戸宅を訪れ、東条陸相の意向を伝えた。

その概要は、近衛首相の考えが変わらない限り「政変は避けがたき」事態であり、後任には、皇族の「東久邇宮殿下」以外にはない、というものだった。

木戸は、「こと皇室に関することなれば、慎重なる考慮を要す」とした上で、こう述べている。東久邇宮の出馬を願う場合には、「事前に陸海軍一致の方針、すなわち自重的の方針「戦争回避」の決定せらるることが先決必須の問題なり」。その見透しは「確実なりや」、と。[9]

すなわち、東久邇宮の組閣には、事前に陸海軍が一致して戦争回避を決定することが必要だ、というのが木戸の判断だった。

木戸は、午後には昭和天皇に、この「政情急迫の事情」を報告している。

午後四時、近衛首相が参内し、木戸の部屋を訪れた。

近衛は、現在の政情について、「陸軍大臣との関係」が著しく「緊張」の状態となっている。東条陸相は「日米交渉見透しの問題につき、この上首相と会見するときは感情的となるの虞あり好まず」との意向だ。したがって、「到底このまま政治を担当し行くこと能わず」、ついては「東久邇宮殿下御出馬」を願うのはどうか、と述べた。総辞職し、後継首班を東久邇宮に、との意見だった。

これに対して木戸は、それにには「事前に陸海一致の方針、すなわち自重的の方針の決定せられること」が必須だとの考えを示した。そのうえで、東条陸相が「陸海軍協調のため政策転回」に同意しているのか。また「皇族にこの困難なる問題を御解決願う」つもりなのかどうか、「不分明なる点」がある。先ずこれを確かめる必要があるとして、木戸自ら鈴木企画院総裁に連絡し、確認を依頼した。

その後、近衛が天皇に拝謁し、ふたたび木戸を訪れた。

近衛によれば、東久邇宮組閣案を言上すると、昭和天皇は、「陸海軍一致にて平和の方針に決定せるなれば、万やむをえざる事情なれば致し方なし」、とのことだった。

これは木戸の判断とほぼ同様の意見といえる。陸海軍が避戦方針で一致するならば、東久邇宮の組閣もやむをえないとの意向をしめしたのである。

おそらく、木戸は、近衛の拝謁前に「政情急迫の事情」を報告したさい、自分の意見を天皇に伝えていたものと推測される。

その日の夜、鈴木企画院総裁から木戸に電話があり、東条陸相と会見した結果の報告があった。

それを聞いた木戸は、「陸相の考ぇは事前に陸海軍の協調を策するにあらず、一に皇族の御力により、これを行わんとするもの」だと推察した。そして、「これにては直に賛意を表すること能わざるなり」と、東久邇宮組閣案に同意しないことを決めている。[10]

## 「あまり突然なるに驚く」

このように一〇月一四日の閣議から、政局はめまぐるしく動いた。そして、一〇月一六日、第三次近衛文麿内閣は総辞職することになる。

木戸の日記には、「十月十六日……近衛公より閣僚の辞表を取纏めたる旨電話あり。あまり突然なるに驚く」とある。[11]

ここで木戸は、なぜ近衛内閣の総辞職に驚いたのだろうか。近衛は、すでに「政変は避けがたき」事態にあると木戸に語り、東久邇宮組閣案を示していた。東条陸相との対立で総辞職の意向は察していたはずである。

木戸が、総辞職が突然で驚いたのには、次のような事情があった。

木戸のみるところ、東条は、海軍が自信がなくては御前会議決定を実行できないことを理解していた。そして、もしそうなら方針転換には近衛内閣では困難で、「皇族内閣」しかないとの考えを示していた。しかし木戸は東条に、それには陸海軍をふくめ平和の方針が合意されていることが必要で、皇族内閣に方針転換そのものの決定を委ねることは同意できない旨を伝えた。すると東条は、「それでは日本は一体どうなるのか」と、困惑した様子だった。

それをみて木戸は、もう少し近衛とも話し合い、さらに近衛が努力すれば、現内閣で事態を打開できるのではないか、と考えていた。ところが近衛はすでに「各閣僚の辞表」をとりまとめ、総辞職の手続きに入ってしまっていたのである。[12]

これが、木戸が突然の内閣総辞職に驚いた理由だった。

この記述は、木戸の戦後に書かれた手記の一部だが、ほぼ事実だと思われる。

富田内閣書記官長にも木戸は、こう話している。

「十六日昼、東条が来たので色々話をしたら、まだまだ日米交渉についても継続の意思はあるようだったので、今少し経過を見たらと思っていたのに、その時すでに近衛は朝から閣僚の辞表をとりまとめつつあるということで、いかんとも仕方がなかった。少し早まったように思われる」[13]

## 木戸の皇族内閣反対論

では、木戸はなぜ東久邇宮内閣案に反対したのだろうか。

日記には、「万一皇族内閣にて日米戦に突入するが如き場合には、これは重大にて……万一予期の結果を得られざるときは、皇室は国民の怨府（えんぷ）となるの虞（おそれ）あり」[14]と記されている。これは興味深い発言である。

皇族内閣によって戦争が回避される可能性はあるかもしれない。だが万一それに失敗し日米戦となり、さらにもし敗戦ともなれば、皇室が国民の恨みを買い、ひいては皇室の存続が問われる事態となる危険がある。それが木戸が東久邇宮内閣案に反対した理由だった。

戦後の回想でも、「陛下自らが皇族を出して、そうして戦争にしちゃったということになれば、これは皇室は抹殺されちゃうですよ。……これは絶対に避けなきゃならんと僕は思った」、と述べている。[15]

皇族内閣によっても戦争を回避できず、開戦し敗北するという最悪の場合を想定した選択といえる。そして、戦争による国民の膨大な犠牲を、皇族内閣で回避する可能性よりも、皇室の存続、皇室存在の動揺回避を優先したのである。それが木戸の基本的スタンスだった。

では、この頃、近衛はどのように考えていたのだろうか。

一〇月一五日の東久邇宮の日記には、次のように書かれている。近衛が東久邇宮を訪ね出馬を要請した。だが、東久邇宮は東条陸相を辞めさせ、第四次近衛内閣を組閣すべきだ、それが駄目な場合は出馬も考える、と勧めた。そこで近衛は第四次内閣を作ってやっていくとの意欲をみせ、帰っていった、と。

ところが翌日近衛から書簡が届き、内閣総辞職と、「陛下が……近衛の後任を私（東久邇宮）

にすることを御取止めになった」ことが伝えられた。[16]

東久邇宮の日記では、こうして第四次近衛内閣案も東久邇宮組閣案も、実現できずに終わったとされている。

近衛が第四次内閣案を放棄した経緯は判然としないが、木戸が容認しなかったようである。[17]東久邇宮組閣案は、一六日朝、木戸が鈴木企画院総裁に、現状では「絶対に不可なり」と断言している。[18]同様の内容が、木戸から近衛にも伝えられた。[19]内大臣である木戸の強い反対意見を知り、近衛はすぐに内閣総辞職の手続きに取りかかったのである。[20]

## 東条首相指名をリード

近衛の「突然の総辞職」によって、後継首班を決めざるを得なくなった。その選定をリードしたのが内大臣である木戸だった。

翌一〇月一七日、後継首相を検討する重臣会議が開かれた。出席者は、木戸内大臣、清浦、若槻、岡田、広田、林、阿部、米内（いずれも元首相）、原枢密院議長の九人だった。そして、木戸内大臣のリードで、後継首班に東条陸相を奏薦したのである。

会議の席上、木戸は次のように述べている。

「結局今日の癌（がん）は、九月六日の御前会議の決定である。東条陸相とかなりその点について打割った話をしてみると、陸軍といえども海軍の真の決意なくして、日米戦争に突入すること不可能なるは、十分承知している。……

そうすれば、この事態の経過を十分知悉し、その実現の困難なる点も最も身をもって痛感せる東条に組閣を御命じになり、同時に……御前会議の再検討を御命じになることが、最も実際的の時局拾収の方法であると思う」[21]

ここで注意を引くのは、木戸が、対米開戦決意を含む九月六日御前会議決定の再検討を主張したことである。

木戸の意見に反対はなく、広田、阿部、原が賛意を示した。なお、若槻は宇垣一成を推したが、同意はえられなかった。

## 東条に白紙還元を求める

組閣の大命を受けた東条に木戸は、天皇の「思召」として九月六日御前会議決定の白紙還元を求め（いわゆる「白紙還元の優諚」）、東条は了承した。「国策遂行要領」が、白紙に戻されたのである。この白紙還元の優諚は木戸の考えによるものだった。

大命降下のさいの昭和天皇の発言は、憲法の遵守と、陸海軍の協力を求めており、御前会議決定の白紙還元にはふれていない。[22]「白紙還元の優諚」は、天皇から直接東条に示されたものではなく、木戸から間接的に「思召」として、こう伝えられたのである。
「ただいま、陛下より陸海軍協力云々の御言葉がありましたことと拝察いたしますが、なお、国策の大本を決定せられますについては、九月六日の御前会議の決定にとらわるるところなく、内外の情勢をさらに広く深く検討し、慎重なる考究を加うることを要すとの思召であります」[23]

木戸はなぜこのような形式を取ったのだろうか。

それについて、木戸自身はふれていない。だが、おそらく、この白紙還元による戦争回避の結果が後に大きな問題になった場合を考えてのことと推測される。戦争回避に成功した結果、それが原因で日本が何らか国内外の困難な局面に立たされた場合、その責任を木戸自身が負うつもりだったのではないかと思われる。白紙還元により戦争が回避されれば、副作用として、そのような状況になる可能性は十分にあると木戸は考えていた。その場合、非難が天皇や皇室に及ばないよう、自身の独断によるものと処理することが可能な、間接的な手法をとったのではないだろうか。

## なぜ木戸は東条を選んだのか

東条推薦の経緯について木戸は、その手記「第三次近衛内閣更迭の顚末」（一九四一年一一月付）に次のように記している。少し読みづらいが重要なので直接引用する。

「今日海軍の態度より推して対米開戦は容易に決し難しと認めらる……、九月六日の御前会議の御決定に不用意なる点あり……敢然再検討をなすの要あるべきは勿論なりと信ず。要するに海軍の自信ある決意なき限り、国運を賭するの大戦争に突入するは、最も戒慎を要するところなるべし。

東条陸相も余の意見に全然同感にして、九月六日の御前会議の決定は癌にして、実際海軍の自信ある決意なくしてこの戦争はできざるなり、とまで述べられたり。

而して……少なくとも九月六日の御前会議の決定を一度白紙に返すことが、今日なすべき最小限度の要求なのであるが……［それは］最近の情勢よりみて至難事中の至難事である。

すなわち今回大命を拝して組閣するものは、陛下の思召を真に奉戴して、軍部ことに陸軍を充分統率するとともに、陸海軍の協調をも完全になさしむることが肝要である。……余は以上の理由をもって東条陸軍大臣を推選し、多数の同意の下に奉答したのである」[24]

すなわち、御前会議決定を白紙に返すために、その方向で陸軍を統率しうる東条を首相に奏薦したというのである。しかも東条自身、御前会議決定を「癌」だとして、木戸の考え（決定再検討、白紙還元の方向）に同調していた。なお、東条が、海軍に自信がなければ戦争はできないとの判断に傾いてきたのは、武藤軍務局長の説得によるものだった。[25]

木戸が東条を選択したのは、よくいわれているように、単に天皇の意向を尊重し陸軍を統率できる人物だったからだけではない。それに加えて、すでに東条が御前会議決定の白紙還元に同調していたからだった。木戸は白紙還元による対米戦争回避を意図していたのである。

ただ、この選択は木戸にとっても危険な賭だった。

木戸が望んだ、東条内閣下での白紙還元による戦争回避は、海軍が対米戦への「自信ある決意」を示さないことを前提としていた。したがって、もし海軍の態度が変われば、東条ら陸軍の本来の主張すなわち御前会議決定（開戦決意）のラインに回帰する可能性をもつ選択だったからである。

なお、木戸は戦後、東条を近衛の後継首班に推した理由として、「東久邇さんという意見もあったがね、僕はその時に、要するに戦争は避けられないと思っていたんだ。……そして戦争すれば負けると思ったんだ」。だから、敗戦によって「皇室が国民の怨府になる」ことを避けるため東条にした、と回想している。[26]

しかし、この回想は、右の手記の記述と必ずしも整合性がとれていない。

手記では、東条が九月六日御前会議決定の再検討（白紙還元）に賛成していたから、後継首班に推したとしている。当時木戸は何とか対米戦を回避しようとしており、そのため、御前会議決定の再検討に同調し、しかも陸軍を統率しうる人物として、東条が妥当と判断していたのである。この（一九四一年）一〇月の時点では、木戸は必ずしも戦争は避けられないとみていたのではなく、対米戦回避に力を傾けており、東条ならその可能性があると考えていたことは間違いない。

この手記は東条組閣の翌月に書かれたものであり、事実はこちらに近かったのではないかと推測される。木戸は戦後さまざまな回想を残しているが、その資料評価には注意を要するだろう。

一〇月二〇日、木戸は昭和天皇に、「今回の内閣の更迭は真に一歩を誤れば不用意に戦争に突入することとなる虞れあり。熟慮の結果、これが唯一の打開策と信じたるがゆえに奏請した」旨を言上した。

これに対して昭和天皇は、「いわゆる虎穴に入らずんば虎児を得ずということだね」、と答えている。[27]

## 東条内閣の発足と陸軍

一〇月一七日、組閣の大命を受けた東条は、閣僚の選考に入った。

陸相は、陸軍三長官会議（陸相、参謀総長、教育総監）において、東条自身の希望で首相との兼任が決まった。これは木戸内大臣の意向によっていた。[28] 陸軍統制のためだった。また東条は自身の判断で内相も兼任した。東京裁判の宣誓供述書によれば、戦争回避となった場合の国内の混乱に対処するため、とされている。

海相については、海軍側は豊田副武呉鎮守府司令長官を推したが、豊田はそれまで東条ら陸軍との折り合いが悪く、東条が忌避した。そこで結局、嶋田繁太郎横須賀鎮守府司令長官を推薦し、嶋田が海相に決定した。そのほかは、外相に東郷茂徳、蔵相に賀屋興宣、企画院総裁に鈴木貞一、商工大臣に岸信介、内閣書記官長に星野直樹などが就く。

こうして、一〇月一八日、東条英機内閣が成立した。東条は陸軍大将に昇進し、現役のままで首相、陸相、内相を兼ねた。異例のことである。

田中ら参謀本部は、一七日の大命降下後、東条に対して白紙還元の優諚があったことを知らされる。翌日の参謀本部戦争指導班の日誌には、陸軍省よりの「帝国国策遂行要綱」（御前会議決定事項）再検討の要請に対して、「統帥部としては再検討の余地なきも一応再検討することとす」、とある。参謀本部にとって、白紙還元は「全く意外なる」ものであり、「戦機を逸する」結果となることに「大きな不安」をもっていた。だが彼らも「もはや致し方なし」と受け止めていた。

一方、武藤軍務局長は、一〇月二〇日、組閣二日後の東条にこう述べている。「国民は長い支那事変に飽いております。閣下が外交に成功して、平和をかち取られたら、国民からこの上もなく感謝されるでありましょう。どうしても止むを得ず戦争に突入した場合は、その止むを得ざる事情を説明すれば、日本国民は随いて来てくれるでしょう」

東条もこれに同意している。

とりわけ前半部分が武藤の強く希望するところだった。その意味で白紙還元は武藤にとって、あらためてそのチャンスを与えるものだったといえよう。

## ただちに国策再検討へ

東条首相は、組閣するや、軍務局に指示して国策再検討項目を作成させ、陸海軍の協議をへて決定。一〇月一八日夕刻の初閣議後、関係閣僚に、それぞれ関係項目について検討を要請した。参謀本部と海軍軍令部も検討に入った。そして、一〇月二三日から三〇日まで、連日のように大本営政府連絡会議で議論がおこなわれる。

参謀本部では、一九日から検討を始め、二一日には、「十月末日に至るも我が要求を貫徹し得ざる場合には、対米国交調整を断念し開戦を決意す」、との結論に達した。一〇月末日まで一週間あまりの外交交渉を認め、それ以後は実質的に交渉を打ち切るべきだとするものだった。

東郷茂徳外相はじめ外務省は、国策再検討の動向にかかわらず、対米交渉を続行すべきとの意見であり、武藤ら陸軍軍務局や海軍もほぼ同様だった。

ただ、武藤も、日米交渉において日中戦争解決条件の一定の限度は譲れないとの姿勢だった。

一定の限度とは、内蒙・華北の資源確保とそのための駐兵を意味していた。

一〇月二三日からの大本営政府連絡会議での国策再検討のポイントは、欧州戦局の見通し、対米英蘭戦作戦見通し、物的国力判断、対米交渉条件の緩和などだった。

欧州戦局の見通しについては、陸海軍情報部は、独英戦・独ソ戦ともに長期化するが、ドイツの優勢、長期不敗は揺るがないと判断していた。だが外務省は、ドイツが「苦境に立つ」こともありうるとの予測だった。

次に、対米英蘭戦の作戦見通しについて検討された。まず、米英蘭の間には共同防衛の了解があることは疑いなく、戦争相手を限定することは不可能との判断で一致した。そのうえで、開戦二年間は勝算はあるが、アメリカを軍事的に屈服させる手段はなく、三年目以降の帰趨は「世界情勢の推移」（ドイツの対ソ・対英勝利）などによる、としていた。

物的国力判断については、南方資源の確保により戦争継続遂行は可能とされた。なお、日米の国力比較については、その大きな国力差は周知のこととされ、特に検討はされていない（当時アメリカの国民総生産は日本の約一二倍で、そのことはある程度知られていた）。

対米交渉条件の緩和については、次のように合意された。

一、三国同盟の問題については、参戦決定は自主的におこなう。二、ハル四原則については、アメリカ側の主張を認める。三、通商無差別の問題は、特恵的な日中経済提携の主張はおこなわず、承認する。四、中国における駐兵については、蒙疆・華北・海南島に限定する。駐兵期間は二五年間。それ以外は二年以内に撤兵する。

この合意が、ほぼそのまま最終的対米提案の「甲案」となる。中国への駐兵問題以外は、実質的にアメリカ側の主張を受け入れたものだった。

これらのなかで、最も議論となったのは駐兵問題だった。

東郷外相は、全面撤兵を主旨とし、前記特定地域にのみ五年間の限定的な駐兵を認めさせる案を示した。杉山参謀総長らは強硬に反対した。そこで東条首相が、二五年案を提議し、参謀本部側もやむなく受け入れた。東郷は、いったん期限を付けておけば、実際は交渉過程で処理できると判断していた。

武藤軍務局長も、二五年駐兵案に異議を唱えていない。実質的な交渉に入っていけば、最終的にはアメリカ側も駐兵を受け入れる可能性があると判断していたからと思われる。

大本営政府連絡会議最終日の一一月一日、会議の結論として、戦争を決意、開戦は一二月初旬、外交は一二月一日午前〇時まで、と決定された。

## 東郷外相の「乙案」

その後、外交交渉の条件の検討に入り、東郷外相は、先の内容の甲案とともに、突然、それまで非公式にも議論されたことのない「乙案」を提案した。

その内容は、日本が南部仏印から撤退する代わりにアメリカは日本に石油を供給する。また両国は蘭印における必要な物資獲得に相互に協力する、との暫定的な協定案だった。

この乙案に杉山参謀総長・塚田攻（おさむ）参謀次長は激しく反発した。だが、武藤は、休憩中に、東条も交え、杉山・塚田を説得した。乙案を拒否すれば、外相辞職・政変となることも考えられる。その場合には次期内閣は非戦となる公算多く、開戦決意までには、さらに日数を要すことになる、と。武藤は連絡会議幹事として常時出席していた。

杉山らは、日中戦争解決を妨害しないとの趣旨の文言を入れることを条件に、この説得を受入れ、乙案は承認された。

## 嶋田海相、突然の大転換

こうした動きのなかで、大きな変化が生じた。それは海軍の大転換である。

数日間の会議の終盤（一〇月三〇日）、嶋田海相は、沢本頼雄海軍次官や岡敬純軍務局長ら海軍省幹部にこう語った。

数日来の空気より総合すれば、大勢を動かすことは難しい。ゆえに、「このさい戦争の決意をなし」、今後の外交は大義名分が立つように進め、国民一般が正義の戦いだと納得するよう導く必要がある、と。[29]戦争決意を示したのである。

これは重大な発言だった。嶋田は会議前には、外交はぜひ実行したい。できるだけ戦争は避けたい、と語っていた。

沢本次官は、嶋田の開戦決意に対して、「大局上戦争を避くるを可とする」、と同意しなかった。岡軍務局長もまた日米開戦には慎重な姿勢だった。

だが、嶋田は、このさい海相（自分）一人が戦争に反対したために時機を失したとなっては申し訳がない、として沢本らを押し切った。これにより、一貫して開戦に慎重姿勢をとってきた海軍省が、開戦容認に転換したのである。

永野修身軍令部総長ら軍令部首脳は、原則的に海相や政府が決定すれば、それに従うとのスタンスだった。ただ、問題は和戦の決定時期が切迫していることで、ずるずると外交を続け、時機を逸してから戦争をせよといわれても、責任を取れないと言明していた。

軍令部内部でも、伊藤整一次長は、緒戦はともかく二年目以後は「説明の如き国家資源では自信なし」として日米戦争回避の考えだった。福留繁作戦部長も、日米開戦には慎重姿勢だったが、それに代わる説得的な選択肢を提起できず苦悶していた。

海軍は、次官、軍務局長、軍令部次長、作戦部長ともに慎重姿勢のなかで、嶋田海相が、開戦やむなしとの判断を示したのである。

この嶋田海相の態度変更は重大な意味をもっていた。東条内閣下で御前会議決定が再検討されることになったが、その背景には海軍側の慎重姿勢があったからである。だが、嶋田海相の姿勢転換によって海軍が開戦容認となり（永野軍令部総長も追認）、大本営政府連絡会議は、陸海軍ともに、日米開戦やむなしとの大勢となった。

## 裏目に出た木戸の選択

これにより木戸が期待した、海軍の不同意姿勢継続による戦争回避の可能性は消失し、日本の対米開戦意志は事実上決定したといえる。

全く木戸の予期しない事態だった。

では、なぜ嶋田は突然態度を変えたのだろうか。これについては次のような見解が有力である。

この三日前、嶋田は、皇族で海軍長老の伏見宮前軍令部総長から、「すみやかに開戦せざれば戦機を失す」との勧告を受けており、それが直接の原因ではないかとの見方である。[30] 嶋田は長らく伏見宮の強い信任をうけ、軍令部内で異例の昇進を遂げていた。

もしそうだとするなら、皇族である伏見宮がなぜそのような判断をもったのかが疑問になる。その点については、現在のところ解明が進んでいない。

この嶋田海相の変節による海軍の態度変更は、木戸の戦争回避のもくろみを完全に狂わせた。木戸は、海軍が対米開戦の「決意」を示さないことを前提に、九月六日の御前会議決定を白紙還元し、東条内閣により対米戦回避を実現しようとした。しかし、その海軍が態度を変え、対米戦への決意を示したのである。

木戸の選択は、まさに裏目に出たといえよう。木戸からみて、残された戦争回避の可能性は、アメリカが甲案か乙案のいずれかを受け入れる場合のみとなった。

一一月二日、大本営政府連絡会議は、再検討の結果に基づいて、新たな「帝国国策遂行要領」案を決定した。その主要な内容は次のとおりである。

現下の危局を打開するため、対米英蘭戦争を決意し、以下の措置をとる。
一、武力発動の時期を一二月初頭と定め、陸海軍は作戦準備を完成する。
二、対米交渉は、別紙要領によりおこなう。

ただし、対米交渉が一二月一日午前〇時までに成功すれば、武力発動を中止する。

そして、別紙対米交渉要領には甲案、乙案が併記された。

木戸の日記には、

「十一月二日……八時十五分、首相より電話にて、連絡会議終了。［東郷］外相、［賀屋］蔵相は事極めて重大なれば本日十一時まで沈思黙考したしとのことにて、その回答あれば決定すとのことなりき。……午後五時、東条首相参内、連絡会議の結果を両総長と共に奏上す。御前を退下後、首相と面談、会議の概要を聴く[31]」

とある。木戸自身の意見や考え、感想などは記されていない。

その間、連絡会議の経緯は、鈴木企画院総裁や東条首相などから、その都度聞いている。

「十月二十九日……鈴木総裁来訪、連絡会議の模様を聴き、懇談す。……東条首相と面談、連絡会議の経過、防共協定の延長、閻［錫山］工作等につき話を聴く。……

十月三十日……東郷外相来訪、面談。……

十月三十一日……東条首相参内、拝謁後面談す。連絡会議の経過報告にて、明日より結論を討議決定する筈なりと[32]」

嶋田海相の姿勢転換についても、どのように木戸が考えたのか興味深いところだが、何らふれられていない。その後の回想などでも、連絡会議の経過や海軍の態度変化については、ほとんど言及していない。

一一月五日、御前会議が開かれ、新「帝国国策遂行要領」（甲案・乙案を含む）が正式に決定された。原則的には、九月六日の御前会議決定に事実上回帰したのである。

## ハル・ノートへの反応

対米交渉の甲案と乙案は、御前会議決定前の一一月四日、野村駐日大使に打電された。野村は、まず甲案をアメリカ側に提示したが拒否され、一一月二〇日に乙案を示した。

アメリカ政府は、なお対日戦を先延ばしにして、フィリピンその他での戦力増強のための時間的猶予を望んでおり、乙案に関心を示した。

国務省内では、その対案として、北部仏印の日本兵力を二万五〇〇〇以下とし、両国の経済関係を資産凍結以前の状態に戻す旨の「暫定協定案」が作成された。そして、ハル国務長官は、乙案に対して、石油禁輸などの経済制裁を三カ月間解除し、さらに延長条項を設ける暫定取り決め案ではどうかと、口頭で野村大使らに示唆した。

国務省の暫定協定案は、間もなく、イギリス、オランダ、中国（蔣介石政権）などに内示された。日本の南進に脅威を感じていたオランダは賛成したが、蔣介石政権は、中国の抗戦意欲に打撃を与えるとして強硬に反対した。

この中国の主張にチャーチルが同調し、それがルーズベルトを動かし、結局、暫定協定案は断念された。

一一月二六日、ハル国務長官は、乙案に対する回答として、いわゆる「ハル・ノート」を提示した。その内容は、ハル四原則の無条件承認、中国・仏印からの無条件全面撤兵、南京汪兆銘政権の否認、三国同盟義務からの離脱、を求めるものだった。

ハル・ノートを知った東条首相は、もはや交渉の余地なく、開戦やむなしとの判断だった。東郷外相も同様に判断した。

武藤軍務局長も、ハル・ノートを交渉打ち切りの通告とうけとり、開戦を決意するほかないとの考えだった。交渉の進展によっては、駐兵問題についてもある程度の譲歩を考慮していた武藤だったが、もはや交渉継続は困難と判断したといえよう。

軍令部・参謀本部は、対米海軍戦力比率の推移と冬期北方安全の観点から、対米開戦の勝機は本年末までにしかないと強硬に主張していた。この時点で、ハル・ノートから再度日米間交渉を積み上げていく時間的猶予はもはや残されていなかった。

田中作戦部長は、ハル・ノートの到来は、日本にとってむしろ「天佑」だとみた。これで日米開戦に消極的な東郷外相らも開戦を決意せざるを得なくなり、国論も開戦に一致するだろう。開戦方針貫徹のためには、情勢は一気に好転した、との認識だった。

一一月二七日、ハル・ノートの骨子と対米交渉不成立の連絡を受け、大本営政府連絡会議は、一二月一日開催の御前会議において開戦決定をおこなうことを申し合わせた。

木戸の日記には、

「十一月二十八日……十一時二十分、東郷外相参内、米国の対案「ハル・ノート」を説明言上す。形勢逆転なり」[33]

とある。「形勢逆転」との文面から、アメリカ側で暫定協定案が検討されていたことを、木戸もある程度知っていたものと思われる。

木戸は、すでに一一月一九日（米側の甲案拒否後）、昭和天皇に、日米間の合意が成立しなかった場合の対応について、意見を述べていた。

その内容は、最後の開戦決定の奏請が首相からあった場合、「重臣を加えたる御前会議」の開催が必要ではないか、とするものだった。「十一月末日を経過したりとの事務的理由をもって戦争に突入するは如何か」との考えからである。

一一月二六日、昭和天皇は木戸に、「見透しとしては遺憾ながら最悪なる場面に逢着するにあらずや」と思われる。そこで、いよいよ「最後の決意」をなすについては、なお重臣の意見を徴したいがどうか、と問うている。

それに対して木戸は、「今度御決意あそばされば真に後へは引かれぬ最後の御決定であります……「不審の点などがあれば」御遠慮なく仰せ戴き、御上としても後に省りて悔いのないだけの御処置が願わしいと存じます」、と意見聴取に賛成している。[34]

ハル・ノート着電の後の一一月二九日、昭和天皇による重臣からの意見聴取が行われた。

そこで、若槻、岡田、近衛、米内、広田は、物的国力などの点で、開戦に疑問を呈した。平沼は曖昧ではっきりしなかったが、林、阿部は、開戦やむなしとの意見だった。

この日（一一月二九日）、大本営政府連絡会議において、「対米交渉はついに成立するに至らず、帝国は米英蘭に対し開戦す」、との御前会議開戦決議案が採択された。

一一月三〇日、昭和天皇は木戸に、高松宮の話では、「海軍は手一杯で出来るなれば日米の戦争は避けたい様な気持」のようだが、どうなのだろう、と尋ねている。

木戸は再び、「今度の御決意は一度聖断あそばさるれば後へは引けぬ重大なるもの」だとして、嶋田海相、永野軍令部総長に直接その考えを聞いてはどうか、と答えた。

その後、東条首相が開戦決定の御前会議開催について奏上すべく参内した。昭和天皇はすぐには受け入れず、東条はいったん帰り、嶋田、永野が呼ばれた。

天皇の下問に対して、永野は、大命があれば「予定の通り進撃」する旨を答えている。嶋田も、「人も物も共に充分の準備を整え」、大命を待つばかりだと奉答した。

この結果、夕刻、昭和天皇から木戸に、「海軍大臣、総長に先ほどの件を尋ねたるに、何れも相当の確信をもって奉答せるゆえ、予定の通り進むるよう、首相に伝えよ」との指示があった。木戸は東条に電話でその旨を伝えた。[35]

この頃、木戸自身もハル・ノートによって、もはや開戦やむなしと考えていた。

「何にしろあの米国側の提案は……余の予想の埒外にでた強硬のものであって……結局決裂の外なかったこととなるのであって、運命というほかない[36]」

「結局最後に『ハル・ノート』っていうやつが来たんですね。……これが急転直下に強いものになっているんですね。……私はその前から、どんな返事が来るか分からんけれども、徐々に緩和してくるんなら、話がつきそうだったらば、粘らなくてはいかんと思ったから、陛下にも……できるだけ引っ張って、外交交渉にもっていかなきゃということを申し上げておいたんですがね。どうも『ハル・ノート』を持って来られたら、もうこれはそういうこと言えないんだな。だから……誰もしかたがないっていうことになったんですよね[37]」

## 開戦の正式決定

翌一二月一日、御前会議において対米英蘭開戦が正式に決定された。

一方、陸海軍内では、九月上旬「帝国国策遂行要領」が決定されると、戦争指導方針の策定が進められ、一〇月初旬には、陸海軍省部の実務担当者間でほぼ合意された（陸海軍省部とは、陸軍省・参謀本部・海軍省・軍令部をさす）。

その内容は、概略次のようなもので、「対米英蘭戦争指導要綱」と名付けられた。

一、戦争は「先制奇襲」によって開始し、東アジア・南西太平洋の米英蘭の根拠地を覆滅する。それとともに、重要資源地域ならびに主要交通網を確保し、「長期自給自足」の態勢を整える。したがって、戦争は長期の持久戦となる。その間、適時アメリカ海軍を誘い出し、これを撃滅することに努める。占領地には軍政を施行し、その主眼を、重要国防資源の獲得と、作戦軍の現地自活におく。

二、「東亜諸民族」（東南アジアを含む）に対し、「東亜」の白人よりの解放、「大東亜共栄圏」の建設を呼びかけ、その協力を求める。

三、南方戦争の間は極力対ソ戦争を避け、できれば独ソ間の講和を図る。

四、戦争終結促進の方略は、独伊と提携して英を屈服させ、米国の継戦意志を喪失させる。米国を直接屈服させることはできない。戦争終結の機会は、「英本土の没落」「独ソ戦の「ドイツ勝利による」終末」などの時期をとらえる。

なお、太平洋方面での対米戦については、反撃してくるアメリカ海軍を各個撃破し戦争を持久させれば、イギリスの屈服によって米国の戦意を喪失させうると考えられていた。

この「対米英蘭戦争指導要綱」は、陸海軍省部で決定された。

一般には、対米開戦時、陸軍は戦争終結の見通しを全くもっていなかったとの見方があるが、陸海軍は、一応このような戦争終結方針を考えていたのである。ただ、大本営政府連絡会議の検討事項とはせず、陸海軍の申し合わせにとどめられた。

戦争終結の方針については、「対米英蘭蔣戦争終末促進に関する腹案」として、一一月五日の大本営政府連絡会議で決定される。「対米英蘭戦争指導要綱」の該当部分をほぼ踏襲した内容だった。ただ、この「腹案」については、木戸の日記にも、『昭和天皇実録』にも記載はなく、昭和天皇への上奏はなされていないようである。

一一月五日大本営政府連絡会議決定の「対米英蘭蔣戦争終末促進に関する腹案」は、概略次のような内容だった。

一、すみやかに極東における米英蘭の根拠地を覆滅して自存自衛を確立するとともに、蔣政権の屈服を促進する。そして独伊と提携してまず英の屈服を図り、米の継戦意志を喪失させるよう努める。

二、米英蘭根拠地の覆滅により、重要資源地域ならびに主要交通線を確保し、長期自給自足の態勢を整える。さらに、あらゆる手段をつくし適時米海軍主力を誘い出して、これを撃滅する。

三、南方に対する作戦期間中は、対ソ戦争の惹起（じやつき）を防止するよう努める。また、独ソ両国を講和させ、ソ連のインド、イラン方面への進出を助長する。
四、戦争終結の機会として、英本土の没落、独ソ戦の終末などの時期を捉える。

アメリカを直接屈服させることはできず、独伊と提携して英の屈服を図り、米の継戦意志を喪失させる。これが「腹案」の眼目であり、この時点で考えられていた戦争終結の唯一の方法だった。

ただ、このような戦略は、先制奇襲攻撃により米太平洋艦隊に大打撃を与え、その後反撃してくるアメリカ海軍を各個撃破し戦争を持久させるとの軍事作戦を前提にしていた。

だが、開戦約半年後、ミッドウェー海戦の惨敗（主力空母の喪失）によって、その前提そのものが崩れることになる。

# 第九章　木戸内大臣の〝戦争〟

## 東条の戦争指導を宮中から支える

こうして太平洋戦争が始まった。

まず、開戦以後の戦局について簡単にみておこう。

一九四一年（昭和一六年）一二月八日、日本は真珠湾を奇襲。アメリカ・イギリスなどに宣戦布告し、全面的な対米英戦争に突入した。

真珠湾攻撃の一時間前、日本軍は英領マレー半島のコタバルに上陸し、本格的な南方攻略作戦が開始された。

木戸の日記には、「十二月八日……七時十五分出勤、……いよいよ今日を期し我が国は米英の二大国を対手として大戦争に入るなり。今暁すでに海軍の航空隊は大挙布哇（ハワイ）を空襲せるなり。これを知る余はその成否の程も気づかわれ、思わず太陽を拝し瞑目祈願す。七時半、首相と両総長に面会。布哇奇襲大成功の吉報を耳にし、神助の有難さをつくづく感じたり」とある。

また、一二月一〇日、英戦艦プリンス・オブ・ウェールズとレパルスが、マレー沖で海軍航空隊に撃沈され、イギリス東洋艦隊は壊滅的打撃を受けた。

翌年一月末には、マレー半島・英領西ボルネオをほぼ制圧。二月一五日には東南アジアにおけるイギリス最大の根拠地シンガポールを占領した。また、米領フィリピンでも、一月初旬にマニラが陥落。四月初旬には在フィリピン米軍が降伏した。

蘭印に対しては、一月一一日攻撃を開始、三月五日には首都バタビアを占領、九日には蘭印軍を降伏させた。英領ビルマへも対米英開戦直後から侵攻に着手し、三月八日には首都ラングーンを占領、五月末までには、ほぼビルマ全域を制圧した。

その間、二月五日、木戸は昭和天皇に、「大東亜戦は容易に終結せざるべく、結局建設を含む戦争を徹底的に戦い抜くことこそ平和に至る捷径なり」、と述べている。[1] 開戦した以上徹底的に戦い抜くしかないとの意見であり、陸海軍の戦争指導方針と同一線上のものだった。

開戦決定以後、木戸は宮中から東条らの戦争指導を支える役割を果たした。近衛の日米首脳会談案の頃には、いったん陸軍の路線から離れ、対米全面譲歩による戦争回避を考えていた。だがそれが実現せず、その後「白紙還元」策による戦争回避が失敗すると、東条ら統制派の随伴者に回帰したのである。東条奏薦を主導した責任感情からだった。

ただ、昭和天皇は、二月一二日、東条首相に次のような趣旨の話をしておいたと、木戸に伝えている。

「戦争の終結につきては機会を失せざるよう充分考慮しおることとは思うが、人類平和の為にも徒に戦争の長びきて惨害の拡大し行くは好ましからず。……南方の資源獲得処理についても中途にして能くその成果を挙げ得ないようでも困るが、それ等を充分考慮して遺漏のない対策を講ずるようにせよ」[2]

南方資源獲得を考慮しながら、早期の戦争終結の対策を講じるようにとの内容だった。

## 陸海軍の戦略の分離

一方、陸海軍では、同年（一九四二年）二月頃から、今後の戦争指導の基本方向が検討された。陸軍は、南方作戦が一段落した段階で戦略的守勢に転じる。すなわち、南方占領地の防備を固めて資源の開発と国力の増強に努め、長期持久態勢を整えるべき、と考えていた。開戦前に決定された「対米英蘭蔣戦争終末促進に関する腹案」の方針に基づくものだった。

陸軍はこう判断していた。国力において優位に立つアメリカは、太平洋において一時的に戦局が不利となっても、早期講和に応ずることはありえない。必ず戦備を立て直し全体的な戦局が有利となるまで戦争を継続するだろう、と。

すなわち、海軍が短期決戦を挑んだとしてもアメリカを屈服させることは不可能であり、長期持久戦となることは避けられない。イギリスを倒さないかぎりアメリカの継戦意志を喪失させることはできず、対米講和の可能性はない。そうみていたのである。

これに対し海軍は、真珠湾の大勝によって早期決戦論に傾斜し、攻勢作戦を続行してアメリカ海軍に決定的な打撃を与えようとしていた。それによる早期講和を期待していたのである。開戦直前まで海軍も大枠では陸軍と同様の考えだった。だが、真珠湾での米太平洋艦隊戦艦群の壊滅という大戦果から連合艦隊の発言力が増大し、その攻勢作戦続行論に引きずられていた。

こうしたなかで、一九四二年（昭和一七年）三月七日、第一回の「今後採るべき戦争指導の大綱」が、大本営政府連絡会議で採択された（一一日、上奏・裁可）。陸軍と海軍の方針が分かれたままでの決定だった。

そこでは、占領地域における重要資源の開発、海上輸送路の確保など「長期不敗の政戦態勢」を整えつつ、機を見て「積極的の方策」を講ず、とされている。陸軍の長期持久態勢整備論と海軍の積極的攻勢論の両論を取り入れたものだった。

## 武藤軍務局長の解任

その翌月の四月八日、突如、陸軍の武藤章軍務局長が解任され、スマトラに転任する。

その原因については諸説あるが、実際の経緯はこうである。かねてから武藤は、長期の国家総力戦の遂行には、強力な政治指導が必要であり、内閣は国民的基礎をもったものでなくてはならないと主張していた。そのような観点から、東条内閣は開戦内閣であり、今後の戦争遂行はもっと広範な国民層に基礎をもった別の内閣でやるべきだ、との意見を周囲に漏らしていた。また、岡田啓介元首相を訪ね、そのような新内閣体制樹立への協力を内々に要請していた。

このような武藤の動きが東条の逆鱗にふれ、軍務局長解任、南方部隊への転任となったのである。これ以後武藤は陸軍中央に復帰することはなかった。

## 木戸はミッドウェー大敗を知っていた

同年（一九四二年）六月五日、ミッドウェー海戦において、最精鋭の正規空母四隻を撃沈される。短期決戦方針による海戦での予想外の大敗北だった。

木戸の日記にも、

「六月六日……鮫島［具重（ともしげ）］武官来室。ミッドウェー島付近にて日米両艦隊の間に海戦あり。今回は不幸にして我が航空戦隊大損害を受けたる旨の話ありたり。……

六月八日……お召しにより拝謁。……ミッドウェー島付近海戦につき御話あり。……今回の損害は誠に残念であるが、軍令部総長には、これにより士気の沮喪を来さざるように注意せよ……と命じておいたとの御話あり」

と記されている。

ミッドウェー海戦の敗北については、海軍の関係部局以外の各方面には伏せられていたが、天皇や木戸には、ほぼ正確に伝わっていた。

当時日本の保有する正規空母は六隻で、うち一隻はミッドウェー直前の珊瑚海海戦ですでに大破していた。したがって、ミッドウェー海戦後しばらくは、活動できる正規空母は一隻を残すのみとなった（アメリカ側正規空母は四隻活動）。他の空母は、軽空母や護衛空母で、戦闘力が格段に落ちるものだった。このミッドウェーでの大損害によって、海軍の攻勢作戦は事実上不可能となった。また、大半の正規空母喪失による制海・制空権不安のため、陸軍の主張する長期持久態勢の維持にも影響が予想された。

## 大東亜省問題をめぐって

同年（一九四二年）夏、東条内閣は大東亜省設置問題で揺れる。

東条首相や陸軍は、占領地など東アジアや東南アジアの日本の勢力下にある地域を、外交を含め全体として管理する大東亜省の設置を企てた。ところが東郷外相が、満州国などの独立国および今後独立すべき国との外交は、外務省が担当すべきだとして反対した。

東郷の反対は強硬で、東条からの直接の説得にもかかわらず、意見を変えなかった。そこで東条は辞職をうながしたが、東郷はこれも受け入れず、閣内不統一の状況となった。

九月一日、東条は木戸を訪ね、経緯を話して「万一外相にして辞職せざる時は、閣内不統一となる故、総辞職の外なし」と語った。木戸はこの件を昭和天皇に伝えた。天皇は、「内外の情勢、戦争の現段階、ことに米の反攻気勢の相当現われきたる今日、内閣の総辞職は絶対に避けたし」との意向を示した。

そこで木戸は、嶋田海相に両者の斡旋をさせてはどうかと提案し、天皇の了承をえた。嶋田は参内し、天皇から直接斡旋の依頼を受け、東郷と会見した。天皇の意向を知った東郷は、やむなく外相辞職を受け入れた。[3] 木戸の配慮により、ある意味で東条の権力的地位が強化されたといえる。

こうして、木戸の助力によって、東条内閣は大東亜省設置問題での混乱を乗り切った。

## 田中作戦部長の罷免

その間、ガダルカナルをめぐって日米の激しい攻防戦が始まっていた。その攻防戦のなか、一二月六日、田中新一作戦部長が、作戦方針をめぐって東条首相兼陸相と衝突。激論のなかで暴言を吐き、それが原因で、翌七日、作戦部長を罷免される。田中はガダルカナル周辺での対米決戦を強く主張したが、東条はそれを受け入れなかったのである。田中はシンガポールに転任となり、後任の作戦部長には、第一方面軍参謀長の綾部橘樹(きつじゅ)が就く(綾部は実務型幕僚、作戦課長は統制派の真田穣一郎。まもなく真田か作戦課長から作戦部長に昇格した)。

田中罷免後の一九四二年(昭和一七年)一二月三一日、大本営はガダルカナル島撤退を決定。翌年二月上旬、撤退が完了した。これ以後、アメリカ軍の反攻は本格化し、ガダルカナル島をめぐる攻防戦が、事実上太平洋戦争の最大の転換点となった。

## 独ソ戦の帰趨

一方、ヨーロッパの独ソ戦線では、日米開戦直後の一九四二年一二月からモスクワ西方でソ連の反攻が本格的に始まった。また同年九月からのスターリングラード攻防戦で、ドイツ軍は決定的な敗北を喫した(翌年二月、同地域のドイツ軍投降)。これ以後、ドイツ軍は後退を重ね、独ソ戦におけるドイツ勝利の可能性はほとんどなくなっていく。

独ソ戦におけるドイツの敗退は、日本にとってイギリス屈服の前提とされていた、ソ連壊滅が不可能となったことを意味した。第二次世界大戦は、アメリカにとっても、日独にとっても、イギリスをめぐる戦いだったが、これらによって日独によるイギリス屈服の可能性はなくなったのである。

開戦前の「対米英蘭蔣戦争終末促進に関する腹案」では、戦争終結の方策として、こう考えられていた。アメリカを直接武力で屈服させる方法はない。したがって、日独伊の協力によってイギリス帝国を崩壊に追いこみ、アメリカを南北アメリカ大陸に封じ込め、その継戦意志を喪失させる。それが唯一の方法だ、と。

だが、その可能性は失われた。それまで考えられてきた戦争終結の唯一の方法が消失したのである。したがって、この時点で、それに代わる戦争終結の新たな方策が必要とされる局面になっていた。それがどのように不利なものであれ、もはや何らかの方法によって別の戦争終結の方向を見いだす以外にない状況となっていたのである。

## 戦略家を失った陸軍

一九四三年（昭和一八年）二月下旬の大本営政府連絡会議で、東条は「従来の『英を屈服さすという戦争指導方針』に再検討を加うる必要［が］ある」との発言をしている。また連絡会議の空気としても、「英国は独が英本土上陸作戦をせざる限り、これが屈服は至難」だ。したがって「独の本作戦遂行の公算きわめて少なしと思わるる今日においては……従来の戦争指導方針に何らかの再検討を必要とすべし」、との判断が一般的となった。

しかし、このような状況下で、陸軍において武藤や田中にかわって新たな政戦略を構想しうる有力な幕僚は現れなかった（政戦略の主導権は、一貫して陸軍にあった）。

ちなみに、武藤の後任には佐藤賢了（けんりょう）軍務局長（統制派系）が、田中の後任には、綾部橘樹作戦部長のあと、真田穣一郎作戦部長（統制派）が就いていた。だが彼らは、世界戦略的視野が弱く、武藤・田中に代わる戦争終結への戦略構想を出しえなかった。

したがって東条は、それまでの構想に従って長期持久戦の方針を踏襲し、直面する問題への場当たり的な対処によって事態を弥縫していく方法しかとりえなかった。

## イタリア降伏の衝撃

そのようななか、五月一四日、木戸は来室した高松宮と、「世界戦争の見透し」などについて会話を交わしている。そこで木戸は、「万一平和工作を必要とする事態となりたる場合、軍部の要求と平和条件の調節は至難事中の至難事なれば、かくのごとき場合には［宮の］充分なる御奮発を願わざるべからざる」旨を述べている。[4]

木戸は、この頃から和平工作を念頭に置いていたようである。ちなみに、四月一八日に、山本連合艦隊司令長官が戦死し、五月一四日には、蓮沼侍従武官長より、アリューシャンでの苦戦が伝えられている。

七月二六日、木戸は東条首相から、ムッソリーニ失脚を伝えられた。

この時木戸は、

「この際、最悪なる場合を予想し、これが対策を樹立し置くの要あるべく……独乙の衰退をみるが如きあらんか、これは我が国にとりても容易ならざる事態なれば、今より充分その対処策を練り置くの要あり。……

この際、対蘇関係を急速に好転せしめ置き、必要によりては蘇を仲介として英米と太平洋問題の解決を策するの要あり」[5]

と述べている。

この頃から木戸は、ソ連を仲介とした英米との和平を考えていたようである。陸軍や政府が新たな戦争終結方針をだしえない状況のなかで、木戸自身ようやく独自の方策を考えはじめざるをえないこととなったといえる。

九月三日、イタリアが連合軍と休戦協定を結び、三国同盟から離脱した。

木戸は、九月九日にイタリアの「無条件降服」の知らせを聞き、「早晩この事あるを予期せざるにあらざりしが、今更のごとく憮然たり」、と日記に記している。木戸もイタリア降伏に、かなりの衝撃を受けたものと思われる。

さて、一九四三年（昭和一八年）九月二五日、大本営政府連絡会議において、第二回「今後採るべき戦争指導の大綱」が採択された（三〇日、御前会議決定）。

木戸の日記には、連絡会議、御前会議ともに、開催事実の記載はあるが、決定内容や、木戸自身の意見、感想は記されていない。

その「大綱」では、千島列島、小笠原諸島、マリアナ諸島、西部ニューギニア、ジャワ、スマトラ、ビルマを結ぶラインの内側を「絶対国防圏」とする。そのラインを確保することによって米英の進攻に対応すべき戦略態勢を確立する、とされた。

一方、イタリアの戦線離脱と太平洋での戦局不利のなか、日本はドイツの矛先をイギリスに向けさせるべく、独ソ間の和平調停を両国に申し入れた。だが、ドイツ・ソ連から、ともに拒否され、独ソ和平工作は失敗に終わった。ナチス・ドイツにとって対ソ戦は、世界観戦争として絶滅戦争の様相を呈するようになっており、独ソとも絶対に和解できない状況となっていたのである。しかも、独ソ戦では、一九四三年七月のクルクスでの戦闘のあと、主導権は完全にソ連側に移っていた。

## 木戸の「戦争終結」策

このような状況を念頭に、木戸は、一九四四年（昭和一九年）初頭、今後の戦争の見通しやその対策について、日記に次のように記している。

もし年内に「独乙の崩壊」を見ることになれば、日本の立場はまさに「危急存亡」といわざるをえず、そのための「対策」を研究しておく必要がある。具体的には、まず、ドイツが降伏した場合、東条内閣の存続は「相当困難」だ。後継内閣の決定の際には、大体の外交方針を

「重臣会議」であらかじめ決定し、それを実行できる者を奏請するのも一策だ。

外交交渉により「戦争終結」に導くには、「相当大幅に譲歩したる案」でなければ交渉成立の見込みがない。その際、米英との交渉はソ連を仲介としておこなう。その条件は、日ソ中米英で委員会を組織し、日本の占領地域は「非武装地帯」とする。そこでの独立国は「永世中立国」とし、その他の地域は日ソ中米英の混合委員会で処理する。将来の方向として日本は、「アングロサクソンたる米英」に対して、「東洋的なる蘇支（ソ連と中国）」と提携し、ひそかに実力を蓄えるべきだ、と。[6]

要するに、ドイツ降伏を予想し、新内閣によって、日本占領地域の非武装化、中立化などを条件に戦争終結に導こうというものだった。

しかし、このような条件は、連合国側に受け入れられる可能性はほとんどなかった。すでに枢軸側の敗北が長期的には明らかだったからである。そして、同年六月、米英ら連合国軍がフランス・ノルマンディーに上陸。ヨーロッパ大陸での対独反攻が本格的に始まる。

## サイパン陥落と「決戦後講和」論

一九四四年（昭和一九年）七月上旬、絶対国防圏の要衝サイパン島が陥落する。それによって日本本土がアメリカ長距離爆撃機の空爆範囲内に入ることとなり、本土主要都市への本格的空襲が始まった。

当初陸軍中央は、サイパン島防衛に強い自信を示していた。だが現地では、激しい艦砲射撃と徹底的な空爆によって水際での防衛線が崩され、米側部隊が大挙上陸（六月中旬）。日本側守備隊主力は約半月の激闘後に壊滅する。

また、サイパン周辺のマリアナ沖海戦で、連合艦隊は兵力・装備にまさる米側に圧倒され、壊滅的な打撃を受ける。空母艦載機は、この時ほとんど全滅状態となった。

なお、サイパン攻防戦前の二月中旬、東条首相兼陸相が参謀総長を兼ね、嶋田海相が軍令部総長を兼ねるかたちで、戦争指導に当たる体制となっていた。陸軍の戦争指導方針と海軍軍令部の主張とがしばしば齟齬し、戦争指導の統一を図るため、東条に忠実な嶋田に軍令部総長を兼ねさせるのが主な狙いだった。軍令部は開戦以来、連合艦隊に引きずられる傾向にあったからである。それを実現するため陸軍でも東条が参謀総長を兼ねることとした。

米軍のサイパン上陸、海戦敗北後の六月二四日、陸海軍統帥部はサイパン断念を上奏した。だが、昭和天皇はこれを不満として裁可せず、元帥府に諮問した。これまでにないことだった。しかし、元帥府も統帥部の意見を支持し、やむなく天皇は上奏を裁可した。

七月七日、サイパン島守備隊は全滅する。サイパン島陥落は、木戸にとっても、昭和天皇にとっても、衝撃的な事態だった。

ところで、佐藤賢了陸軍軍務局長は、サイパン攻防戦の頃から、今後の戦争指導方針について、こう考えはじめていた。防御ラインを日本本土・満州・中国・沖縄・台湾・フィリピンまで縮小し、最南端のフィリピンで決戦を挑んで有利な条件で講和する、と。フィリピンまで防衛ラインを縮小すれば、南方資源地帯と本土との物資輸送路は切断され、もはや長期持久態勢を維持することは不可能となるからである。

だが、かつての田中作戦部長らの見方からすれば、たとえ決戦に勝利したとしても、そのような講和は不可能なことだった。いったん有利な状況に持ち込んでも、国力にまさるアメリカは、再び自国に有利な状況となるまで戦争を継続する。しかも現実には、大きな戦力差のもと、周到な準備のもとに進攻してくるアメリカ軍に決戦を挑み、かつ勝利することは、極めて可能性の低いことだった。仮に多くの幸運が重なって一部で作戦上の勝利を得たとしても、その効果は一時的局地的なもので、講和条件に影響するようなものにはなり得なかった。それだけ戦力格差が広がっていた。

また、カサブランカ会議(一九四三年一月)で、ルーズベルト大統領は枢軸国に無条件降伏を要求しており、有利な講和の選択肢自体が受け入れられる状況になかった。

しかし、決戦後に有利な条件で講和するとの考えは、真田穣一郎作戦部長ら他の統制派系幕僚にも共有され、彼らはそれに固執し続けた。したがって東条もまた同様に考えていた。このような決戦後講和の方針から、日米戦力格差の拡大のなかで、日本軍は決戦を求めては失敗し、膨大な犠牲を積み重ねることとなっていく。

ちなみに、太平洋戦争中の日本兵士戦死者二三〇万人の大部分、民間人犠牲者八〇万人のほとんどは、サイパン陥落以後に亡くなっている。

## 木戸の〝情報統制〟

サイパン陥落後の一九四四年（昭和一九年）七月下旬、東条内閣は総辞職に追い込まれる。その経緯はこうである。

東条内閣打倒の動きは、サイパン陥落以前から始まっていた。同年春頃から、重臣の岡田啓介、近衛文麿、若槻礼次郎、平沼騏一郎は、戦局の悪化とともに密かに会合を重ね、政局転換の方策を模索していた。彼らは、国際情勢や戦局の悪化から、戦争完遂を固守する東条内閣に見切りをつけ、政局転換、戦争終結の方向を考えていた。

その実質的な中心となっていたのは岡田元首相（海軍出身）だった。岡田は、その姻戚関係などから陸海軍・政府内に正確な情報網をもっていた。

東条内閣は、戦局悪化のなかで、戦争遂行を理由に国家統制、情報・言論統制を強化していた。検閲の厳格化などにより報道機関による内閣への批判が一切封じられた。また、内務省管轄の特高警察のみならず、陸軍憲兵を使い、種々の言論・集会に対し厳しい監視や弾圧をおこなっていた。そのため東条内閣への不評や不満が広範に広がっていた。

だが、木戸は宮中での政務関係輔弼責任者として、侍従長や宮内大臣を、政務面での天皇への助言や情報提供に極力関与させない方針をとっていた。天皇への意見具申や情報提供は、政府・統帥部の輔弼責任者に限定し、それ以外のものは「雑音」として処理した。[7]

昭和天皇も、正規の輔弼責任者以外からの意見具申や情報提供を好まなかった。[8] したがって、新聞雑誌などへの厳格な報道統制下で、天皇が知ることのできる政府・統帥部以外の意見や情報は、木戸を通したものに限られる傾向となっていた。

そのような状況に、重臣の近衛、岡田やその周辺の、政権中枢から排除されている人々は、天皇は事態の真相を知らされていないのではと考えるようになっていた。

たとえば近衛は、東条内閣の上奏は不正確で、都合の悪い情報や事実は隠しているとみていた。木戸についても、「木戸内府は全く政府の欠点については知りながら申し上げないのだから、陛下には真相をお伝えすることが全くできない」、との発言を残している。[9]

ちなみに近衛は、この頃には、政権中枢や陸軍首脳部に皇道派を起用し、東条ら統制派を排除する方策を考えていた。「統制派の幕僚政治、軍部独裁的の考えを一掃するには、どうしても皇道派にやらせてみたい」、と。以前のように、皇道派によって統制派を牽制させるレベルではなく、統制派の全面排除を志向していたのである。[10]

## 航空機資材をめぐる反目

このようななか、一九四三年（昭和一八年）になると、陸軍と海軍の間で、航空機資材の配分比率をめぐって深刻な対立が起こった。対米戦の正面に立ち航空機の消耗の激しい海軍から、航空機資材の配分比率拡大が強く要求された。陸軍はこれを容れず、陸海軍間対立は激化し、事態は東条内閣の存続にも関わることになってきた。

この問題について昭和天皇は、翌年（一九四四年）二月九日、永野軍令部総長に対して、「飛行機配分に関し海陸意見対立し、ために内閣更迭するがごときことあらば、対外的に不利につき互譲の精神をもって取纏めるようになせ」[11]と発言している。

その後、配分比率は、従来のままの均等配分で決着した。

この天皇発言の六日前、木戸は、海軍航空兵力の増強を主張する高松宮（当時海軍軍令部参謀）に、

「万一かくのごとき問題にて政変を惹起するがごときことあらんか、真に申し訳なく、かつ無意味にて、政変により本問題は解決せらるる性質のものにあらざれば……万やむをえざれば御

前において……ぜがひでも解決せしむるの要あり」[12]

と話している。

航空機資材配分比率の問題で、東条内閣が倒れるようなことは避けたいというのである。木戸は、前年（一九四三年）一一月にも、海軍大学校の高木惣吉研究部主事に、「今軽々に政変を予想することは……全然気合い抜けするおそれ大なり。……一挙に戒厳令に行くおそれあり。かくのごときは……敵側に乗ずる隙を与うる結果となる」と述べている。[13]

東条内閣の存続が望ましいとの意見だった。

ちなみに、陸軍内でもこの頃の木戸について、次のようにみていた。「雨［木戸］の態度は次のごとし。……山［東条］は政治家としてその任にあらずと考うるも、内外の情勢は政変を不利とするほか、適当なる後継者なきをもって、何とか山［東条］の反省により現下にふさわしき政治を行うごとくしたし」、と陸軍省軍務課員の記録に記されている。[14]

翌年（一九四四年）三月にも、木戸は、

「東条のことをかれこれいうが、いったい私にどうせよというのか。奏請の責を取れというのか。……現に御信任のある東条に対し辞めたらどうかと言うべき筋でもない。……いま政権に動揺が起こることは甚だ適当でない」[15]

との発言を残している。

木戸は、この時期まで、一貫して東条内閣を支持していたのである。また昭和天皇も基本的には東条を信任していた。

## 反東条に一変

しかし、一九四四年（昭和一九年）四月に入ると、木戸の東条に対する態度が変化してくる。近衛によると、「最近木戸が東条のことを非常に悪く言いだし、十一日会［四月一一日会合］でも大いに東条をこきおろした。東条のことを不熟慮断行などと言っていた。対東条内閣の気持ちが変わったのではないかと思う」、とのことだった[16]。

その後、「木戸侯も最近は東条と悪し。何となれば、東条は自己の意見が通らざるときは威嚇をなすごときことあり」、との情報が近衛の周辺にも寄せられている（五月七日）。また近衛も、「最近木戸侯も東条首相の言動に見かねて注意することあるも、その都度『それは御上の思し召しなるや』と反問する有様」らしいと周囲に話している（五月二四日）。

木戸と東条の間には明らかに亀裂が生じていた。木戸の東条に対する態度変化の直接のきっかけは分からないが、背後に国際情勢や戦局の悪化があったことは確かだろう。サイパン陥落後、木戸を含め内外の事情に通じている有力者の間では、枢軸側の敗北は確実視されていた。木戸も前述のように戦争終結の方策を考え始めていた。にもかかわらず東条は戦争貫徹の強硬姿勢を崩さなかったからである。

六月五日、近衛は木戸と会談しているが、「木戸侯は自分も顔負けするほど反東条になっておった」と驚いている。その時近衛が、「最近御上も、東条に人心離れたるよし御承知遊ばされたるようなり」と言うと、木戸は、「それは自分が申し上げるからだろう」と応じたとのことである。[17]

このように、木戸と東条の間に距離が生じているなか、七月初めから近衛、岡田、平沼らは相互に連絡を取り、東条排斥に本格的に動きはじめる。六月中旬の米軍サイパン上陸開始、マリアナ沖海戦での惨敗後、東条、嶋田に対する批判が軍内外で強くなっていることも、その背景にあった。

木戸も、七月三日に松平秘書官長から、「岡田大将、平沼男［男爵］を訪う。戦争の見透、内閣更迭の必要論。平沼男は重臣より上奏する論。右につき岡田大将、近衛公を訪う」、との情報を知らされている。[18]

またそれ以前の六月二五日には、岡田自身から「海軍部内の嶋田海相に対する関係すこぶる悪しく、至急処置を要する」旨を伝えられている。[19]嶋田海相の排斥は、東条内閣排斥につながっていくものだった。

七月八日、近衛は、東条排斥を求める岡田ら重臣の意見を背景に、木戸と会談した。

そこで木戸は、「東条に詰め腹を切らせることは、陸軍が反撃するおそれがある」として慎重だった。そのような企ては、一種の「クーデター」だから、「よほど情勢を見極め」なければならない。中途半端に手をつけたら、かえって反撃をうける、との意見を述べた。

ただ、外部に東条排斥の「空気」が醸成されることは、木戸も「大いに歓迎する」とのことで、重臣、皇族、議会など各方面での東条批判を意識的に煽るかの様子だった。

当時、重臣などの働きかけで、東条・嶋田陸海相の参謀総長・軍令部総長兼任を辞めさせるべきとの上奏の動きが皇族間であった。木戸はその実行を「促進しておいてもらいたい」と近衛に依頼している。[20]

近衛が語ったことによると、この日の会談で木戸は、「東条は今や実質上ディクテーターなれば、これを倒すには一種のクーデター必要なり。……事緩慢にして［は］東条に乗ぜられ、かえって大弾圧というがごとき結果を生ずべき」と発言したとのことである。[21]

木戸が東条にかなり批判的になり、すでにその排斥を考えていたことが分かる。木戸は、国内外の情勢判断とパーソナルな感情的対立から、すでに東条に見切りをつけていた。

また、東条も、木戸が「どうも陸海軍がうまく行かぬようだが」と指摘すると、「それは誰から聞いたか。また何を証拠にかくのごときことを云うか」、と気色ばんでいる。木戸と東条の間の亀裂がかなり深刻だったことが想像される。

ただ、木戸は、「軍の内部にいまだ相当東条を支持する者［が］ある」と観察していた。したがって事態の推移によっては、「軍内部の動揺」すなわち陸軍の実力行使が起こることを恐れ、警戒していた。[22]

後述するように、終戦前、陸軍省軍務局の中堅・少壮幕僚たちが、陸軍によるクーデターを画策しており、木戸の警戒は必ずしも杞憂ではなかった。

## 三つの要求を突きつける

七月一三日午後一時頃、東条は、内外の厳しい情勢をうけて、木戸に「戦争完遂」の観点からの内閣改造を打診した。

これに対して木戸は、次のように、統帥の確立、嶋田海相の更迭、重臣の抱擁把握、の三点を要求した。東条内閣の政権運営にとって、極めて深刻な内容であり、この時点で木戸も東条排斥の決心を固めていたものと思われる。

「この際、統帥の確立は最も必要なりと信ず。敵を玄関先にむかえて片手間の作戦にては国民は安心せず。……従って、このままの態勢にて進むときは、統帥の批判は今後ますます激しくなるとも終熄はせざるべし。

嶋田海相の海軍部内の不評不満は、実は意外なるほど普遍的圧倒的にして、……これをこのままにして内閣の改造を行わるるとも……海軍の士気昂揚は思いもよらざるところなり。……重臣および指導者層の抱擁把握の必要あり。この辺に一段と工夫を要すべし」[23]

統帥の確立とは、東条陸相の参謀総長兼任、嶋田海相の軍令部総長兼任を廃止し、それぞれ専任総長を置くことだった。嶋田については、航空機資材配分比率の問題など、海相就任以来一貫して東条（陸軍）に追随してきたとして、海軍内での不満が充満していた。

重臣の「抱擁把握」は、重臣側の要望するポストへの重臣の入閣を意味した。東条も無任所の国務大臣として、重臣の入閣を考えていた。だが、岡田・近衛ら東条に批判的な重臣グループは、倒閣を前提に米内光政を現役に復帰させ、海相につけようとしていた。したがって、東条と重臣側の考えとは明らかに相違していた。

この時木戸は、「今日の問題は、すでに一内閣の問題にあらず。一歩を誤れば御聖徳に言及批判する傾向を激化するおそれあり」と強い姿勢を示した。

東条は、第一点目と第三点目については考慮する旨を答えたが、第二点目の嶋田の処遇については受け入れなかった。そして、「今日、話はこの辺にて打ち切る」として、会談はもの別れに終わった。

同日（七月一三日）午後四時半、東条は参内し、昭和天皇に直接内意を尋ねた。天皇はその場で木戸の意見を基本的に追認する意向を示している。

この直前の午後二時頃、木戸は天皇に拝謁し、東条とのやりとりを伝えており、天皇の応答は、それを念頭においたものだった。

ただ、この時、昭和天皇は東条に対して、「第三の重臣云々は、前の二点に比すれば問題にあらず」と微妙な発言をしている。[24]

しかし、東条側は、木戸との会談から、「退陣するか」、海軍大臣更迭を前提に「内閣強化策を講ずべき」かの二者択一しかないと判断した。[25]

そこで東条は、やむなく木戸の三点の要求を受け入れざるをえなくなった。そして、嶋田を軍令部総長専任とし、参謀総長に梅津美治郎を、海相に野村直邦を据え、米内、阿部を無任所大臣で入閣させる方向で、事態を乗り切ろうとした。[26]

この頃東条側は、「木戸内大臣の動向」について、「和平実現」のためには「東条内閣の倒閣」が必要だとする動きと繋がりがあるのではないかと警戒している。[27]

## ついに倒閣工作へ

七月一七日、東条はまず嶋田海相を更迭、軍令部総長専任とし、野村を海相につけた。

同日、近衛は木戸の意向を知るため内大臣官邸を訪ねた。近衛・岡田ら反東条の重臣グループは、自分たちの意思を昭和天皇に伝える方法を模索していた。

そこで木戸は、こう述べている。「政府は、極力米内引き入れに努力している。米内が受けてしまえば、とにかく一応改造は完成する。……米内が受けないうちに重臣会議の話を私に伝えてもらいたい。米内が受けたら万事休すだ。……内大臣として、重臣の上奏を取り次ぐわけにはいかないが、重臣が集まって、かくかくの意見が闘わされたということは一個の政治事実だから、これをありのままに上奏して叡聞に達することはいっこう差し支えない。とにかく、急いでやってもらいたい」[28]。

米内が無任所国務大臣として入閣すれば、内閣改造は実現し東条内閣は継続されることになる。その前に重臣会議があれば、そこでの議論を「一個の政治事実」として天皇に伝えることができるので、重臣会議を急いでほしい。それがこの時の木戸の意向だった。

かつて（前年八月八日）岡田の指示で、娘婿の迫水久常内閣参事官が東条の参謀総長専任（東条内閣退陣）の意見を木戸に伝えたさい、木戸は、「内大臣というものは鏡のようなものであって、つまり世論や世間の情勢をうつして、そのまま陛下にお目にかける役目をするものだ。……だから東条の件についても……個人的な意見だけでは自分にはどうにもならない。もし世論が、東条内閣に反対だということになったら、その時は陛下にお取り次ぎする」と答えていた[29]（ただし、この時の木戸はなお東条を支持）。

重臣会議の議論は、この発言での「世論」の一つにあたるというのである。それまで、木戸は岡田ら重臣の希望する上奏の取り次ぎは受け入れていなかった。

七月一七日夜、ただちに、近衛、岡田、若槻、平沼、米内、阿部、広田の重臣七名が集まり、重臣会議が開かれた。そこでの議論の結果、阿部を除く六名が東条による内閣改造に反対し、重臣は入閣しないことを決めた。

その結論をもって岡田が木戸を訪問し、木戸と意見交換のうえ、内閣改造に反対する重臣会議上奏文を作成した。

その間、米内は、東条の意を受けた佐藤陸軍軍務局長や岡海軍軍務局長らの執拗な入閣要請を断り、入閣拒否の姿勢を固持していた。この時すでに米内は、岡田・近衛ら反東条の重臣たちと入閣拒絶を申し合わせていた[30]。

また重臣入閣のため東条に辞職を要求された無任所国務大臣の岸信介も、反東条派議員からの働きかけを受け、辞職を拒否して内閣総辞職を主張した。木戸とも相談のうえだった。岸は、東条配下の四方諒二(しかたりょうじ)東京憲兵隊長から、辞職するよう脅迫されていた[31]。

このような動きを受け、七月一八日午前〇時過ぎ、東条はやむなく総辞職を決意する。米内の入閣拒否が直接の決め手となった。東条側の記録では、「米内大将の入閣は絶望と判断、万策尽き総辞職を決意す」とある[32]。

木戸は、一八日朝、東条の参内前に、上奏文を含め重臣の動向を昭和天皇に伝えている。

こうして、一九四四年（昭和一九年）七月一八日、ついに東条内閣は総辞職した。ただ、東条内閣総辞職後も陸軍内では、なお統制派系幕僚が主導権を握っていた。

この段階では、太平洋の戦局からみても、国際情勢からみても、すでに日本の敗北が確実なのは明白だった。したがって、即時休戦ののち講和協議へ入る選択肢も当然ありえた。だが、統制派系の陸軍中央主流派は継戦方針を変えなかった。

## 宇垣派の小磯を擁立

東条内閣総辞職後、木戸内大臣を含む重臣会議は、後継首班として小磯国昭を奏薦。一九四四年（昭和一九年）七月二二日、小磯内閣が成立した。木戸自身はなお内大臣職にあった。

重臣たちは、もと宇垣派で陸軍大将（予備役）の小磯に、ある程度陸軍を抑えて、国策を戦争終結の方向に向けることを期待していた。

だが、小磯は陸軍中央幕僚をコントロールすることはできず、陸相には、彼ら幕僚の意向を尊重する杉山元が就いた（参謀総長は梅津美治郎）。

小磯内閣は成立直後、従来の大本営政府連絡会議の構成員を限定し、最高戦争指導会議に改組した。構成員は、首相、陸相、海相、外相、参謀総長、軍令部総長の六名からなり、内閣書記官長、陸海軍軍務局長が幹事を務めた（のち内閣総合計画局長が幹事に加わる）。小磯首相は、規模を縮小した最高戦争指導会議の主導権を握ろうとしたが、なお実務を握る陸海軍軍務局長に掣肘され、その企図は実現されなかった。しかも、陸海軍軍務局長には、陸海軍幕僚が幹事補佐として付いていた。

一九四四年（昭和一九年）八月一九日、最高戦争指導会議で第三回「今後採るべき戦争指導の大綱」が決定された（九月二一日、上奏・裁可）。

それは、現有戦力および今後の追加戦力を結集して「敵を撃破」し、「その継戦企図を破摧」する。そして、その企図の成否にかかわらず、あくまで「戦争の完遂」を期する、とするものだった。

陸海軍では、米軍主力との決戦地域を、日本本土・沖縄・台湾・フィリピン方面と想定し、実際にはフィリピン周辺での決戦を予想していた。

したがって、防御ライン外となるフィリピン以南の将兵は、縮小されたラインの防御戦準備を整える時間をかせぐため、米軍の反攻を阻止し持久戦を戦うこととされた。

この頃、木戸は昭和天皇より、「独逸屈服等の機会に、名誉を維持し、武装解除または戦争責任者問題なくして、平和できざるや。領土は如何でもよし」、との意向を聞かされている。[33]

## フィリピン占領と本土決戦計画

同年一〇月、陸海軍の予想どおり、米軍主力は大艦隊を擁してフィリピンに進攻してきた。日本側は、連合艦隊のほとんど全勢力を投入したが惨憺たる敗北を喫し、ここに連合艦隊は事実上消滅した。陸軍守備部隊も米軍の上陸を許し、北部のルソン島で抵抗を続けるが、フィリピンの主要部分はアメリカ側に占領された。

フィリピン決戦により米軍に一大打撃を与え有利な条件での講和を、との政府・陸海軍指導部の希望は潰(つい)えた。だが、陸海軍統帥部では、決戦勝利後講和の方針を改めなかった。

フィリピンでの敗北後、陸海軍統帥部では本土決戦の決意を固め、その防御態勢整備の時間をかせぐため、沖縄はじめ周辺地域での徹底した持久戦を指示した。また、その他の占領島嶼(とうしょ)地域でも持久自活による戦闘継続が命じられた。

ただ、海軍省では、米内光政海相のもと、井上成美(しげよし)海軍次官が高木惣吉海軍省教育局長に、戦争終結の本格的研究と情報収集に当たらせている。陸軍でも、参謀本部戦争指導班と情報部の一部がソ連の仲介による講和を考えていた。

一一月中旬、かねてから計画されていた大本営の信州松代への移転が着手され、松代で地下壕を掘るための工事が開始される。この計画は東条内閣末期に陸軍省軍事課で起案され、陸軍上層部の承認をえたものだった。軍事課では、比較的好条件で和平が実現しても、それは一時的なもので、最終的には、本土占領、武装解除、皇室廃止、民族滅亡（強制的海外移住）に至る張していた。[34] したがって、「大和民族最後の一人まで抗戦」する必要があるとして、本土決戦を主張していた。[34]

## 重臣たちの直接上奏を認める

翌年（一九四五年）二月、木戸は、かねてから拝謁を望んでいた重臣らの希望を容れ、「天機奉伺」として、「現下の難局に対する所信」を天皇に言上する機会を作った。それまで木戸は、重臣たちの直接上奏の取り次ぎを受け入れていなかった。

その際近衛は、次のような上奏文（いわゆる近衛上奏文）を提出した。もはや「最悪なる事態」（敗戦）は遺憾ながら「必至」であり、「勝利の見込みなき戦争」をこれ以上継続すれば、共産革命が起こりかねない。「国体護持」の立場よりして、一日も早く「戦争終結の方途」を講じなければならない、と（この上奏文で近衛は、陸軍主流の統制派は共産主義の影響下にあるとして、彼らを陸軍から一掃することを主張している）。

近衛のこのような戦争終結論に対して昭和天皇は、「もう一度戦果を挙げてからでないと、なかなか話は難しいと思う」、と答えている。[35]

近衛によれば、天皇は、「梅津および海軍は、今度は台湾に敵を誘導し得ればたたき得ると言っているし、その上で外交手段に訴えてもいいと思う」、と述べたとのことである。[36]

同じ頃（一九四五年二月）、陸海軍の主務担当幕僚間で、第四回の戦争指導大綱案がまとめられた。それは、「本土決戦即応態勢を確立し、一億必勝の確信のもと、……あくまで戦争を完遂す」、とするもので、明確な本土決戦方針だった。

四月一日、米軍が沖縄本島に上陸。激しい戦闘の末、六月二三日、現地日本軍の組織的抵抗は終わった。沖縄住民犠牲者（軍人・軍属を含む）は沖縄全人口の四分の一を超えた。

本土決戦となれば、同様な割合での犠牲者が予想された。当時の本土人口からして、実に、二〇〇〇万近いものとなる。

米軍の沖縄上陸直後の四月五日、小磯内閣が政権運営に行き詰まり総辞職。七日、鈴木貫太郎内閣が成立した。木戸は内大臣に留まっていた。なお、小磯内閣総辞職の日に、ソ連より日ソ中立条約不延長が通告された。

## 昭和天皇に戦争終結を説得

鈴木内閣の組閣に際し、陸軍省軍務課は、次のような組閣三条件などを「陸軍の要望」としてまとめ、省部部局長らの承認をへて杉山前陸相に提出した。三条件は、大東亜戦争完遂、本土決戦施策、陸海軍統合で、このような方針に基づいて、阿南惟幾の陸相就任を要望するものだった。杉山はこれを鈴木に伝え、鈴木は了承し、阿南が陸相となった。[37]

鈴木は、「へたなことをするとクーデターが起こって収拾がつかなくなる。好機を待ってそれ［和平の機会］を捉えなくてはならない」と考えていた。[38] 内閣瓦解を避けつつ、戦争終結の機会をうかがおうとしていたのである。

沖縄戦前から、陸軍は本土決戦のため陸海軍を統合することを要請していた。だが、米内海相は現状維持を主張し同意しなかった。これは本土決戦を意図する陸軍に抗して早期の戦争終結を実現するため、海軍の組織的発言力を確保しておく意図からだった。

結局、四月下旬、鈴木は、陸海軍の統合は天皇の意思であるとの「うわさ」を、昭和天皇自身が否定するかたちで統合論を抑え、現状維持で決着させた。[39]

五月五日、戦争終結の方策を模索していた近衛は木戸に会い、「いったい陛下の思召はどうか」と聞いた。これに対し、木戸はこう答えている。

「従来は、全面的武装解除と責任者の処罰は絶対に譲れぬ。それをやるようなら最後まで戦う、との御言葉で、武装解除をやれば蘇連が出て来るとの御意見であった。そこで陛下の御気持ちを緩和することに永くかかった次第であるが、最近（五月五日の二、三日前）御気持ちが変わった。二つの問題もやむをえぬとの御気持ちになられた。……早くといっても時機があるが、結局は［戦争終結の］御決断を願う時機が近い内にあると思う」[40]

これは近衛が、木戸との会談内容を海軍の高木惣吉に伝えたものである。近衛はまた側近の細川護貞に、五月五日の木戸の発言をこう話している。

「最近御上は、大分自分の按摩申し上げたる結果、戦争終結に御心を用いさせらるることとなり、むしろこちらが困惑する位性急に、『その方がよいと決まれば、一日も早い方がよいではないか』と仰せ出される有様なり。……ただ軍の武装解除につき多少御心残りもありたるようなりしも、『三千、五千の兵が残りたりとて、ほとんど有名無実なり』と申し上げたるところ、それも御断念あそばされたるようなり」[41]

## ドイツ降伏と対ソ交渉

五月七日、ドイツが無条件降伏する。

五月中旬、鈴木首相は最高戦争指導会議構成員会合（陸海軍軍務局長らの幹事を除く六名）を開催。東郷外相は、ソ連を仲介とする和平交渉開始を提案したが、同意をえられず、しばらく見合わせることとなった。

東郷茂徳外相は、もはやソ連を利用する余地はないと考えていた。だが、陸軍は本土決戦のためソ連の参戦防止を必要としており、ソ連の中立維持を目的とした対ソ交渉を望んでいた。そこで、東郷は、ソ連の中立維持を望む陸軍の希望を容れ、その対ソ交渉のなかで、陸軍主流の忌避する和平交渉に、ともかく着手しようとしたのである。

六月中旬、東郷外相や鈴木首相は、参戦防止を目的とした対ソ交渉において、ソ連を仲介とした和平交渉にも着手することの合意を、六人の間でようやく取り付けた。ただ、二月上旬のヤルタ会談で、ソ連はすでに対日参戦を米英に約束していた。

なお、最高戦争指導会議構成員会合は、幹事を排除することで、陸海軍幕僚の介入や彼らへの議論内容の漏洩を防ぐことを意図したものだった。

## 時局収拾案を起草

六月八日、沖縄戦が絶望的な戦況となるなか、天皇が臨席する御前会議形式の最高戦争指導会議で、第四回「今後採るべき戦争指導の大綱」(正式には「今後採るべき戦争指導の基本大綱」)が決定された。陸海軍主務者案どおり、「あくまで戦争を完遂」するとの本土決戦方針だった。

同日、木戸は「時局収拾の対策試案」を起草する。その内容は次のようなものだった。

「御前会議議案参考として添付の我が国国力の研究をみるに、あらゆる面より見て、本年下半期以降においては戦争遂行の能力を事実上ほとんど喪失するを思わしむ。……戦局の拾収につき、このさい果断なる手を打つことは、今日の我が国における至上の要請なりと信ず。……

軍部より和平を提唱し、政府これによりて策案を決定し交渉を開始するを正道なりと信ずるも、我が国の現状より見て、今日の段階においてはほとんど不可能なるのみならず、この機運の熟するを俟たんか……皇室の御安泰、国体の護持という至上の目的すら達し得ざる悲境に落つることを保障し得ざるべし。

　よって従来の例よりみれば、極めて異例にして……恐懼の至りなれども、下万民のため、天皇陛下の御勇断を御願い申し上げ……戦局の拾収に邁進するの外なしと信ず」[42]

　こうして、軍部主流がなお本土決戦に固執するなか、天皇の「聖断」というかたちでの戦争終結方法が、木戸や鈴木首相らによって図られることとなる。その出発点は、この「時局収拾の対策試案」にあった。木戸は国民生活の安寧なくして皇室の存続はなく、本土決戦など論外だと考えていた。

　なお、この時木戸は、「天皇陛下の御勇断」の具体的方針として、こう考えていた。ソ連を仲介とする和平を、天皇の親書により実現する。その条件は、占領地よりの自主的撤兵、軍備の縮小など、「名誉ある講和」とする、と。

　だが「御勇断」の意味は、国内の政治状況からみて、おそらくそれだけに止まらず、決定プロセスそのものにおける「聖断」形式をも想定していたものと思われる。

　その点について、木戸はこう記している。

「戦争から平和へというような百八十度の転換は……極めて秘密の間にお膳立てを整えて、最後は陛下の御命令で実現するほかはないと思う」

「機会到来の際は、宮中においては内大臣〔木戸〕において。また政府は外相〔当時は重光葵〕において全責任を負い、聖断により事を運ぶの外なし」[43]

この記述は戦後のものだが、重光外相も、当時の手記にこれを裏付ける木戸の発言を書き残している。すなわち、木戸は「日本民族、皇室を救うべく、外交〔和平〕交渉の時期きたる場合は、自分において御上に進言し、貴下〔重光外相〕と連繋して大命を内閣に下して行わしむることに腹を定めたり」と述べた、と。[44]

ただ、木戸の考えていた和平条件は、米英側からは受け入れられる可能性のない、非現実的なものだった。しかし、木戸がこの条件を、どこまでリジッドなものとして考えていたかは分からない。

## 宮内大臣への転任を勧められる

ところで、木戸が「対策試案」を起草する六日前の六月二日、昭和天皇は突如木戸に、内大臣から宮内大臣に転じてはどうかと勧めている。木戸はその場ですぐに断り、天皇もそれ以上は押していない。「四時、御召により御文庫にて拝謁す。余が宮相に転じ、石渡〔荘太郎元蔵相〕を内府というわけには行かざるやとの御下問なり。余は諸般の事情より推してその不可なるゆえんを言上、御嘉納(ごかのう)を得たり」[45]。

これは、松平恒雄宮内大臣が、空襲による皇居炎上の責任を取って辞意を表明したことに連動していた。しかも松平の後任として石渡をあてることを木戸が提案し、天皇も承認した、わずか二時間半後のことである。

こうした天皇の意向にどのような背景があったのかは、現在のところ不明である。また、このことと木戸の「対策試案」起草との間に何らかの関係があったかどうかについても分かっていない。その強弱の程度はともかく、この時昭和天皇が木戸の内大臣更迭を考えていたことは確かである。ちなみに、近衛の周辺などでは、早くから「木戸内府が［事態転換＝戦争終結への］一番のガンである」として内大臣の辞職を求める意見があがっていた。[46]

なお、同日（六月二日）木戸は米内海相に、「国策の転換」には、「政治家が悪者となる必要あり。自分自身は何時にても悪者となる決心あり」、と述べている。[47] 木戸もこの頃にはすでに、自身の身の処し方について、ある程度の覚悟を決めていたようである。それが天皇の勧めにもかかわらず、それを断り内大臣を続けた一つの要因だったと思われる。近衛にも木戸は、「この上は［戦争終結を］自分がやらねばならぬ。そうすれば殺されるだろうが、あとは頼む」、と伝えている。[48]

この頃の自身の日記にも「一生一度国家の大犠牲となりて一大貧乏籤（びんぼうくじ）を引いてみたいもの」との記述がある。[49] いささか大時代的な表現だが木戸としては正直な気持ちだったろう。

六月九日、木戸は昭和天皇に「対策試案」を説明し、承認をうけた。

つづいて六月一三日に、鈴木首相、米内海相と、一五日に、東郷外相と懇談し、「対策試案」について、それぞれの了解をえた。そして、六月一八日には阿南陸相に「対策試案」を説明している。阿南は、「本土決戦で戦果を挙げた後がむしろ有利ならん」との意見を述べたが、反対はせず、ともかく「至急研究することに同意」した。[50]

六月二〇日、木戸は天皇に、九日以後の経過を報告。二一日、最高戦争指導会議構成員のみを天皇臨席のもとに召集することを進言。「対策試案」に基づき、その際「賜るべき御言葉」の内容についても言上している。[51]

## 鈴木貫太郎との連繫

六月二二日、天皇臨席のもと最高戦争指導会議構成員会合が開かれた。

そこで昭和天皇は、

「戦争の指導については、さきに［六月八日］御前会議において決定をみたるところ、他面、戦争の終結につきても、この際従来の観念に囚わるることなく、すみやかに具体的研究を遂げ、これが実現に努力せんことを望む」[52]

と発言した。

鈴木首相は、「その実現を図らざるべからず」と奉答。米内海相も、五月中旬の最高戦争指導会議構成員会合で申し合わせた、ソ連を仲介とする和平交渉に言及し、それを直ちに開始すべきとの意見を述べた。東郷外相も同意見だった。

ただ梅津参謀総長は、「実施には慎重を要す」との留保をつけた。だが天皇から「そのため時期を失することはなきや」と尋ねられ、「速やかなるを要す」と答えている。

阿南陸相、豊田軍令部総長は、記録に残されている限りでは、特段の発言をしていない。[53]

この頃、松平内大臣秘書官長、迫水内閣書記官長は、緊密に連絡を取り合っており、この日の会合は、木戸と鈴木の連繫でおこなわれたと思われる。なお、松平、迫水は、高木惣吉海相補佐や加瀬俊一外相秘書官、松谷誠首相秘書官兼軍務局御用掛（阿南陸相前秘書官）とも、定期的に会合をもっていた。彼らを通じて、木戸、鈴木、米内、東郷、阿南は、一定の意思疎通があったものと推測される。

なお、梅津参謀総長は、六月上旬、支那派遣軍の現状を視察し、六月九日に帰国。昭和天皇に次のように報告した。日本の満州・中国での戦力は、アメリカ軍の八個師団分程度にすぎない。また、その弾薬保有量は、会戦・回分にも満たない状況だ、と。[54] このことは天皇から木戸にも伝えられ、木戸の日記（六月一一日）にも、「支那総軍の装備の現状等につき御話あり。すこぶる遺憾なり」、と記されている。

なお、天皇は、六月一二日にも、海軍関連施設を視察した長谷川清海軍軍事参議官から、装備・訓練の深刻な低下の実情について報告を受けた。[55]

この陸海軍についての二つの報告は、昭和天皇にかなりの衝撃を与えたようで、それが六月二二日の最高戦争指導会議構成員会合での天皇発言の一要因と考えられる。

## 対日参戦を決めていたスターリン

この会合以前の六月初旬から東郷外相の意を受けて、広田弘毅元外相がマリク駐日ソ連大使と密かに接触していた。しかし、ソ連側の意向がほとんどつかめず、事態は進捗しなかった。そこで、七月三日、木戸は昭和天皇に、対ソ交渉の促進を鈴木首相に督促するよう進言する。七月七日、天皇は鈴木に「対蘇交渉はその後どうなっているのか。……親書を持ちて特使派遣のことに取り運んでは如何(いかん)」、と特使派遣を勧めた。[56]

七月一〇日、鈴木は最高戦争指導会議構成員会合を開き、特使派遣と、スターリンへの親書送付を申し合わせた。特使には近衛元首相を内定した。

またこの日、佐藤尚武(なおたけ)駐ソ大使からソ連モロトフ外相に直接、対ソ交渉についての申し入れをおこなっている。

ただ、日本側はまだ、ソ連を仲介とした対米英和平交渉について、ソ連側仲介への見返り条件（南樺太の譲渡ほか）や、米英に対する和平条件の合意ができていなかった。

七月一二日、「なるべく速やかに平和の克復」を希望する天皇の親書が佐藤駐ソ大使に送られた。翌日、佐藤はロゾフスキー外務次官に親書を託し、特使派遣を申し入れた。

親書および特使派遣の申し入れは、ポツダムでの連合国首脳会議に臨んでいたスターリンに届けられた。ソ連側は、近衛特使の使命が不明瞭であり、確たる回答は不可能との反応だった。なお、スターリンはヤルタ会談ですでに、ドイツ降伏三カ月後の対日参戦を約束していた。

七月二〇日、最高戦争指導会議構成員会合において、近衛特使の任務は戦争終結のため英米への仲介をスターリンに依頼することにあることを確認。翌日、東郷外相はその旨をソ連側に伝えるよう佐藤大使に指示した。だが、ソ連や米英へ提示する具体的条件については、なお合意ができておらず、また近衛が条件の白紙委任を望んでいた関係で、全くふれていない。

## 陸軍の不穏な動き

このころ、陸軍について、近衛の周辺に次のような伝聞が流れていた。

かつて東条は部内に訓示し、「勤王には二種あり。一つは狭義のもの、二つは広義のもの」だ。前者は「陛下より和平せよとの勅命あれば、これ従うこと」である。だが後者はそれとは異なる。「国家永遠のことを考え、たとえ陛下より仰せあるも、まず諫め奉り、たびたび諫言し奉りて御許しなくば、強制し奉りても所信を断行すべし」、と述べた。その論に賛成する者が陸軍内には相当ある、とのものだった。[57]

実際、開戦前に東条は東久邇宮に対し、こう述べていた。「陛下が日本の不利益を忍んでまでも、どうしても日米国交を調整されようとお考えになっているのに対して、東条はそのことが国家百年のために不利であると考えるならば、東条は、どこまでも陛下をお諫め申し上げなくてはならない」、と。[58]

# 第十章 「聖断」の演出者として

## ポツダム宣言発表

その後も、ソ連との間に特使派遣について交渉が続けられたが、ソ連側は特使の具体的提議内容が不明だとして、なかなか受け入れなかった。

日本側でも、対ソ提案や米英への和平交渉案について、さまざまな議論がなされていた。そのような経過のなかで、一九四五年（昭和二〇年）七月二六日、ポツダム宣言が発表された。その主な内容は、軍国主義の除去、保障占領の実施、領土の縮小、武装解除、戦犯の処罰、軍隊の無条件降伏などだった。

ポツダムでの会談で、スターリンはソ連を共同宣言国に加えることを要請したが、認められなかった。なお、日本がソ連に仲介依頼をしていることは米英首脳に知らされていた。

外務省内では、皇室および国体にふれていないこと、無条件降伏は軍隊に限定されていることなどから、原則受諾すべきだとの意見が強かった。

だが、七月二七日に開かれた最高戦争指導会議構成員会合や閣議では、即時拒絶すべきとの主張が出された。しかし、鈴木首相や東郷外相はそれを抑え、しばらく意思表示をしない方針とした。

翌日の新聞各紙は、ポツダム宣言にたいする政府の態度を「黙殺」と報道。鈴木首相も記者会見で、「黙殺する」と述べた。

同日、東郷は佐藤駐ソ大使に、ポツダム宣言への態度表明は特使派遣へのソ連の回答を待って行う旨を知らせている。その後、最高戦争指導会議構成員会合での関心は、特使派遣に対するソ連の回答に集中し、それに期待し回答を待つかたちになった。

木戸も戦後の回想で、ポツダム宣言直後について、

「ぐずぐずしては終戦の時機を失することになると焦慮の念に駆られていたのであるが、無理に断行しても、継戦派が叛乱でも起こして、かえって終戦ができないことになることも恐れたから……待ちに待っていたのである」[1]

と述べている。

政府は依然としてソ連との交渉を軸に考えていたが、参謀本部ロシア課では、極東ソ連軍の動きからソ連参戦の可能性が高いと判断し、その旨を参謀本部内で報告していた。

また、佐藤駐ソ大使より、特使問題は米英首脳に知らされており、宣言はその回答とみなすべきで、これ以上の特使派遣交渉は無意味だ、との意見具申が届いていた。

## 原爆投下とソ連参戦

そして、八月六日、広島に原子爆弾が投下される。

翌日正午、木戸は「昨朝、広島市に対し原子爆弾を米国は使用。被害甚大、死傷十三万余」との報告を受けた。[2] 直後に天皇に拝謁。「時局収拾につき御宸念あり。種々御下問ありたり」、と日記にある。

八月九日、ソ連が日ソ中立条約を破棄して参戦。最後通牒はなく、同時にポツダム宣言にも加入した。東郷外相ら外務省首脳は、ただちに天皇の地位保全を条件にポツダム宣言を受諾する方針を決めた。ソ連参戦を知った鈴木首相は、「陛下の思召［戦争終結］を実行に移すのは今だ」、と考えたとのことである。そして、「自己一身の全責任をもって、この戦争の終局を担当しよう」との決意を固めた。[3]

昭和天皇は木戸に、ソ連参戦により「戦局の収拾につき急速に研究決定の要ありと思うゆえ、首相と充分懇談するよう」、述べている。

木戸はただちに、鈴木首相に天皇の意思を伝え、「この際速やかにポツダム宣言を利用して戦争を終結に導く」必要があることを力説した。[4]

この八月九日に、さまざまな動きが並行して起きている。

同日午前、宮中で最高戦争指導会議構成員会合が開かれた。出席者は、鈴木首相、東郷外相、阿南陸相、米内海相、梅津参謀総長、豊田軍令部総長の六名である。

鈴木首相は、広島の原爆投下とソ連参戦により、戦争継続はとうてい不可能で、ポツダム宣言を受諾せざるをえない、と提案した。そこで、ポツダム宣言受諾の条件が問題となった。東郷外相は、皇室の安泰（国体護持）のみを条件とすべきことを主張し、米内海相もこれに同意した。

これに対し、阿南陸相、梅津参謀総長、豊田軍令部総長は、自主的武装解除、自国での戦争犯罪人の処罰、本土占領の回避、の三条件を追加すべきことを主張した。東郷は、そのような条件では交渉は決裂するとして反対した。だが阿南や梅津は、まだ一戦は交えられるとして、東郷の意見を受け入れなかった。

議論は平行線をたどり、閣議開催のため会議は打ち切られた。

午前の最高戦争指導会議構成員会合のあと、午後一時半、鈴木首相は木戸に、「一、皇室の確認、二、自主的撤兵、三、戦争責任者の自国においての処理、四、［本土を］保障占領せざることの条件をもって、ポツダム宣言を受諾することに決せり」と伝えた。[5] 閣議開催前のことである。

実際は、東郷、米内は一条件、阿南、梅津、豊田は四条件で意見が対立していた。だが、ポツダム宣言受諾では一致しており、鈴木は陸軍省部の責任者の意見を尊重したかたちで、ともかく宣言受諾を木戸に伝えたものと思われる。

午後二時半からの臨時閣議でも同様の議論がなされた。この閣議の最中に、長崎に第二の原子爆弾が投下されたとの報告が入った。

鈴木首相は、閣議で午前の最高戦争指導会議構成員会合でポツダム宣言は受け入れるしかないとのことで大体の意見がまとまった旨を報告した。閣僚間でも、ポツダム宣言受諾の条件として、東郷の主張する一条件か、阿南らの四条件かが議論となった。だが、閣議でもなかなか意見はまとまらなかった。

なお、ソ連参戦を知った河辺虎四郎参謀次長は、その日の日記に、「全国に戒厳」を敷き、「要すれば直ちに政府更迭、軍部で引き受ける」と記している。戒厳令を発して内閣を更迭し軍部が政権を握り、戦争を継続することを考えていたのである。河辺は、この意見を梅津参謀総長、阿南陸相にも具申している。

しかし、梅津、阿南ともに否定はしなかったが明確な同意は与えず、阿南も内閣総辞職につながる動きはしていない。[6]

## 鈴木首相も勅裁を求めていた

ソ連参戦を知った近衛は「（陸軍を抑えるには）天佑であるかもしれん」として、午後一時に急きょ木戸を訪ねた。この時木戸は「ポツダム宣言に四個条を付して受諾することに決した」と近衛に伝えた。これを聞いた近衛は、「四条件を提出しては終戦は望みなくなる」と判断。だが木戸は「しかたがない」との姿勢だった。[7]

そこで近衛は重光前外相に事情を説明し、「このうえは天皇陛下の御親裁によりて提出条件は国体維持の一点に限るようにするの外はない」と、木戸の説得を依頼した。

面会した重光に対して木戸は、当初「陛下に御迷惑をかけ」るとして渋っていたが、重光の説得によって結局受け入れた。

午後四時三五分、すぐに木戸は昭和天皇に拝謁。重光にも「陛下は万事よく御了解で非常な御決心でおられる。君らは心配はない。それで今夜ただちに御前会議を開いて、御前で意見を吐き、勅裁を仰いで決定するように内閣側で手続きを執るようにしようではないか」、と伝えた。

重光はその旨を近衛、内閣、外務省に連絡した。[8]

木戸も、鈴木首相に直接天皇の意思を伝え、「条件をつけず、速やかに事を運ぶ」よう勧めた。この間、近衛の周辺による工作で、高松宮からも木戸に、「条件付きにては連合国は拒絶と見るのおそれあり」、との電話連絡がなされている。[9]

ただ、迫水内閣書記官長は、戦後の回想でこう述べている。同日午前の最高戦争指導会議構成員会合の後で、鈴木首相は天皇に拝謁した。そこで、「終戦議論が結論を得ない場合には、陛下のお助けを願いますとの希望をのべ、ご内諾を得ていた」、と。[10]

この回想によれば、鈴木も木戸とは別に、事前に昭和天皇に勅裁を願い出、了承されていたようである。

## 「聖断を仰ぐの外なし」

八月九日午後二時に始まった閣議は深夜に及んだ。鈴木首相は、午後一一時前、閣議をいったん中断して拝謁。御前会議形式による最高戦争指導会議の開催と、平沼枢密院議長の出席を願い出、天皇の許可をえた。

平沼の出席は、緊急のため枢密院での承認に代える意図からだったとされているが、後述するように、それにとどまらない重要な意味をもっていた。平沼は早い段階から岡田啓介の働きかけで海軍の状況などを知らされており、ポツダム宣言受諾やむなしとの判断となっていた。[11]

このことは鈴木首相も承知していたものと思われる。また、御前会議において「御聖断」により事を決するよう、鈴木と木戸の間ではその日に直接合意ができていた。[12]

平沼を加えて、翌一〇日午前〇時過ぎ、ポツダム宣言到着後第一回目の御前会議（最高戦争指導会議）が開かれた。正式のメンバーは、鈴木首相、東郷外相、阿南陸相、米内海相、梅津参謀総長、豊田軍令部総長、平沼枢密院議長の七名。ほかに、迫水内閣書記官長、吉積正雄陸軍省軍務局長、保科善四郎海軍省軍務局長、池田純久内閣総合計画局長の四名が幹事として陪席した。

この席で、ポツダム宣言受諾の条件をめぐって議論がなされた。東郷外相、米内海相、平沼枢密院議長が国体護持の一条件を主張し、阿南陸相、梅津参謀総長、豊田軍令部総長が先の四条件を主張した。意見は三名対三名に分かれた。

午前二時頃、鈴木首相は意見を表明することなく、「意見の対立ある以上、聖断を仰ぐの外なし」と述べ、天皇の発言を請うた。

木戸の日記によれば、この時の昭和天皇の発言の要旨は次のようなものだった。

「本土決戦、本土決戦というけれど、一番大事な九十九里浜の防備もできておらず、また決戦師団の武装すら不充分にて、これが充実は九月中旬以後となるという。飛行機の増産も思うようには行っておらない。いつも計画と実行とは伴わない。これでどうして戦争に勝つことができるか。

もちろん忠勇なる軍隊の武装解除や戦争責任者の処罰等、それらの者は忠誠を尽くした人々で、それを思うと実に忍び難いものがある。

しかし今日は忍び難きを忍ばねばならぬ時と思う。明治天皇の三国干渉の際の御心持ちを偲び奉り、自分は涙をのんで原案［外相案］に賛成する」

こうして、国体護持の一条件によるポツダム宣言受諾が決定された。

御前会議の議論は平沼の出席によって三対三に分かれ、鈴木首相は中立の立場で聖断を求めることが可能となった。これにより天皇の発言が、まさに天皇自身の「聖断」として、鈴木首相ら周辺の意向によって動かされたものでないことを、公的に示すことができたのである。もし平沼の出席がなければ、議論は三対二となり、天皇の聖断は少数意見側のものとなった。それでは多数意見に抗した無理なものとなる。また仮に鈴木が一条件受諾を表明し三対三となっても、聖断は鈴木首相が自らの意見を通すために求めたものと解されやすい。その意味で平沼の出席は軽視しえない意味をもっていた。

御前会議後、臨時閣議が開かれ、ポツダム宣言受諾の電文を決定。一〇日午前九時、連合国側に発信された。その内容は、ポツダム宣言を「天皇の国家統治の大権を変更するの要求を包含しおらざることの了解」のもとに受諾する、とのものだった。そして、この「了解」に対する、連合国側の明確な意向が示されることを求めていた。「了解」への意向確認は、阿南陸相の強い要請によるものだった。

## バーンズ回答と陸軍クーデター計画

八月一二日、連合国側の回答がバーンズ米国務長官名で日本に伝えられた（バーンズ回答）。そこでは、降伏時より天皇の国家統治の権限は連合国最高司令官の制限の下に置かれる。また、最終的な日本国の政府の形態は、日本国民の自由に表明する意思により決定せられる、とされていた。

これに対し、阿南や平沼らは、このままでは国体護持の確証がなく受諾できないとして、再照会を求めた。東郷や米内らは、このまま受諾すべきとして再照会に反対した。

陸軍省軍務局は受諾拒否の態度を固め、それを阿南陸相に申し入れていた。参謀本部も河辺次長が受諾拒否の方向で、海軍の大西滝治郎軍令部次長と打ち合わせ、梅津・豊田両総長の拝謁と上奏案の準備を進めた。

その後、両総長の並立拝謁が実現する。バーンズ回答は断固として拒否すべきで、聖断を求める旨を上奏した。

この状況に、木戸は鈴木首相に対し、「今日となりては、たとえ国内に動乱等の起こる心配ありとも［宣言受諾を］断行」すべきだと力説した。鈴木も木戸の意見に「全然同感」の旨を答えた。[13]ここに至っては木戸も、クーデターによる動乱も恐れずとの覚悟を固めていたといえる。

梅津は上奏後、河辺に、陛下は「両総長をむしろ戒められるお気持ち」だったと話した。大西も米内から「思召に添うよう」叱責を受けた。これらによって河辺・大西とも「妙な頑張りを固執すべきでない」と軟化し、陸海軍統帥部幕僚は一応落ち着いた。[14]

だが、陸軍省軍務局軍事課・軍務課の一部幕僚（竹下正彦、椎崎二郎、畑中健二、稲葉正夫、井田正孝、原四郎ら）は、クーデターを計画していた。近衛師団などを用いて要所に兵力を配置し、天皇を擁して要人を保護検束するというものだった。一二日午後、竹下らはこの計画を若松只一陸軍次官に意見具申し、阿南陸相にも申し入れている。[15]

一三日午前、バーンズ回答についての最高戦争指導会議構成員会合が開かれた。席上、鈴木、東郷、米内は受諾論を主張。阿南、梅津、豊田は受諾に反対して再照会を主張し、梅津、阿南はさらに武装解除や保障占領についても聖断前の意見を蒸し返した。

議論は前回と同様決着が付かず、午後から閣議が開かれた。閣議でも意見は一致せず、鈴木首相は、閣議の模様をそのまま天皇に伝え、再び聖断を仰ぎたい旨を、閣僚たちに述べた。その後も議論は続けられ、午後七時頃、閣議はいったん打ち切られた。[16]

一方、陸軍省では、荒尾興功軍事課長、竹下正彦軍務課内政班長らが、阿南陸相に面会して、

「兵力使用計画」(クーデター計画)を翌一四日に実行することを意見具申した。阿南は賛否を明らかにせず、翌朝に梅津参謀総長と協議する旨を答えた。その直後に竹下らは、一四日午前の具体的な決起計画を作成する。

## 終戦へ

一四日朝、木戸と鈴木首相は、宮中からの召集というかたちで御前会議を開き、そこで聖断により事を決着させるよう申し合わせた。御前会議には、最高戦争指導会議メンバー、閣僚がそろって出席することとなった。木戸自身も「この情況にて日を経るときは、全国混乱に陥るのおそれあり」と考え、天皇に「至急終戦の手続きを御下命願う」旨を申し出ていた。[17]

陸軍では、阿南陸相は荒尾軍事課長とともに、梅津参謀総長と会談した。梅津は兵力使用に反対し、阿南も実行しない意思を明示する。これを聞いた竹下らは、「兵力使用第二案」を作成した。兵力を使用して要地に配置し、「たとえ聖断下るも右態勢を堅持して謹みて聖慮の御翻意を待ち奉る」というものだった。ただ、その実行には、陸相・参謀総長など陸軍首脳の意見一致を条件としていた。[18]

一四日午前一一時過ぎから、御文庫付属室で第二回目の御前会議が開かれた。会議には、全閣僚、最高戦争指導会議構成員、同幹事、枢密院議長、法制局長官らが出席した。

その席で鈴木首相は、これまでの経過を説明し、重ねて御聖断を仰ぎたい旨を述べ、再照会論の阿南、梅津、豊田に発言を求めた。

三名の発言が終わると、昭和天皇は、「これ以上戦争を継続することは無理だと考える」として次のような趣旨を述べた。

「先般、私が宣言受諾を決意したとき、私は戦力、国力などをじゅうぶん考えて決定したのであって、決して軽々しく決心したのではない。今日においても、私の考えに変りはない。連合国側の回答文については総長および陸軍大臣の反対があり、国体に動揺をきたすということである。しかし私はそうは考えない。国土が保障占領せられては国体に危険があるという。連合国の回答文を見ると、文面からは、連合国側に悪意があるとは考えられない。私もこれについては多少の不安を感ずる。しかし、このまま戦争を継続しては、国土も、民族も、国体も破滅し、ただ単に玉砕に終わるばかりである。多少の不安があったとしても、今戦争を中止すれば、まだ国家として復活する力があるであろう。どうか反対の者も、私の意見に同意してくれ」[19]

その後、午後一時から閣議が開かれ、バーンズ回答の受諾および終戦の詔書を決定。全閣僚が署名した。

陸軍でも、「皇軍はあくまで御聖断に従い行動す」との、阿南陸相起案の「陸軍の方針」に上層部全員が署名し、全軍が従うこととなった。

これにより竹下らクーデター計画を作成した中心メンバーも、計画実行を断念した。だが、陸軍省軍務局の井田・椎崎・畑中軍事課員らは、近衛第一師団長を殺害して、師団命令書を偽造。八月一五日早朝、近衛師団の一部を動かして、終戦の玉音放送を阻止すべく宮中に乱入した。しかし、まもなく彼らは鎮圧された。

八月一五日正午、終戦の詔勅を読み上げる玉音放送がなされた。

こうして太平洋戦争は終結した。

木戸の日記には、「正午、陛下御自ら詔書を御放送あそばされ、感慨無量。ただ涙あるのみ」、と記されている。この時木戸五六歳、昭和天皇四四歳だった。

その後、一一月二四日、内大臣府が廃止され、木戸も内大臣を辞職した。

一二月一六日未明、戦犯指名を受けた近衛文麿が、青酸カリで服毒自殺。

同じ日、木戸も巣鴨に収監された。そして、東京裁判においてA級戦犯として終身刑を言い渡される。

一九五五年（昭和三〇年）、健康上の理由から釈放され、一九七七年（昭和五二年）、死去した。八七歳だった。

## 陸軍善導論の内実

内大臣として木戸は、一貫して「影にたたずむ」存在だった。陸軍の影に、近衛の影に、そして何よりも昭和天皇の影にたたずむ存在として、その職務を果たした。

ただ、陸軍、近衛、昭和天皇それぞれに対して、その存在のあり方は異なっていた。

陸軍について木戸は、満州事変以降、彼らが政党政治を打倒し、自らの「国策」により国家を主導していこうとしている、とみていた。そして、当時の政治家では、それに対抗しうる方策はなく、木戸自身の姿勢としては、陸軍が国の根幹を害しないよう、「善導」していく必要があると考えていた。

陸軍ははっきりとした国策とよべるものをもっている。だが、当時の政治家には、これからの国の前途に対する明確な政策、陸軍のそれに代わりうる有効な自らの国策をもっていない。そう判断していたからである。

しかし、木戸に陸軍の国策に代わりうる自らの考えがあるわけではなかった。ただ、木戸自身、政党政治期の「平和維持」や「不拡大主義」は今後の国策たりえないと考えていた。それゆえ、「北進大陸策」やその後の「南進政策」など、その時々の陸軍の政策の基本方針に同調していた（陸軍指導部が皇道派と統制派に分裂し統制派が優勢となってからは、統制派に近いスタンスとなる）。

また、陸軍を「善導」するといっても、内大臣秘書官長時には、木戸自身には直接軍部に働きかける力はなかった。

したがって、この時期の木戸は、旧知の陸軍軍人井上三郎侯爵をパイプ役として、鈴木貞一、永田鉄山、小畑敏四郎ら陸軍中央の有力幕僚と接触し、情報を入手するに止まっていた。ただ、それらの情報源との関係を生かして貴重な陸軍関係の情報を宮中にもたらし、宮中での自身の存在価値を高めていった。二・二六事件時がその典型だった。

木戸が陸軍に働きかける力をもちうるようになるのは、首相となった近衛文麿を通してであり、さらには内大臣としての昭和天皇への補佐によってだった。

ただ、木戸は、内大臣期においても、陸軍とは異なる自らの基本政策をもっていたわけではなく、ほとんどの時期、陸軍の政策に同調していた。したがって、陸軍を善導するといっても、具体的には、陸軍の政策を基本にしながら、その主導権を政治家が握るべきだとの考えだった。それが「善導」の内実だった。その点では、近衛の先手論と同様といえる。ただ、木戸自身は自分をそのような意味での政治家と考えていたわけではない。あくまで宮廷官僚として、天皇と陸軍、天皇と内閣、陸軍と内閣との関係を調整する仲介者と位置づけていた。

したがって、内大臣としての木戸は、陸軍に関する情報を蓮沼侍従武官長らから詳細に入手しながら、陸軍指導部に直接働きかけることは、ほとんどしていない（東条奏薦時を除いて）。

その意味で、陸軍に対しては、冷静に観察しながら静かにたたずんでいたといえよう。ただ、政策的には陸軍に同調しており、その方向で昭和天皇にも働きかけている。

木戸の内大臣就任は、陸軍の希望するところでもあった。彼らに近いスタンスをとる存在と考えられていたからである。

陸軍が、自分たちが立案する政策を国策として実行に移していくには、明治憲法下では、内閣の同意・協力とともに、天皇の裁可が不可欠だった。そのためには天皇を政務面で補佐する内大臣が陸軍に融和的なスタンスのものでなくてはならない。また内大臣は次期首相の推薦過程でも軽視しえない発言力をもっている。陸軍は彼らに融和的な首相を望んでいた。そのような観点からすると、木戸の内大臣就任は陸軍の希望に添うものだった。

## 近衛との関係

近衛についても、木戸は影の存在といえる。ただ、陸軍との関係が間接的なものだったのに対して、近衛にはむしろ積極的にコミットしていた。ことに第一次近衛内閣に入閣以後、二人の関係は文字通り二人三脚ともいうべきものとなっていく。

木戸の内大臣就任も、西園寺の秘書だった原田熊雄の発意とされているが、近衛・木戸に近かった有馬頼寧が推定しているように、何らかのかたちで近衛から原田に働きかけた可能性が高い。

その直後、木戸は新たな首相決定方法を起案し、昭和天皇に裁可された。それにより元老の発言権が低下し、内大臣の主導のもとに重臣会議で後継首相候補者が決定されることになった。その新たな首相決定方式によって、第二次近衛内閣が成立する。そのさいの重臣会議で、木戸は軍首脳部の意向は近衛の出馬を希望している旨を発言し、近衛に奮起をうながしている。軍の動きを懸念する近衛に陸軍の支持があることを示し、自身も近衛の首相就任を望んでいることを明らかにしているのである。

このように、木戸は内大臣として、近衛の首相就任をバックアップし、その後も様々な面で近衛の政権運営に協力している。

たとえば、昭和天皇は大命降下のさい、憲法を尊重すること、米英と協調すること、財界に動揺を与えないことの三ヵ条を注意するのを通例としていた。だが、近衛に対しては、前二条を省いている。これは近衛の個人的な要望を木戸が天皇に取り次ぎ、異例の処置となったのである。

また、独ソ戦への対応をめぐって近衛首相と松岡外相のあいだに疎隔が生じた頃、松岡が自分の意見を天皇に上奏しようとした。それについて近衛より木戸に松岡の意見を裁可しないよう依頼があった。それをうけ木戸は昭和天皇に、首相と十分協議すべしと外相に指示するよう助言している。

近衛が日米首脳会談を企図したときにも、陸海軍の関与を排除した近衛独断での上奏裁可案に、木戸は宮中からの協力を約束している。

このように近衛に対して木戸は、影にありながらも積極的に協力し、そのことを通してさまざまに働きかけ、影響力を行使している。

内大臣期の木戸にとって、自分に近い近衛が政権の座にいることは、天皇の政務を補佐するという職務を果たすうえで有益なことだった。

## 昭和天皇との関係

昭和天皇に対しては、木戸は内大臣として、公的には表面に現れない、文字どおり影の存在だった。だが、政治全般について常時天皇を補佐するという任務をとおして、様々な助言をおこなっている。そのことは、国家の全統治行為を「親裁」する天皇を通じて、国政全般に軽視しえない影響を与えた。

昭和天皇は、一般に、正式の輔弼権者（輔弼責任者）の助言を尊重し、自らの考えに大きく反しないかぎり、その意見を受け入れる態度だった。したがって、内大臣として、政治全般についての宮中内輔弼権者である木戸の意見も尊重し、多くの場面でその助言を受け入れている。

この昭和天皇への常侍輔弼という権限をもとに、木戸は、内大臣就任以来、太平洋戦争開戦過程から敗戦に至るまでの歴史に、軽視しえない足跡を残した。

それ以前にも、内大臣秘書官長として、閣僚として、西園寺の側近として、少なからず国政に影響をあたえていた。だがそれは、どちらかといえば、間接的、側面的なものだった。

それに比し、内大臣期には、政治の裏舞台においてではあるが、歴史のメイン・アクターの一人としての役割を果たしたのである。

## 歴史的な位置づけ

最後に、内大臣としての木戸の足跡とその歴史的意味を、あらためて振り返っておこう。

木戸は内大臣に就任すると、後継内閣首班決定方式の変更をおこなった。その主旨は、内大臣が主催する重臣会議で首相候補者を銓衡(せんこう)し、その後に元老と相談の上で奉答するというものだった。この結果、元老西園寺の役割が大きく低下した。

この事態は、宮中とその周辺での元老体制が終焉し、内大臣を中心とする新しい首相選出システムが作られたことを意味した。

これによって木戸は、西園寺の「批判的」後継者として、宮中の新しい要となった。

そもそも西園寺は、元老として、国内政治においては、議会政治、政党政治の定着を望ましいと考えており、その実現に尽力した。また外交においては、対米英協調を主軸とすべきとし、その方向をとっている原敬内閣以来の政党内閣を支援した。

だが、世界恐慌に対して、政党政治は有効な対応策を打ち出せず、いきづまり状態となった。それとともに対米英協調路線も社会的支持を失っていった。

木戸の内大臣就任前後、陸軍は近衛を首相候補として強く推していた。武藤ら陸軍にとって、その政策を国策として実行に移していくには、内閣の協力が不可欠だった。陸軍に融和的な近衛が首相となることは、その観点から、最も望ましいことと考えられた。近衛が組閣すれば、内大臣の木戸とともに、内閣・宮中を、陸軍に近いスタンスの人物によって押さえることになる。それが陸軍のねらいだった。

近衛は、大命降下後、組閣前に主要閣僚予定者と、「対世界政策」を合意し、それを内閣の対外政策の基本方針とした。その内容は、未公表の「時局処理要綱」陸軍案をもとにしたもので、陸軍の「先手」をうち国策の主導権をにぎろうとしたのである。

木戸もこれを容認していた。木戸は、かねてから「英国の勢力」の駆逐や「南進政策」の必要を主張しており、それほど違和感は感じていなかったようである。軍部善導論の考えから、陸軍の基本方針は受け入れ、近衛内閣がその主導権を握ることを期待していた。

また、近衛は松岡を動かして、日独伊三国同盟を締結、さらには日ソ中立条約を結んで対ソ国交調整を実現した。陸軍や近衛・松岡は、日独伊ソの提携によって、アメリカを抑えて対南方武力行使（対英戦）にふみきり、世界を日独伊ソ米で分割することを考えていた。ドイツの英本土侵攻とともに、大英帝国を解体して東南アジアを勢力圏におさめ、その資源を獲得しようとしたのである。

木戸もこのような方向に基本的には異論はなかったようである。

三国同盟締結時、昭和天皇は独伊と提携し米英と軍事的に対立することに、強い危惧を示した。だが、近衛や松岡は日米戦回避にはこれ以外にアメリカに対して打つ手がないとして、天皇を説得した。木戸は、近衛・松岡に事実上同調し、それを容認していた。かつて平沼内閣時の防共協定強化問題時にも、木戸は、陸軍サイドに立って独伊との軍事同盟を実現しようと動いたことがあった。ここでもまた同様のスタンスだった。

しかも木戸は、米英と対抗するためには、至急中国との和平の必要があるとの意見を昭和天皇に述べている。三国同盟を前提として、英米に対抗していくための必要な手段に言及しているのである。

また、木戸は三国同盟締結を西園寺に報告していない。それまで西園寺は、元老として重要な外交問題については、必ず内大臣などから報告や相談を受けていた。だが木戸は全く西園寺に知らせなかった。自身が独伊との同盟にコミットしており、英米との提携を持論とする西園寺を、この問題から遠ざけておきたかったからだろう。

## 反英路線から対米戦回避へ

その後、日ソ中立条約締結によって日独伊ソ四国の提携が実現したかにみえた。だが、独ソ間はすでに緊張状態にあり、日ソ中立条約締結直後、大島駐独大使からドイツに対ソ開戦の意図ありとの情報がもたらされた。また大島情報とほぼ同時期に、野村駐米大使から日米諒解案が送られてきた。

日米諒解案は、日米両国の思惑が交錯したものだった。アメリカ側は、対独参戦時に日本が三国同盟条約の適用によって対米開戦することを回避しようとしていた。日本側は、それによって日中和平を実現し、さらに必要資源を確保しようと考えていた。

日米諒解案について、木戸は、陸海軍、近衛と同様、基本的には受け入れる姿勢だった。アメリカの対独参戦を容認することによって、日中和平、必要資源確保を実現しようとしたのである。

木戸は、アメリカの対独参戦の場合、かならずしも三国同盟にもとづいて対米参戦すべきでないとの考えだった。同盟条約の条文を弾力的に運用し、アメリカの対独参戦を容認すべきとのスタンスをとっていた。

独ソ間の緊張を念頭に、しばらく三国同盟に距離を置き、独伊との友好関係は維持しつつ、アメリカとの軍事的対立は避ける。したがって日米諒解案は基本的に受け入れる。そして、アメリカが対独開戦した場合は、様子をみながら、徐々に蘭印に非軍事的な方法で勢力を浸透させるか、南部仏印に進駐し将来の南方武力行使に備える。これがその頃木戸が考えていた方策だった。これら木戸、近衛の考えは、武藤章ら陸軍主流の戦略判断をもとにしていた。

しかし日ソ中立条約締結の二ヵ月後、独ソ戦が始まる。独ソ開戦は、木戸にも衝撃を与えた。日独伊ソ四国の提携によりアメリカを牽制しつつ南方に武力進出することが、「時局処理要綱」決定後の国策の基本方向だった。それは陸軍の策定した戦略だったが、近衛や木戸も容認し積極的に推進してきた。それが独ソ戦により瓦解したのである。これが木戸にとっての第一の誤算だった。

陸軍のみならず、近衛や木戸にとっても、まさに危機的状況だった。独ソ開戦により、国家戦略の全面的な再検討が求められる事態となった。そこから陸軍内部で、今後の戦略方針をめぐって田中作戦部長ら参謀本部と武藤軍務局長ら陸軍省の対立が生じる。

田中らはこう主張した。日本も対ソ開戦し、日独の挟撃によりソ連を屈服させる。そうすればドイツをイギリス本土侵攻に向かわせ、日本の南方武力行使による英領攻撃とともに、大英帝国を崩壊させることができる。そうすればアメリカは孤立する。

これに対して武藤らは、独ソ戦はドイツ勝利で短期に終結する可能性は低い。ソ連の工業力や豊富な資源、広大な領土などから国家総力戦となり、必然的に長期持久戦となる。ドイツの英本土侵攻は遠のき、近い将来でのイギリスの崩壊の可能性も低下する。したがって、事態を静観し、しばらくは戦局の推移を見守るしかない。そう考えていた。それゆえ、田中らの早期対ソ開戦論には否定的だった。

このように木戸や近衛は、陸軍内での対立からみれば、対ソ開戦を主張する田中らからは距離を置き、事態静観、日米交渉推進のスタンスをとる武藤らに近かったといえよう。木戸や近衛は、この武藤らのラインに同調していた。

ただし、戦略判断のオリジナルは、あくまでも武藤ら陸軍にあり、木戸や近衛は彼らに追随するものだった。

その後、陸軍省と参謀本部の意見調整がおこなわれ、田中らの早期対ソ開戦論は抑えられた。ただ、ソ連の崩壊にそなえて、対ソ戦準備を整えることは認められた。

これにより、田中ら参謀本部は、対ソ戦準備を公式に認められ、北方武力行使を念頭に満州への陸軍の大動員（関特演）をおこなう。また同時に、南部仏印進駐も実施される。

南部仏印進駐は、インドシナ半島の軍需資源獲得と軍事基地建設のために、参謀本部・陸軍省・海軍の合意のもとに決定された。近衛内閣も木戸もその必要性を認めていた。

だが、この南部仏印進駐を契機に、アメリカは対日石油全面禁輸に踏み切った。

対日石油全面禁輸は陸海軍、近衛、木戸ともに、全く予想しないことだった。ドイツの影響下にあるフランスの植民地（南部仏印）への日本の進出によって、アメリカが太平洋・大西洋両面同時戦争に踏み出すとは考えられなかったからである。これが木戸の第二の誤算だった。

木戸も近衛も、日米開戦は避けるべきと考えていた。そこで近衛は、日米首脳会談を陸海軍およびアメリカ側に提案し、事態を打開しようとした。近衛はその会談の席で、アメリカの要求（全面撤兵を含む）を全面的に受け入れ、軍部の頭越しに直接天皇の裁可をえるつもりだった。それには内大臣である木戸の協力が必須だった。木戸もそれに賛同し、近衛の希望どおり協力する決意を固めていた。

この日米首脳会談案の段階で、木戸も近衛も、アメリカに全面的に譲歩し、その要求を受け入れることを決意した。そのことはまた、ドイツとの関係を断ち切る方向に大きく転換することを意味した。この時点では、近衛も木戸も、明確に陸軍の政策方向とは別の選択をとろうとしたのである。

だが、アメリカ政府は独ソ開戦、日独伊ソ連繫の崩壊によって対日強硬姿勢に転じ、南部仏印進駐を契機に日米諒解案にもとづく日米交渉を打ち切っていた。したがって日米首脳会談を受け入れなかった。

関特演による満州への大動員を知ったアメリカ政府は、日本の対ソ参戦によって、ソ連がドイツと日本に挟撃され崩壊することを恐れた。そこで、日本の南部仏印進駐を契機に、日本への石油の供給を絶ち、日本の関心を、北方武力行使（対ソ開戦）から石油獲得のための南方武力行使へと向かわせようとした。そのことは日米開戦の危険を強くはらんでいた。だが、イギリスを防衛するためには、ソ連の崩壊をくい止めなければならない。それがルーズベルトにとっては喫緊の課題だと判断されたのである。大西洋・太平洋両面戦争もやむなしとの決意だった。

ちなみに、独ソ開戦時、参謀本部の田中作戦部長は、国策の方向性について、独伊との同盟維持か英米との提携かを、あらためて検討している。

田中のみるところ、日本は今、「三国枢軸」の維持か、「対米英親善」への国策転換か、国家の命運のかかる「根本問題」に直面している。もし、枢軸を脱して米英と親善関係を結べば、おそらく日中和平は成立し、その後、独伊が屈服するか、そうでなければ世界大持久戦争となるだろう。だが、いずれにせよ事態が決着すれば、日本はあらためて米英ソ中による挟撃にあう危険がある。また、絶対不介入の中立政策も、空想といわざるをえない。それゆえ、現時点では枢軸陣営において国策を実行するほかはない、と。

つまり、今の段階で独伊との同盟から離れ、米英と提携しても、いずれは米英ソ中の包囲網によって、すべてを吐き出すよう強制される。それにより日本は世界の三流国に転落するだろう、というのである。

その意味では、この時点では独伊との同盟維持、対米開戦は、日本にとって運命的な道だったのだろうか。

だが、たとえば、このような見方もある（近年の米歴史家、エドワード・ミラー）。

「侵略を捨て、凍結［禁輸］を解除させ……枢軸国から離脱し、ことによれば第一次大戦時と同様、連合国側に加わるという方法も［日本には］あったのではないか。そうなれば、［第二次］大戦後はアジア各地の植民地は手放すにしても、世界に伍する海軍と有り余る資産を擁し、産業の近代化への意欲に満ちたアジア最強の大国となっていただろう」[20]

木戸や近衛が、連合国側に加わり、独伊と開戦するところまで考えていたのかどうかは、はっきりしない。また、武藤軍務局長がその対米戦回避の考えを突き詰めていけば、そのような考え方に至ったのかどうかも分からない。いずれにせよ、右の見方を含め、不確定要因が多く、今の段階では、はっきり推論することは困難だろう。

## 「やはり〝貴族〟であった」

日米首脳会談案の挫折後、近衛内閣は陸軍と対立して総辞職。その後継として東条内閣が成立した。これは木戸が主導したものだった。

近衛は後継首班として開戦に否定的な皇族の東久邇宮を望み、東条もその意向だった。だが、木戸は東久邇宮を後継首班とすることを拒否した。

その理由は、東久邇宮内閣によって戦争を回避することは、あるいは可能かもしれない。だが、もし皇族内閣によって開戦し、かりにも敗戦となれば、累は皇室におよび、その存続を危うくする、との判断からだった。皇室の存続を第一とし、そこに危険の及ぶことは絶対に避けたいとの強い意志によっていた。それが木戸の使命感だった。その意味では、木戸はまず何よりも忠実な宮中官僚であったといえるだろう。また、その使命感は、木戸自身にとっては、維新の元勲である木戸侯爵家の祖父木戸孝允（桂小五郎）を意識してのものだった。だが結果的には、それが太平洋戦争による大規模で、かつ極めて深刻な惨禍の一つの要因となる。

木戸は近衛の後継として東条を推した。東条内閣成立に際し、木戸は御前会議決定の白紙還元を天皇の意向として東条に伝えた。東条はこの指示にしたがって、御前会議決定の再検討をおこなうが、その席で嶋田海軍大臣がそれまでの海軍の態度をひるがえして日米開戦に同意した。それまで海軍は、石油禁輸に危機感を募らせながらも、対米戦に自信がもてないとして、一貫して日米開戦には慎重な姿勢をとり続けていた。

この海軍の豹変は木戸にとっては予想外の展開だった。第三の誤算といえる。

結局、東条内閣、陸海軍は、日米交渉が纏まらなければ、一二月初旬に対米開戦することを決定。日本側最終案である甲案・乙案を提示したが、アメリカ側に拒否され、ハル・ノートを受けて、ついに開戦を決意する。武藤軍務局長もやむなく同意。木戸も受け入れた。東条奏薦の責任意識からだと思われる。ただ近衛は最後まで開戦には否定的だった。

開戦後も木戸は東条内閣をサポートし続けた。飛行機用資材の配分問題で陸海軍が対立した時も、陸軍サイドに立って事態が決着するよう宮中から働きかけている。

だが、太平洋での戦局は徐々に日本に不利となり、絶対国防圏の要衝サイパンが陥落。ヨーロッパにおいても、独ソ戦でのドイツ勝利の見込みはなくなり、イタリアが降伏する。これらにより東条内閣への批判が重臣などの間で高まってくると、木戸はついに東条を見放し、東条内閣は総辞職する。その後岡田啓介を中心に重臣会議メンバーの多く（近衛も含む）が、戦争終結の方向を模索するが、陸軍は本土決戦を主張して、戦争終結への道は容易に進まなかった。陸軍のクーデターを恐れたためである。木戸も同様だった。

ここに至って木戸は、天皇の聖断による戦争終結の方法を発案。その方向で各方面に働きかけ、直接昭和天皇にも助言し、太平洋戦争を終結に導くことになる。その意味では、終戦時における木戸の歴史的役割は少なくない。

だが、他方、木戸は日中戦争拡大に同調し日本を独伊との提携に導いた一人である。また、みずからのイニシアティブによって東条を首相に奏薦したことにおいて、結果的に太平洋戦争開戦の責任者の一人といえる。しかも開戦後も東条内閣を長く支援していた。

木戸の歴史的評価は、その両面からなされなければならないのではないだろうか。

木戸の政治的生涯は、元老西園寺の側近の一人として出発。その後、陸軍の伴走者となった。だが最後は本土決戦へ進もうとする陸軍を見限って終戦に導いた。その振れ幅は大きい。だが彼の主観においては、それらは全て皇室の存続への強い使命感に裏打ちされており、その意味では一貫したものだった。その点では西園寺と同様だったといえる。また、国民の安寧幸福なしに皇室の存続はあり得ないとの認識は、両者に共通するものだった。そのために西園寺は、国内政治体制においては議会主義を、外交においては英米との提携をめざした。それに対して、木戸は議会主義には否定的であり、英米と対抗する独伊との提携を図ろうとした。そのことが二人の政治的軌跡を分けるものとなった。このような木戸の選択が、戦前昭和期の人々の、それぞれの生涯に与えた影響は、日本歴史に与えた影響とともに、決して軽いものではなかったといえよう。

昭和戦前期の歴史において果たした木戸の役割は、多方面におよんでいる。ことに内大臣期の木戸は、宮中での最有力者として極めて重要な役割を果たした。したがって、この時代を知るうえで、木戸の思想と行動について検討を重ねていくことは、きわめて重要と思われる。

ちなみに、終戦前後に侍従長を務めた藤田尚徳（ひさのり）（元海軍次官、一九四四年八月から一九四六年五月まで在職）は、木戸内大臣の宮中でのたたずまいについて、次のように記している。

「木戸内府については、やはり〝貴族〟であったと思う。当時の習慣として、何がなくても自然と他人に敬われていた〝貴族〟であったことが、木戸内府の性格、内大臣としての宮中での仕事に反映していたのだ。そのために陛下の周囲に垣をつくって、自由に参内もさせぬという譏り（そし）を招いたように思う。……［そこには］あまりにも人間的に弱く、君側にあって百難を排しても正しきを貫く気力に欠けた一貴族の姿がある」[21]

木戸の仕事ぶりを身近で観察していた人物による、興味深い指摘といえよう。

にもかかわらず、あるいはそれゆえにと言ってもいいが、木戸という存在は、彼を通して、昭和天皇や陸軍、西園寺、近衛など、昭和史の重要アクターと諸事件を見わたせる、絶好のポジションにあったといえよう。

# おわりに

木戸幸一は、太平洋戦争開戦前から敗戦に至るまで、宮中において昭和天皇を政務面で補佐する内大臣として、政治的に重要な役割を果たした。

本書は、その木戸の思想と行動について、太平洋戦争開戦に至る過程と終戦までを検討したものである。そのさい、昭和天皇の動向については、木戸と関係する面に限定してふれるに止めた。また、木戸の軌跡を知るには、近衛文麿や陸軍の動きを把握しておくことが不可欠なので、それらの動きについても、かなり立ち入った検討を加えている。

なお、木戸は、内大臣就任以前にも、内大臣秘書官長や第一次近衛内閣・平沼内閣の閣僚を務め、その頃形成された判断や考え方が、後の彼の活動に強い影響を与えている。したがって、その時代の木戸の動きや思想、歴史的背景にも、ある程度詳しく言及した。

木戸を軸として終戦までの歴史をたどってみたとき、軍部、内閣、宮中と日本の指導層がどのような問題に直面し、どういった見通しを持っていたかがよく見えてきたと考えている。そこに木戸のポジションの重要性、ユニークさがあるといえよう。

本書では終戦後の木戸については論じていない。終戦後、木戸は戦争責任を問われ、A級戦犯として起訴された。東京裁判では、天皇の政治的側近だった自分が戦争責任ありと認定されれば、昭和天皇の政治責任の追及につながるとの考えから、木戸は自身の個人弁護に徹した。だが、判決は木戸の政治責任を認め、終身刑となった。しかし、アメリカ政府の政治的判断から、昭和天皇は東京裁判の対象から除外された。東京裁判における木戸の発言は、一部本文でもふれたが、極めて貴重な、興味深いものである。だが、その本格的な検討には、かなりのスペースが必要となり、一冊の著書ではとうてい収まりきらない。したがって、その課題は、また別の機会に果たしたいと思う。

ところで、意外なことだが、木戸についての著書はそれほど多くない。

木戸の生涯を扱ったものとしては、大平進一『最後の内大臣木戸幸一』(恒文社、一九八四年)、多田井喜生『決断した男　木戸幸一の昭和』(文藝春秋、二〇〇〇年)がある。だが、両著は、木戸からの聞き取りをベースとしたもので、木戸自身の自己イメージが強く反映されており、必ずしも正確とはいえない部分がある。

一定期間の木戸を取り上げ、その動きを詳細に分析したものとして、岡田昭三『木戸日記私註』(思想の科学社、二〇〇二年)、黒羽清隆『日米開戦・破局への道』(明石書店、二〇〇二年)がある。この二著は、興味深い指摘を含むがある時期の木戸の動向に叙述が限られている。

木戸についての優れた研究論文としては、松田好史『内大臣の研究』(吉川弘文館、二〇一四年)、茶谷誠一『昭和戦前期の宮中勢力と政治』(吉川弘文館、二〇〇九年)、後藤致人『昭和天皇と近現代日本』（吉川弘文館、二〇〇三年）、デイビッド・タイタス『日本の天皇政治』（サイマル出版会、一九七九年）所収のものなどがある。ただ、これらの論文は、木戸の特定の面に焦点を当てている。

本書も、これらの著書や研究論文をはじめ、これまでの木戸に関連する多くの著作、研究から、少なからず示唆を受けている。なお、依拠した資料については、注記のかたちで、巻末にまとめてある。ただ、陸海軍に関係する記述部分（重要国策決定、日独関係、日米関係を含む）の典拠については、あまりにも煩雑になるため、特に必要と思われるものを除いて、原則として省いた。その部分の典拠資料にご関心のある方は、拙著『昭和陸軍全史』（講談社現代新書、全三巻、二〇一四－二〇一五年）を参照いただければと思う。

最後に、本書の編集を担当された文春新書編集長の前島篤志さんには、有益なアドバイスや数々のご助力をいただくなど、大変なお力添えをいただいた。心から感謝を申し上げたい。

二〇二〇年初春

川田稔

# 注

## 第一章

1『木戸幸一日記』（東京大学出版会、一九六六年。以下『木戸日記』と略）三三頁。なお、本文において、木戸の「日記」によることを明示し、かつ日付を記したものは、以後注記を省く。

2原田熊雄『西園寺公と政局』（岩波書店、全九巻、一九五〇－一九五六年。以下『原田日記』と略）第二巻六四頁。

3『木戸日記』一〇〇頁。『原田日記』第二巻六五－六六頁。

4『原田日記』第二巻七一頁。『昭和初期の天皇と宮中——侍従次長河井弥八日記』第五巻（岩波書店、一九九四年）一五九頁。

5『牧野伸顕日記』（中央公論社、一九九〇年）四七四頁。

6『木戸日記』一〇〇頁。　7同一〇一頁。

8土橋勇逸「一夕会と桜会」五七頁、防衛省防衛研究所蔵。

9「井上三郎宣誓供述書」『極東国際軍事裁判速記録』（雄松堂書店、全一〇巻、一九六八年）三三三号四頁。「鈴木貞一宣誓供述書」同七頁。

10以下、陸軍とその周辺の動きについては、拙著『昭和陸軍全史』全三巻（講談社現代新書、二〇一四－

二〇一五年）、参照。

11『木戸日記』一〇八頁、一一四頁。　12同一一四頁。

13岡田昭三『木戸日記私註』（思想の科学社、二〇〇二年）一七一頁。

14『高木惣吉　日記と情報』（みすず書房、二〇〇〇年。以下『高木日記』と略）三七〇頁。

15『東久邇日記』（徳間書店、一九六八年）五五頁。　16『木戸日記』一一三頁。

17「近衛公と『非常時局』を語るの会」『政界往来』一九三三年四巻一一号五二頁。なお、近衛については、矢部貞治『近衛文麿』（近衛文麿伝記編纂刊行会、一九五一年）、古川隆久『近衛文麿』（吉川弘文館、二〇一五年）、筒井清忠『近衛文麿』（岩波現代文庫、二〇〇九年）など、参照。

18近衛文麿「元老重臣と余」『改造』一九四九年、三〇巻一二号三三—三四頁。　19同三四頁。

20『木戸日記』一五七—一五八頁。　21同一〇八頁。　22『原田日記』第二巻二一七頁。

23『木戸日記』一六四—一六五頁。

24『木戸幸一政治談話録音速記録』（国立国会図書館蔵、一九九七年。以下『木戸速記録』と略）第一巻五八頁。『木戸日記』一五三頁。

25『木戸日記』一六三頁、一六五頁。　26『原田日記』第二巻二一九頁。　27『木戸日記』一六八頁。

28『原田日記』第二巻二九三頁。

29『木戸日記』一五二頁、一五九頁。『原田日記』第二巻二四八頁、三七七頁。

30『木戸日記』一九〇―一九一頁。『牧野伸顕日記』五一四頁。　31『木戸日記』二〇六頁。

32『木戸幸一関係文書』（東京大学出版会、一九六六年。以下『木戸文書』と略）一四三頁。

33『原田日記』第二巻三七七頁。

34近衛文麿「真の平和」『国維』一九三三年第八号二頁。

35「英米本位の平和主義を排す」『日本及日本人』一九一八年一二月一五日号。　36『原田日記』第二巻四一四頁。

37『木戸日記』二〇八頁。　38『原田日記』第二巻二四八頁、二五〇頁。　39『木戸日記』二七五頁。

40同三〇四頁。湯浅泰雄「木戸幸一氏との対話」『湯浅泰雄全集』第一二巻（白亜書房、二〇〇六年）三八六頁。

41『木戸日記』四二六頁。　42『原田日記』第四巻二七六頁。　43『木戸日記』四四五―四四六頁。

44木戸幸一「日記に関する覚書」『木戸文書』一〇六頁。

45『二・二六事件　判決と証拠』（朝日新聞社、一九九五年）四六二頁。

46『本庄日記』（原書房、二〇〇五年）二七五頁。　47同上。

48『木戸日記』四六五頁。　49同上。

50木戸「日記に関する覚書」『木戸文書』一〇五頁。

51『木戸速記録』第一巻六八頁。　52木戸幸一「戦争回避への努力」『木戸文書』五頁。

53『木戸日記』一四八頁。　54『木戸速記録』第一巻五三―五四頁。

55『原田日記』第五巻一二頁。『木戸日記』四七二頁。　56近衛「元老重臣と余」三四頁。

57富田健治『敗戦日本の内側』（古今書院、一九六二年）一一一頁。

58近衛文麿「世界の現状を改造せよ」『キング』一九三三年二月号、五八―六四頁。

## 第二章

1『木戸日記』五三七―五三八頁。　2『木戸日記』五三四頁。　3同五四〇頁、五四二頁、五四四頁。

4同五五三頁、五五九頁。

5『原田日記』第五巻三一一―三一三頁。　6同二〇七頁。

7近衛文麿「我が政治外交の指標」『東京朝日新聞』一九三七年一月一日。近衛文麿「東亜の危機に際して日支両国の識者に望む」『支那』一九三七年二八巻一号四―五頁。

8近衛文麿「内外時局を論ず」『読売新聞』一九三七年一月五日。

9『原田日記』第五巻二四三頁、三二〇―三二三頁。林茂『湯浅倉平』（湯浅倉平伝記刊行会、一九六九年）三六九―三七〇頁。『木戸日記』五六六―五六七頁。

10『木戸日記』五九五―五九六頁。　11『原田日記』第六巻一九三頁。

12『極東国際軍事裁判速記録』二九七号九頁、二九八号一〇―一一頁。

13『原田日記』第六巻二〇八－二一〇頁。

14近衛文麿「講和問題に関する所信」『現代史資料』第九巻（みすず書房、二〇〇七年）一〇四頁。

15『原田日記』第六巻二九五頁。『木戸日記』六三七頁。

16『原田日記』第六巻二七二頁、三〇一頁。『木戸日記』八〇九頁。

17『原田日記』第六巻三〇四頁、三一八頁。筒井清忠『昭和十年代の陸軍と政治』（岩波書店、二〇〇七年）一五九－一七二頁。

18風見章『近衛内閣』（中公文庫、一九八二年）一二八頁。

19『宇垣一成日記』（みすず書房、一九六八年）一二四〇－一二四一頁。

20『原田日記』第七巻一二〇頁。　21同三頁。

22『小山完吾日記』（慶應通信、一九五五年）二〇二頁。　23『原田日記』第七巻八四頁、一二二－一二三頁。

24『小山完吾日記』二一七頁。『木戸日記』六八九頁。

25『原田日記』第七巻一一三頁。『高木日記』一七九頁。

26『原田日記』第七巻二四〇－二四一頁。　27同三二五－三二六頁。　28同三三八－三三九頁。

29同三三九頁。　30同三四三頁。

31『有末精三回顧録』（芙蓉書房、一九七四年）五一六－五一七頁。

32『原田日記』第八巻一七－一八頁、二一頁、三二頁。

## 第三章

1『高木日記』三五二頁。

2「畑俊六日誌」『続・現代史資料』第四巻（みすず書房、一九八三年）二三〇頁、八月二七日。

3『高木日記』三七〇―三七一頁。

4近衛文麿『平和への努力』（日本電報通信社、一九四六年）一二四―一二八頁。

5有馬頼寧『政界道中記』（日本出版協同、一九五一年）一九〇―一九一頁。

6『原田日記』第八巻二二四―二二五頁。　7同二三七―二三九頁、二四五頁、二五〇―二五四頁。

8同二七一頁。

9「木戸幸一宛原田熊雄書翰」『木戸幸一日記　東京裁判期』（東京大学出版会、一九八〇年）四七九頁。

10内大臣期の木戸を扱った研究としては、デイビッド・タイタス『日本の天皇政治』（サイマル出版会、一九七九年）、後藤致人『昭和天皇と近現代日本』（吉川弘文館、二〇〇三年）、茶谷誠一『昭和戦前期の宮中勢力と政治』（吉川弘文館、二〇〇九年）、松田好史『内大臣の研究』（吉川弘文館、二〇一四年）などがある。

11統帥事項に関する点については、永井和『近代日本の軍部と政治』（思文閣出版、一九九三年）第二部、同『青年君主昭和天皇と元老西園寺』（京都大学学術出版会、二〇〇三年）第七章、参照。

12『木戸速記録』第二巻五頁。　13有馬『政界道中記』一九二頁。　14『原田日記』第八巻三三三頁。

15「既存政党合体のみで新体制たり得ず」『東京朝日新聞』一九四〇年六月五日。近衛の談話。

16「金光・武藤軍務局長会談内容」『現代史資料』第四四巻（みすず書房、二〇〇四年）一五七頁。

17多田井喜生『決断した男　木戸幸一の昭和』（文藝春秋、二〇〇〇年）一七七頁。著者による木戸からの聞き取り。

18木戸「戦争回避への努力」『木戸文書』九一一四頁。

19「新体制に関する近衛公爵声明文案」『現代史資料』第四四巻三六七―三七二頁。『矢部貞治日記　銀杏の巻』（読売新聞社、一九七四年）三四二頁。

20『原田日記』第八巻二三〇頁。　21『木戸日記』八一八頁。　22『高木日記』四五〇頁。

23牧達夫「軍の政治干与と国内情勢」『牧達夫氏談話速記録』（日本近代史料研究会、一九七九年）二二七頁。

24「畑俊六日誌」二六三頁。　25『木戸日記』八〇六頁。

26『東京朝日新聞』一九四〇年七月一七日。　27『木戸日記』八〇一頁。　28同八〇〇頁。

29『原田日記』第八巻二八四頁。　30『木戸日記』八〇四頁。

31勝田龍夫『重臣たちの昭和史』下巻（文藝春秋、一九八一年）一六七頁。著者による木戸からの聞き取り。

32『原田日記』第八巻二八六頁。　33『木戸日記』八〇六頁。　34『原田日記』第八巻二九一頁。

35『木戸日記』八〇七頁。　36『原田日記』第八巻二九一頁。

37多田井『決断した男　木戸幸一の昭和』、八八頁。

38『木戸日記』八〇六頁。『東京朝日新聞』一九四〇年七月一七日。

39「世界情勢の推移に伴う時局処理要綱」附冊二、防衛省防衛研究所蔵。

40『高木日記』三七一頁。『東久邇日記』五四頁。

41『参謀次長　沢田茂回想録』（芙蓉書房、一九八二年）一一五―一一九頁。

42『昭和天皇実録』第八巻（東京書籍、二〇一六年）一四四頁。　43『木戸日記』八一二頁。

## 第四章

1防衛庁防衛研修所戦史室『大本営陸軍部大東亜戦争開戦経緯』第二巻（朝雲新聞社、一九七三年）一七九頁。富田健治内閣書記官長の一九六〇年陳述。

2ゲルハルト・クレーブス「日独伊三国同盟」近藤新治編『近代日本戦争史・第四編・大東亜戦争』（同台経済懇話会、一九九五年）一四五―一四七頁。

3『木戸日記』八二五頁。　4木戸「戦争回避への努力」『木戸文書』一八頁。

5『原田日記』第八巻三七三頁。　6木戸「戦争回避への努力」『木戸文書』一八頁。

7富田『敗戦日本の内側』九一頁。富田は近衛内閣書記官長で、大本営政府連絡会議・連絡懇談会にも幹事の一人として出席していた。ほぼ同内容の近衛のメモ（防衛省防衛研究所蔵）も残されている。

8近衛『平和への努力』一九―二三頁。

9「第三回御前会議」佐藤元英『御前会議と対外政略』（原書房、全三巻、二〇一一年）第一巻五六―五七頁。

10同六三頁。　11『原田日記』第八巻三五四頁、三七三―三七四頁。　12同三三〇―三三一頁。

13『貴族院秘密会議事速記録集』（参議院事務局、一九九五年）四二六頁。一九四一年一月二一日の貴族院秘密会での近衛首相発言。

14『原田日記』第八巻三八一頁。　15同三四九頁。　16同三四六―三四七頁。

17『木戸日記』八二二頁。　18同八二五頁。　19同八二四頁。　20同八二三頁。　21同八一九頁。

22同八一八頁。　23同八二一―八二二頁。　24同七九四頁。　25同八二六頁。

26『原田日記』第八巻三一二頁。

27矢次一夫『昭和動乱私史』中巻（経済往来社、一九八五年）二九三頁。

28『木戸幸一尋問調書』（大月書店、一九八七年）二六―二八頁。　29『木戸日記』八三八頁。

## 第五章

1『木戸日記』八五三頁。　2同上。　3同八五三―八五四頁。

4富田『敗戦日本の内側』九三頁、一三三頁。

5『木戸日記』八三九頁。　6同八五五頁。　7同上。　8同八七九頁。　9同八六九頁。

10『木戸速記録』第二巻三七頁。　11『木戸日記』八七九頁。

12武藤章『日露戦争を回顧し現在の世界情勢に言及す』（日本工業倶楽部、一九四一年）二六頁。

13『木戸日記』八八三―八八四頁。

14ウォルドゥ・ハインリクス「日米関係におけるソ連要因」入江昭・有賀貞編『戦間期の日本外交』（東京大学出版会、一九八四年）三三八―三三九頁。

15福田茂夫『アメリカの対日参戦』（ミネルヴァ書房、一九六七年）三一九―三二〇頁。以下、アメリカの動向は、とくに断りのない限り、基本的に本書による。

16『木戸日記』八七〇頁。　17富田『敗戦日本の内側』一五九頁。　18近衛『平和への努力』五〇頁。

19木戸「日記に関する覚書」『木戸文書』一二五頁。

20近衛文麿『失はれし政治』（朝日新聞社、一九四六年）七二―七三頁。

21矢部『近衛文麿』下巻七〇頁。　22『木戸日記』八七四頁。　23近衛『失はれし政治』七三頁。

24『東久邇日記』五三―五五頁。　25木戸「戦争回避への努力」『木戸文書』二三頁。

26富田『敗戦日本の内側』一四二頁。

## 第六章

1近衛『失はれし政治』八三頁。　2『木戸日記』八八三―八八四頁。　3『木戸速記録』第二巻四六頁。

4『木戸日記』八八四頁。　5富田『敗戦日本の内側』一四四頁。　6『木戸日記』八八七頁。

7『木戸日記』八九〇頁。　8近衛『失はれし政治』九四―九五頁。

9富田『敗戦日本の内側』一五九頁。

10近衛『平和への努力』二五頁。　11富田『敗戦日本の内側』一五五―一五六頁。

12勝田『重臣たちの昭和史』下巻二六九頁。　13『木戸日記』八九六頁。

14『木戸速記録』第二巻四四頁。　15『杉山メモ』上巻（原書房、一九八九年）二三一頁。

16『木戸日記』八九四頁。

17"Foreign Relations of the United States", vol.Ⅳ, The Far East 1941, washington, p.325-326. 防衛庁防衛研修所戦史部『大本営海軍部大東亜戦争開戦経緯』第二巻（朝雲新聞社、一九七九年）三九五頁。

18"The Secret Diary of Harold L. Ickes", VolumeⅢ, 1954, New York, p.557f.

19ジョナサン・アトリー『アメリカの対日戦略』（朝日出版社、一九八九年）二四〇頁。

20富田『敗戦日本の内側』一六〇頁。

21ウォルドー・ハインリックス「『大同盟』の形成と太平洋戦争の開幕」細谷千博ほか編『太平洋戦争』（東京大学出版会、一九九三年）一七二―一七六頁。

22富田『敗戦日本の内側』一六七頁。

23『木戸日記』八九六頁。　24同八九七―八九八頁。　25同八九八頁。　26同八九九―九〇〇頁。

27『木戸幸一尋問調書』四四一―四四二頁。　28同四四五―四四六頁。

29『木戸日記』八八九頁。　30『東久邇日記』五四―五五頁。

## 第七章

1『木戸日記』八九七―八九九頁。　2富田『敗戦日本の内側』一七二頁。

3『木戸幸一尋問調書』四二八頁。　4『木戸速記録』第二巻四九―五一頁。

5『木戸日記』九〇一頁。　6矢部『近衛文麿』下巻三四〇頁。

7『木戸速記録』第二巻五一頁。　8『木戸日記』九〇五頁。

9『昭和天皇独白録』（文春文庫、一九九五年）七六頁。

10木戸「戦争回避への努力」『木戸文書』二九頁。　11『木戸速記録』第二巻六七―六九頁。

12近衛『失はれし政治』一二〇頁。　13同一二一―一二三頁。　14『木戸日記』九〇五頁。

15近衛『失はれし政治』一二二―一二三頁。　16『木戸速記録』第二巻六一頁。

17『東久邇日記』八三―八四頁。　18『木戸速記録』第二巻六二頁。　19『木戸日記』九〇九頁。

20木戸「戦争回避への努力」『木戸文書』三〇頁。

## 第八章

1「岡敬純中将覚［非公開］」『大本営海軍部大東亜戦争開戦経緯』第二巻四九三頁。

2『木戸日記』九一一―九一二頁。

3田中新一「大東亜戦争への道程」九、二四九―二五四頁、防衛省防衛研究所蔵。近衛『失はれし政治』一三二頁。

4『木戸日記』九一二頁。　5富田『敗戦日本の内側』一八四―一八五頁。

6『木戸速記録』第二巻六三頁。　7『木戸日記』九一四頁。

8『杉山メモ』上巻三五〇―三五一頁。田中作戦部長の当時のメモにも同様の記録が残されている（「田中新一中将業務日誌」八分冊の八、防衛省防衛研究所蔵）。

9『木戸日記』九一五頁。　10同九一五―九一六頁。　11同九一六頁。

12木戸「戦争回避への努力」『木戸文書』三三―三四頁。　13富田『敗戦日本の内側』一九七頁。

14『木戸日記』九一六頁。　15『木戸速記録』第二巻七一頁。　16『東久邇日記』九三頁。

17佐藤『御前会議と対外戦略』第二巻二〇六頁。

18『木戸日記』九一六頁。　19近衛『失はれし政治』一三七頁。　20富田『敗戦日本の内側』一九一頁。

21木戸幸一「近衛内閣総辞職・東条内閣成立・重臣会議要綱」『木戸文書』四八三頁。

22木戸幸一「第三次近衛内閣更迭ノ顛末」『木戸文書』四九一頁。

23『木戸日記』九一七頁。　24『木戸文書』四九〇－四九一頁。

25松村秀逸『三宅坂』(東光書房、一九五二年)二五七－二六〇頁。

26勝田『重臣たちの昭和史』下巻三〇三頁。　27『木戸日記』九一八頁。　28同九一七頁。

29「沢本頼雄海軍次官日記」『中央公論』一九八八年一月号四七三頁。

30野村實『山本五十六再考』(中公文庫、一九九六年)一〇九－一一一頁。

31『木戸日記』九二二頁。　32同九二〇頁。　33同九二六頁。　34同九二四－九二五頁。

35同九二八頁。

36木戸「戦争回避への努力」『木戸文書』四〇頁。　37『木戸速記録』第二巻八二頁。

## 第九章

1『木戸日記』九四四頁。　2同九四五頁。　3同九八一頁。　4同一〇二九頁。　5同一〇四三頁。

6同一〇七八－一〇七九頁。

7松田『内大臣の研究』一五六－一六二頁。

8細川護貞『細川日記』(中公文庫、二〇〇二年)二七三頁。『高松宮日記』第七巻(中央公論社、一九九七年)五一四頁。

9『細川日記』八頁。

10『高木日記』七三二頁、七九四頁。「近衛文麿書翰」『木戸文書』五九一－五九三頁。

11「中澤軍令部第一部長ノート　作戦参考　第三」一〇七頁、防衛省防衛研究所蔵。

12『木戸日記』一〇八五頁。　13『高木日記』六九九－七〇〇頁。

14中村雅郎「政変経緯」『敗戦の記録』（原書房、二〇〇五年）三三二頁。中村は陸軍省軍務課員。

15『高木日記』七二三－七二四頁。　16同七三二頁。

17『細川日記』一九八頁、二一四頁、二二三頁。

18『木戸日記』一一一四頁。　19同一一一二頁。

20近衛文麿『近衛日記』（共同通信社開発局、一九六八年）四九－五〇頁。

21『細川日記』二五七－二五九頁。　22同二五九頁、二六一頁。

23『木戸日記』一一一七頁。　24同一一一八頁。

25『東條内閣総理大臣機密記録』（東京大学出版会、一九九〇年）四六二頁。

26同四六六頁。『木戸日記』一一二〇頁。

27『東條内閣総理大臣機密記録』四六四頁。なお、東条内閣総辞職前後から敗戦までの政治過程については、鈴木多聞『「終戦」の政治史　1943－1945』（東京大学出版会、二〇一一年）、参照。

28『近衛日記』八二頁。　29『岡田啓介回顧録』（中公文庫、二〇一五年）二二〇－二二二頁。

30『近衛日記』八三－八六頁。　31『木戸日記』一一一九頁。『高木日記』七五四頁。

32『東條内閣総理大臣機密記録』四六七頁。

33『重光葵　最高戦争指導会議記録・手記』（中央公論新社、二〇〇四年）一一一―一一二頁。

34軍事課「最悪事態ニ処スル国防一般ノ研究」『終戦工作の記録』上巻（講談社文庫、一九八六年）四二五頁。

35木戸幸一「時局ニ関スル重臣奉答録」『木戸文書』四九五―四九八頁。　36『細川日記』三五四頁。

37軍務課「政変ノ経緯」『終戦工作の記録』下巻三三―三六頁。鈴木内閣期の政治過程については、波多野澄雄『宰相鈴木貫太郎の決断』（岩波書店、二〇一五年）、参照。

38鈴木哲太郎「祖父・鈴木貫太郎」『文藝春秋』一九八八年八月号八二頁。

39野村『山本五十六再考』三五三―三五七頁。

40『高木日記』八五五頁。　41『細川日記』三九四頁。　42『木戸日記』一二〇八―一二〇九頁。

43木戸「日記に関する覚書」『木戸文書』一三二頁。木戸幸一「戦争終結への努力」同六四頁。

44『重光葵手記』（中央公論社、一九八六年）四四三頁。　45『木戸日記』一二〇六頁。

46『細川日記』三四六頁。　47『高木日記』八七八頁。　48『細川日記』四〇一頁。

49『木戸日記』一二一二頁。　50同一二一一頁。木戸「日記に関する覚書」『木戸文書』一三三頁。

51『木戸日記』一二一二頁。　52同一二一三頁。

53同右。『高木日記』八九一―八九二頁。『終戦史録』（政府資料刊行会、二〇〇二年）四一二―四一四頁。

54『高木日記』八八六頁。

55『GHQ歴史課陳述録』（原書房、二〇〇二年）五六九頁。

56木戸「戦争終結への努力」『木戸文書』八〇頁。『木戸日記』一二一五頁。

57『細川日記』四〇五-四〇六頁。　58『東久邇日記』八三-八四頁。

## 第十章

1木戸幸一「終戦に関する談話」『木戸幸一日記　東京裁判期』四四三頁。　2『木戸日記』一二二二頁。

3『鈴木貫太郎　鈴木貫太郎自伝』（日本図書センター、一九九七年）三二六頁。

4『木戸日記』一二二三頁。　5同上。

6『河辺虎四郎回想録』（毎日新聞社、一九七九年）二五三頁。

7『細川日記』四二〇頁。『重光葵手記』五二三頁。　8『重光葵手記』五二三-五二四頁。

9『細川日記』四二一頁。『木戸日記』一二二三頁。

10迫水久常『大日本帝国最後の四か月』（河出文庫、二〇一五年）二〇一頁。

11『GHQ歴史課陳述録』九四頁。

12木戸「戦争終結への努力」『木戸文書』八四-八五頁。迫水久常『機関銃下の首相官邸』（ちくま学芸文庫、二〇一一年）二七八-二七九頁。『細川日記』四二一頁。

13『木戸日記』一二二五頁。　14『河辺虎四郎回想録』一六一頁。

15陸軍省軍務課「機密終戦日誌」『敗戦の記録』三六七頁。

16下村海南『終戦記』（鎌倉文庫、一九四八年）一三八－一四四頁。

17『木戸日記』一二二六頁。木戸「戦争終結への努力」『木戸文書』九一頁。

18陸軍省軍務課「機密終戦日誌」『敗戦の記録』三七〇－三七一頁。

19池田純久『日本の曲り角』（千城出版、一九六八年）一九七－一九八頁。池田は内閣総合計画局長として御前会議に出席。

20エドワード・ミラー『日本経済を殲滅せよ』（新潮社、二〇一〇年）三五九頁。

21藤田尚徳『侍従長の回想』（講談社学術文庫、二〇一五年）四五頁、一九四頁。

**川田　稔**（かわだ みのる）

1947年高知県生まれ。1978年、名古屋大学大学院法学研究科博士課程単位取得退学。法学博士。専門は政治外交史、政治思想史。名古屋大学大学院教授などを経て、名古屋大学名誉教授、日本福祉大学名誉教授。著書に『昭和陸軍の軌跡』（中公新書、山本七平賞受賞）、『昭和陸軍全史』（講談社現代新書）など多数。

文春新書

1253

木戸幸一（きどこういち）　内大臣の太平洋戦争（ないだいじんのたいへいようせんそう）

2020年2月20日　第1刷発行

著　者　川田　稔
発行者　大松芳男
発行所　株式会社 文藝春秋
〒102-8008　東京都千代田区紀尾井町3-23
電話（03）3265-1211（代表）

印刷所　大日本印刷
製本所　大口製本

定価はカバーに表示してあります。
万一、落丁・乱丁の場合は小社製作部宛お送り下さい。
送料小社負担でお取替え致します。



ISBN978-4-16-661253-6

## ◆日本の歴史

暴かれた伊達政宗「幕府転覆計画」 大泉光一
変節と愛国 浅海 保
大日本史 山内昌之 佐藤 優
オッペケペー節と明治 永嶺重敏
元号 所 功・久禮旦雄 吉野健一
皇位継承 高橋 紘 所 功
歴史の余白 浅見雅男
江戸のいちばん長い日 安藤優一郎
西郷隆盛と西南戦争を歩く 正亀賢司
邪馬台国は「朱の王国」だった 蒲池明弘
姫君たちの明治維新 岩尾光代
日本史の新常識 文藝春秋編
仏教抹殺 鵜飼秀徳
承久の乱 本郷和人
昭和の東京 12の貌 文藝春秋編
平成の東京 12の貌 文藝春秋編

◆文学・ことば

翻訳夜話 村上春樹 柴田元幸
翻訳夜話2 サリンジャー戦記 村上春樹 柴田元幸
漢字と日本人 高島俊男
日本語とハングル 野間秀樹
危うし！小学校英語 鳥飼玖美子
英会話不要論 行方昭夫
英語の壁 マーク・ピーターセン
漱石「こころ」の言葉 夏目漱石 矢島裕紀彦編
人声天語2 坪内祐三
大人のジョーク 馬場 実
すごい言葉 晴山陽一
名文どろぼう 竹内政明
名セリフどろぼう 竹内政明
「編集手帳」の文章術 竹内政明
凡文を名文に変える技術 植竹伸太郎
新・百人一首 岡井 隆・馬場あき子 永田和宏・穂村 弘選
弔辞 劇的な人生を送る言葉 文藝春秋編
易経入門 氷見野良三
ビブリオバトル 谷口忠大
劇団四季メソッド「美しい日本語の話し方」 浅利慶太
遊動論 柄谷行人
生きる哲学 若松英輔
超明解！国語辞典 今野真二
芥川賞の謎を解く 鵜飼哲夫
ビジネスエリートの新論語 司馬遼太郎
昭和のことば 鴨下信一
週刊誌記者 近松門左衛門 鳥越文蔵監修 小野幸恵

（2018. 12）A 品切の節はご容赦下さい

文春新書好評既刊

## 昭和の名将と愚将
半藤一利・保阪正康

責任感、リーダーシップ、戦略の有無、知性、人望……昭和の代表的軍人22人を俎上に載せて、敗軍の将たちの人物にあえて評価を下す

618

## 日本型リーダーはなぜ失敗するのか
半藤一利

日本に真の指導者が育たないのは帝国陸海軍の参謀重視に遠因がある――戦争の生き証人達に取材してきた著者によるリーダー論の決定版

880

## 「昭和天皇実録」の謎を解く
半藤一利・保阪正康・御厨 貴・磯田道史

初めて明らかにされた幼少期、軍部への抵抗、開戦の決意、聖断、そして象徴としての戦後。1万2千頁の記録から浮かぶ昭和天皇像

1009

## 大人のための昭和史入門
半藤一利・船橋洋一・出口治明・水野和夫・佐藤 優・保阪正康他

覇権国の衰退、資本主義の暴走、中国との対決――昭和日本が直面した危機は再び繰り返さるるのか？ 豪華19人が16のテーマを論ず

1038

## 21世紀の戦争論
昭和史から考える
半藤一利・佐藤 優

蘇る七三一部隊、あり得たかもしれない占領政策。八月十五日では終わらないあの戦争を昭和史とインテリジェンスの第一人者が語る

1072

文藝春秋刊